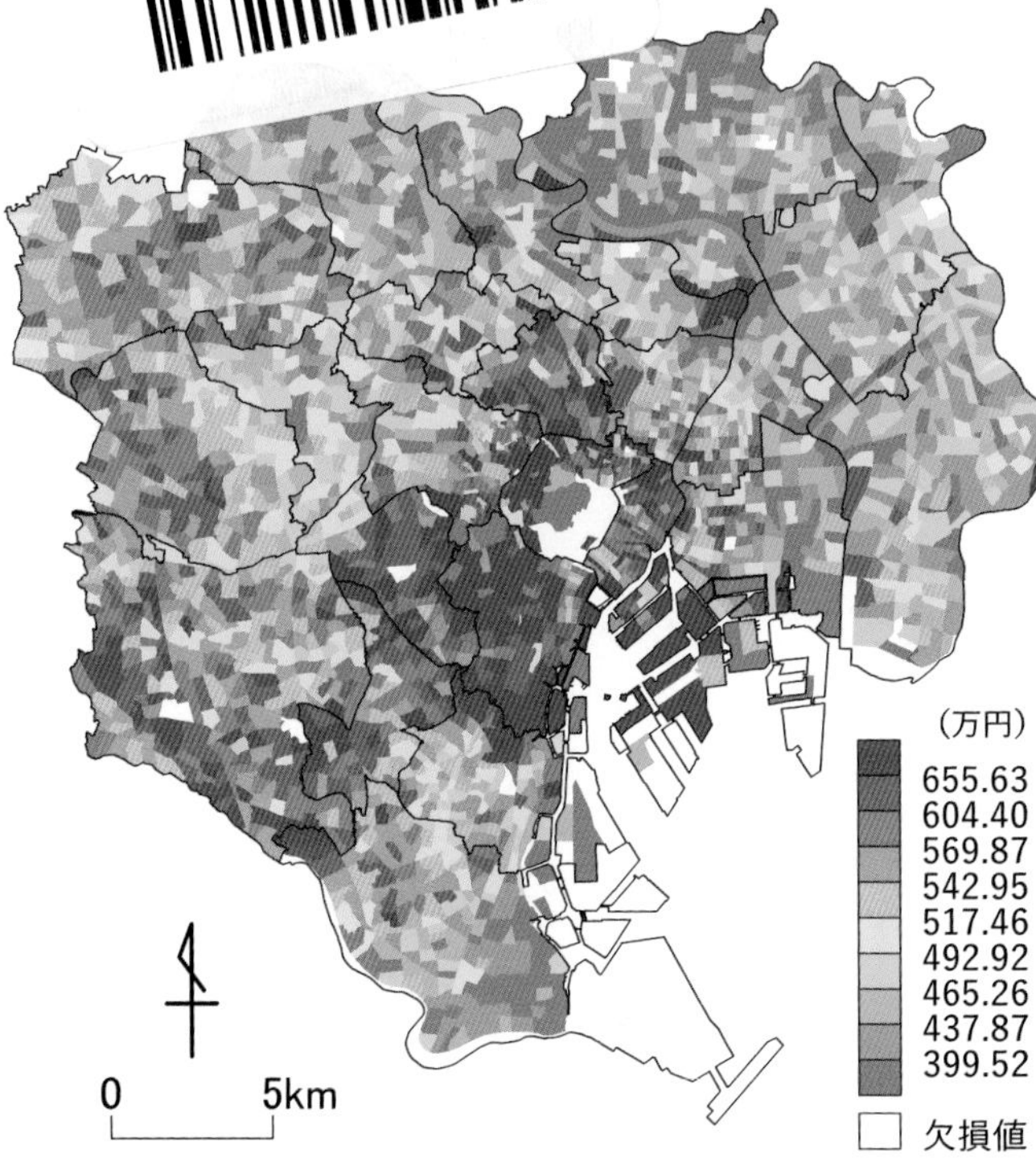


**口絵1　東京23区の地域別の平均世帯年収推定値**

平均世帯年収推定値が高い地域が赤、中間的な地域は黄色、低い地域が緑色。都心部は周辺部より年収が高く、西側は東側より年収が高い傾向があることがわかる

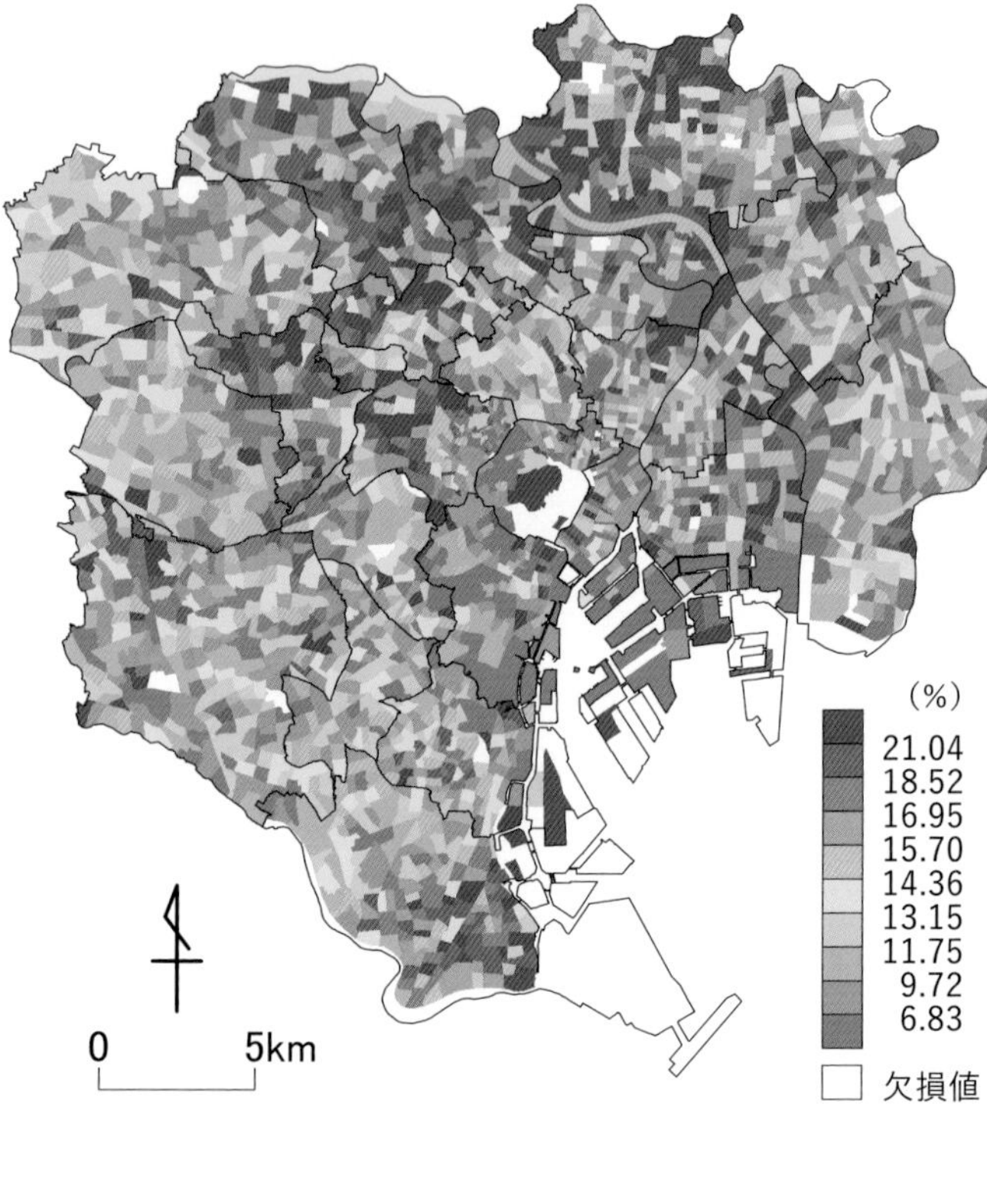


**口絵2　年収200万円未満世帯比率推定値**

年収200万円未満世帯比率推定値が高い地域が赤、中間的な地域は黄色、低い地域が緑色。都心や都心に近い湾岸地域と都心の西側地域は、年収200万円未満世帯が少なく、口絵1とポジとネガの関係にある

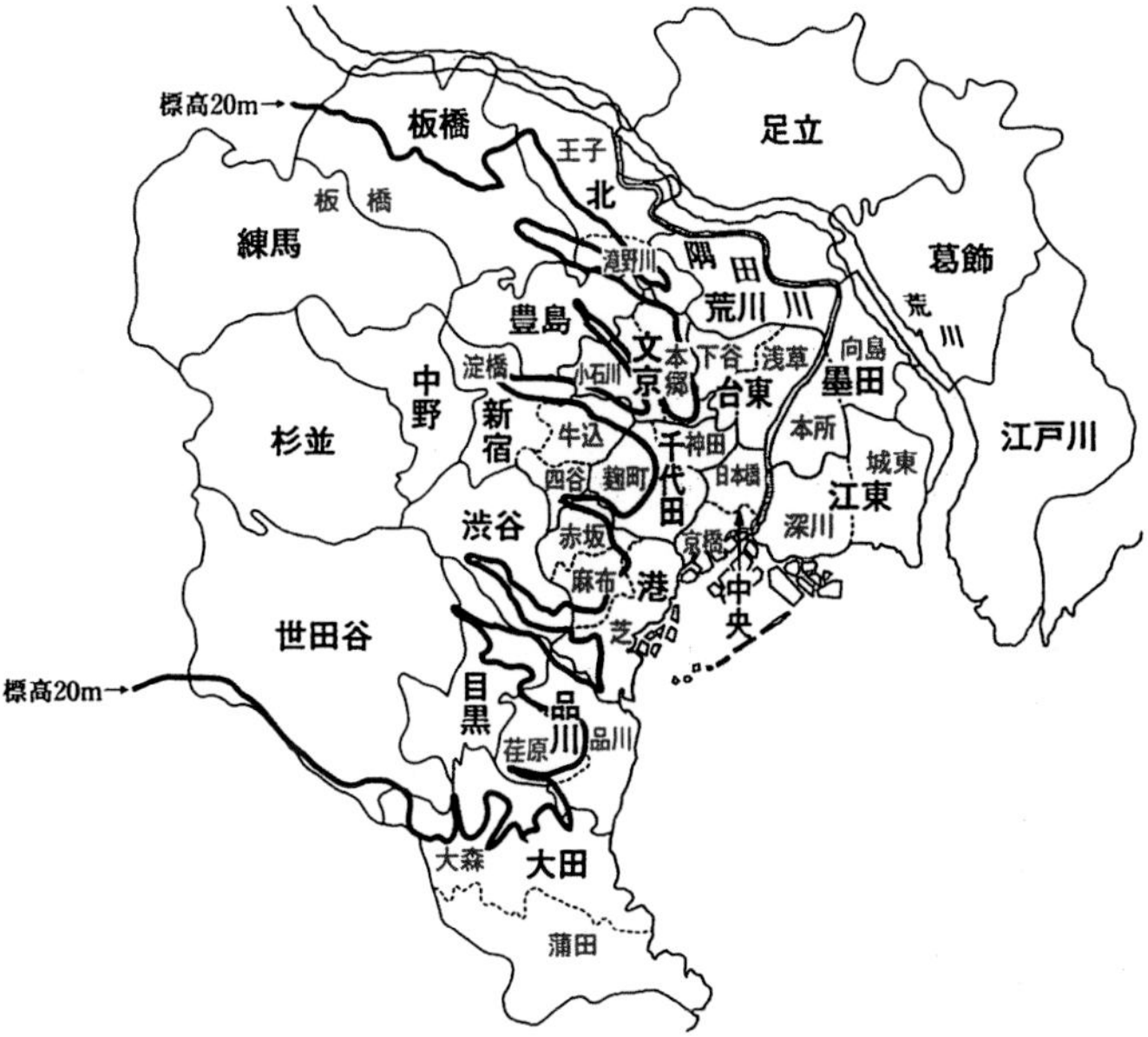


口絵３　現在の東京23区および旧35区

旧35区のうち、現在の23区と異なる区名を赤字で示した
太線は標高20mの等高線

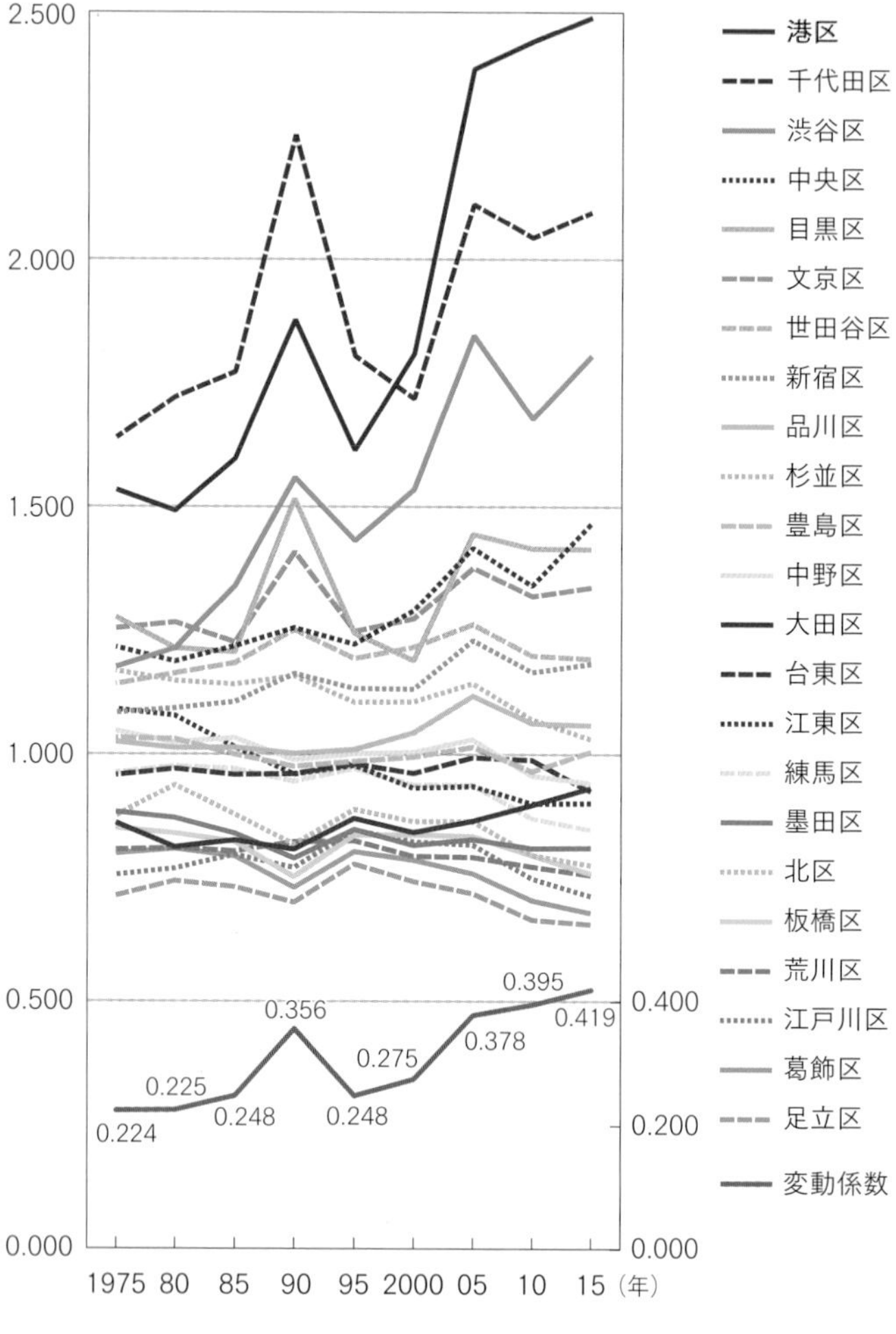


**口絵4　東京23区の1人あたり課税対象所得額の推移**
(23区平均＝1)

出典)『地域経済総覧』。原資料は「住宅・土地統計調査」
注) 1人あたり課税対象所得額は左目盛、変動係数は右目盛

# 東京23区×格差と階級

橋本健二
早稲田大学教授

741
中公新書ラクレ

# 序章　東京23区――格差と階級の巨大都市

「格差社会」という言葉が流行語になったのは、二〇〇五年のことである。すでに十数年が過ぎている。最初のころは、「ほんとうは格差は拡大していない」「格差拡大はみせかけだ」などという反論もみられた。しかし格差拡大が厳然とした事実であることを示す証拠が積み重ねられ、反論は次第に力を失っていった。またOECDなどの国際比較によって、日本が他の先進諸国に比べても格差が比較的大きく、貧困率はかなり高い社会であることが明らかにされ、日本人は自国の社会に対する認識を大幅に改める必要に迫られるようになった。

「一億総中流」という、一九八〇年ごろから急速に広がった「常識」を信じていた人々が、なかなか事実を受け入れることができなかったのは無理もない。なにしろこの「常識」は、日本は欧米の先進諸国と同等以上に豊かな国であり、しかも格差は小さいとするものである。長年にわたって日本人を苦しめてきた欧米諸国に対する劣等感をやわらげ、そればかりか日本は欧米諸国より優れているのだと、ナショナリスティックな感情に訴えるところがあった。これが否定されたのだから、抵抗する人々が出てくるのも当然だろう。しかし、もはや事実は動かせない。

しかし格差にもいろいろある。一般に格差が拡大しているといわれるときに問題にされているのは、個人と個人の間、あるいは世帯と世帯の間の、全体としての格差のことである。つまり社会全体を合計した、総量としての格差である。

たとえば格差の大きさを示す指標としてもっともよく使われるジニ係数という統計量は、人々の間の所得分布が、全員（または全世帯）の所得がまったく同じである状態から、どれほど隔たっているかを示している。だからジニ係数が表現している格差の大きさは、ある意味ではとても抽象的なものである。それは、正社員と非正社員の間の格差、男性と女性の間の格差、中高齢者と若者の間の格差、都市と農村の間の格差などをすべて合計し、たったひとつの数字で表現している。それは格差の大きさを時代ごとに比較したり、国際比較したりするのには向いているが、格差の現実を具体的にイメージさせるものではない。

これに対して、私たちが具体的にイメージできる格差としては、第一に階級による格差、第二に性別や年齢など個人の属性による格差、そして第三に地域による格差があげられる。

階級とは、経済的な地位、つまり職業や就業上の地位、事業の規模の違いなどによって区別される人々の集群＝グループ分けのことである。格差拡大とともに、一方で経営者や高度に専門的な職業に就く人々、他方では単純な労働に従事する人々、とりわけ非正規雇用の労働者の間の格差が拡大してきた。つまり階級間の格差が拡大した。こうして日本は、ひとつの階級社会としての性格を強めてきた。

性別と年齢による格差は、中年男性に比べて女性や若者たちの方が単純労働者や非正規労働者になりやすいというように、階級による格差と深く関わっている。それでは、地域による格差はどうだろう。実は地域による格差も、階級による格差と深く関係している。本書の中心テーマは、ここにある。

地域による格差といえば、都市と農村、東京と地方といった、国土全体に関わる格差を思い浮かべる人も多いだろう。しかし本書が扱うのはこうした格差ではない。東京23区内の、歩いて、または公共交通機関を使って簡単に行ける範囲にある、地域間の格差である。

東京は、格差の大きい都市である。とくに東京23区はそうだ。ここには世界的にみて、もっとも豊かな人々と、もっとも貧しい人々とが住んでいる。東京23区の面積は、約六二七・六平方キロメートルで、東京都の三割弱、日本全体の約〇・一七％を占めるにすぎない。その端から端までの距離は、およそ三〇キロメートルだから、マラソンの走行距離よりかなり短かい。しかし物理的な空間としては狭いけれど、それはなんと広大な社会空間であることか。

ここで私は、社会空間という言葉を、フランスの社会学者ピエール・ブルデューがその主著『ディスタンクシオン』で示した用法を念頭において使っている。彼がいう社会空間とは、次のようなものである。

人々の間には、さまざまな格差や差異がある。格差や差異が一次元的なものだとしたら、人々は一直線上に序列づけられるだろう。しかし一次元とは限らない。ブルデューによると、格差や差異には少なくとも二つの次元がある。それは、経済資本と文化資本である。経済資本は物質的な富のこと、そして文化資本は、文化的な素養や資質、学歴等の資格などのことである。二つの次元があれば、人々は一直線上に序列づけられるのではなく、平面上に位置づけられることになる。ブルデューは、人々が位置づけられるこの平面のことを社会空間と呼んだ。

この社会空間のなかで、経済資本を多くもつ人とわずかしかもたない人、文化資本を多くもつ人とわずかしかもたない人は、それぞれ対極に位置づけられる。格差が小さければ、人々の間の距離は短かく、人々は狭い空間に集中することになる。しかし格差が大きくなれば、人々の間の距離はどんどん広がっていき、人々が位置づけられる平面は、限りなく大きくなっていくだろう。東京23区はどうか。面積は狭いにもかかわらず、それが占める社会空間は果てしなく広い。およそ現代社会において考え得る社会空間の、ほぼすべてにまで広がっているといっていい。なにしろ、グローバルにみてもっとも経済資本の多い人々、もっとも文化資本の多い人々から、反対にもっとも少ない人々までが、この狭い範囲に居住しているのだから。それは、まさに格差の宇宙である。

しかも東京は、人々の間の全体としての格差が大きいだけではない。それを構成する地域間の格差も大きい。なにしろここには、田園調布や六本木ヒルズレジデンスから、簡易宿泊所が集中する山谷《さんや》地区、廃業した商店が建ち並ぶシャッター通り、さらにはホームレスが住みつく公園までが含まれるのである。だから私たちは、東京23区内をほんの数キロメートル歩くだけで、この広大な社会空間の端から端までを移動することになる。それは日本の格差社会を体感する、ある意味では辛く、切なく、またある意味ではスリリングな体験となるはずだ。

このように、階級は地域と結びついている。豊かな、あるいは文化資本が多い階級が住む地域と、貧しい、あるいは文化資本の乏しい階級が多く住む地域がある。人々は、所属する階級によって分け隔てられるとともに、それぞれが別々の地域に棲み分けることにより、空間的にも分け隔てられている。このような都市のありかたを「階級都市」と呼ぶことができる。東京はまぎれもなく、巨大な階級都市である。

しかし東京という都市のこうした性格は、ある種の危うさをはらんでいる。人々が、敵対的な関係に陥りやすいのである。のちにデータをもとに明らかにすることだが、豊かな地域に住む人々は、自分たちの豊かさを自明に思い、貧しい人々への共感を欠き、格差拡大を是認する傾向がある。反対に貧しい地域に住む人々は、格差拡大に反対し、豊かな人々から富を吸い上げてでも、格差を縮小すべきだと考える傾向がある。

格差が拡大すれば、地域間の格差も拡大する。豊かな地域の人々と貧しい地域の人々は、格差をめぐって敵対する。階級による対立と地域間の対立が重なって、人々の間の対立は、ますます深まっていく可能性がある。異なる階級の人々が混住して、お互いの生活を知り、共通の生活の場である地域の問題を共有すれば、階級の違いを超えた共感が生まれるかもしれない。しかし階級都市では、このような共感が育たない。

本書では格差に関するさまざまなデータを、地図上に表現する「社会地図」という手法を用いて、階級都市としての性格を強める東京の姿を描くことを目的としている。しかし同時に、階級都市がはらむこのような危うさを、どう克服すればいいのかについても考えていきたい。

なお本書は、都市社会学者の倉沢進が編集した『東京の社会地図』（一九八六年）、同じく倉沢進と浅川達人《たつと》が編集した『新編 東京圏の社会地図1975－90』（二〇〇四年）の成果を受け継ぎながら、私と浅川達人が編集した『格差社会と都市空間』（二〇二〇年）の東京23区に関する部分を、わかりやすく書き改め、さらに詳細な分析を加えたものである。本書で示した分析結果には、これらの研究書ですでに明らかにされている部分が少なくないが、本書の性格上、一部を除いて言及していない。この点、お断わりしておきたい。

また、本書の図表や本文中では数値を多用するが、数値は基本的に四捨五入されたものである。このため合計が合わなかったり、一〇〇％であるはずの合計が一〇〇・一％や九九・九％になる場合があることもお断りしておきたい。

人名については、ひとつの節のなかで初出する場合には姓と名、二回目以降は姓を記すのを基本としたが、永井荷風が永井ではなく荷風と呼ばれるように、作家や芸術家の場合には慣例として名を用いることが多いので、本書でもこれにしたがった。

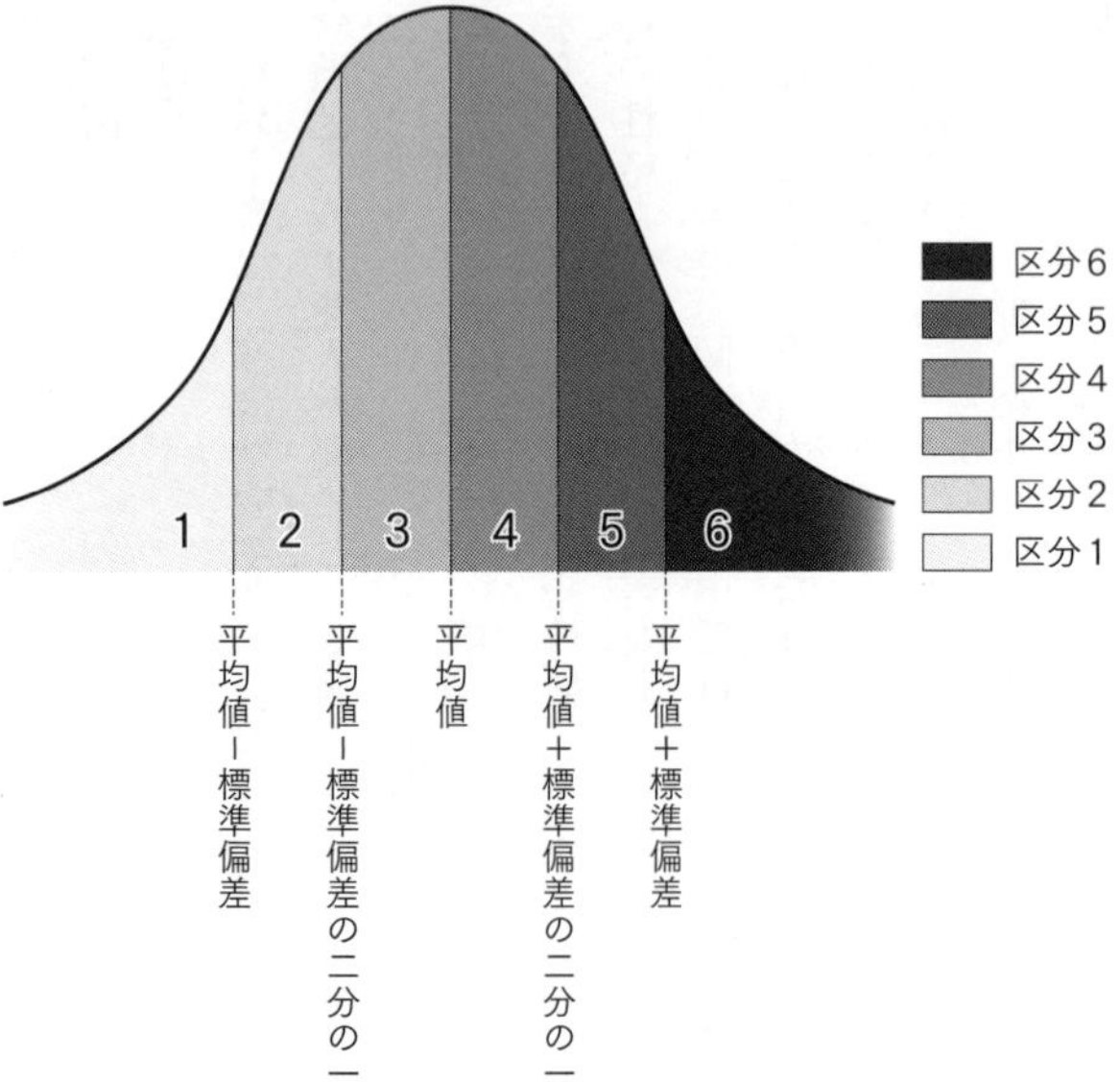


**図表0・1　社会地図の色分け**

本書で示す社会地図は、地図上に示されたそれぞれの地域を、平均年齢、学歴構成、職業構成や産業構成、そして所得に関する指標などにもとづき、色分けしたものである。それぞれの地図には、色分けの基準を示す凡例がついている。基準となる区分点の定め方にはいろいろあるが、大部分の社会地図では、次のような方法を用いている。まず地図上に示された各地域について、指標の平均値と標準偏差を求める。そして平均値＋標準偏差、平均値＋標準偏差の二分の一、平均値、平均値−標準偏差の二分の一、平均値－標準偏差の五つの値を基準として、六段階に色分けするのである（図表0・1）。ただし、それ以外の色分けの方がわかりやすいと考えられる場合は、他の方法で色分けしている場合もある。なお本書の社会地図は、地理学者の谷謙二氏が作成したGISソフトMANDARAを用いて作成したものである。

目次

本文ＤＴＰ／市川真樹子

# 東京23区×格差と階級

# 第1章
# 階級都市・東京の空間構造
## 「都心」「下町」「山の手」

## 1 「中心と周縁」「東と西」という二つの原理

まずは、口絵1をご覧いただきたい。これは「住宅土地統計調査」と「国勢調査」という、政府の二つの統計を用いて、二〇一五年における東京23区の地域別の平均世帯年収を推定した結果を示したものである。推定の方法については、章末の補論で解説したので、関心のある方はご覧いただきたい。

本書の社会地図の多くは、序章で説明したように、平均値と標準偏差を用いて六段階で色分けしたものとなっているが、ここではカラー印刷の強みを生かすため、一〇段階とした。平均世帯年収推定値が高い地域は赤、低い地域は緑、中間的な地域は黄色とし、全体としてグラデーションになるように、色分けしている。一〇段階の区分は一〇分位、つまり各段階に入る地域の数がおおむね等しくなり、十等分されるように設定している。ただし人口が二〇人に満たない地域は欠損値として省略し、白抜きとした。

地域の単位は、町丁目である。町丁目とは、市区町村内の空間的な区画である町を、さらにいくつかの区画に分けたもので、「中央区銀座二丁目」「港区新橋三丁目」などのことだが、

「新宿区早稲田」のように町が複数の町丁目に分けられていない場合も、ひとつの町丁目として扱っている。町丁目には輪郭を示す線を入れていない。わかりにくいと思う読者もいるかもしれないが、これはこの社会地図が、「○○町△丁目は所得が高い」「△△町の□丁目は×丁目より所得が低い」など、個別の小地域の特徴を詮索したり、比較したりすることを目的としたものではなく、あくまでも東京23区の姿を明らかにすることを目的としたものであるからで、この点はご理解いただきたい。

地図には区界を示したが、地図を読み取る邪魔になるので、区名は省略している。必要ならば、口絵3を参考にしていただきたい。口絵3は、現在の東京23区の位置と範囲を、その歴史的変遷とともに示したものである。大きな文字で示されているのが東京23区、小さな赤い文字で示されているのが旧東京三五区である。

東京の行政区域である区は一八七八年、東京一五区として設置された。それが中心部にある麴町《こうじまち》区、神田区、日本橋区、京橋区、芝区、麻布区、赤坂区、四谷区、牛込《うしごめ》区、小石川区、本郷区、下谷《したや》区、浅草区、本所《ほんじょ》区、深川区で、この一五区を範囲として一八八九年に設置されたのが東京市である。そして一九三二年、新しく周辺部の荏原《えばら》郡、豊多摩《とよたま》郡、北豊島郡、南足立郡、南葛飾郡が東京市に編入され、品川区、目黒区、荏原区、大森区、蒲田区、世田谷区、渋谷区、淀橋区、中野区、杉並区、豊島区、滝野川区、荒川区、王子区、板橋区、足立区、向島《むこうじま》区、城東《じょうとう》区、葛飾区、江戸川区が設置されて東京三五区となる（一九三六年には北多摩郡の一部が世田谷区に追加で編入されている）。これが一九四七年に再編成されて、現在の東京23区となったのである。練馬区だけは同じ一九四七年に板橋区から分離独立し、少し遅れて成立しているが、この経緯については第4章－8をご覧いただきたい。地図上には、あとで詳しく説明する「下町」と「山の手」の区別のひとつの目安となる、標高二〇メートルの等高線も書き込んでおいた。

ここから即座に読み取れるのは、次のことである。

東京23区には、所得水準という点からみて、独特の空間的構造がある。この構造は二つの原則から成り立っている。それは第一に、中心＝都心部は周縁＝周辺部より所得水準が高いという原則、第二に西側は東側より所得水準が高いという原則である。

所得水準の高いと考えられる地域がもっとも密集しているのは港区、次いで中央区、千代田区といった都心の区、そして都心に接する渋谷区、文京区などとなっている。都心に近い江東区の湾岸部にも、所得水準の高い地域がみられる。

そして周辺部へ行くにしたがって所得水準は低下していくのだが、ここで東側と西側の違いが現われる。東側、そして北側は、都心から離れるにしたがって急速に所得水準が低下し、ほぼ全面的に緑色に塗りつぶされていくのだが、西側は、低下はしても中ぐらいの所得水準にとどまり、さらに都心から離れたところに、都心と肩を並べるほどに所得水準が高い地域が広がっている。とりわけ杉並区西部から世田谷区の西部と南部を通り、目黒区南部、大田区北部に至る帯状の範囲に、所得水準の高い地域が連なっている。

口絵2は、年収二〇〇万円未満の低所得世帯比率の推定値を地図上に示した社会地図である。当然のことだが、二つの社会地図は、ポジとネガのような関係にある。都心や都心に近い湾岸地域は、多くの部分が緑色に塗られており、低所得世帯が少ないことを示している。杉並区から世田谷区を経て目黒区・大田区に至る帯状の地域も同様である。これに対して東側、そして北側には、低所得世帯の比率が高いことを示す赤色の地域が広がっている。やはりここでも、都心と周辺、東と西というコントラストが貫かれている。

ここで、この二つの社会地図と、口絵3を見くらべてみよう。興味深いことに気がつく。平均世帯年収推定値が高い地域と低い地域、年収二〇〇万円未満世帯比率推定値の高い地域と低い地域の境界は、標高二〇メートルの等高線とかなりの程度に一致しているのである。完全に一致しているというのではない。中央区や江東区の西部は、等高線の下なのに平均世帯年収推定値が高いし、等高線より上の新宿区や豊島区、中野区、練馬区などには、平均世帯年収推定値が低い地域がある。しかし全体に、一致度は高い。

口絵1と2をみて、西側に位置する大田区の南部に、平均世帯所得推定値が低く、年収二〇〇万円未満世帯比率推定値が高い地域があることに気づいた方もいるだろう。等高線をみれば、その意味がわかる。大田区のなかでも、所得水準が高いのは二〇メートルの等高線より標高が高い地域であり、等高線より標高が低い地域は、所得水準が低いのである。

東京23区が、まず「中心」と「周縁」に、そして「周縁」は海に近い低地の「下町」と、ここから坂を上った台地の「山の手」に大きく二分されることがよくわかる。山の手には、東京23区の西に位置する三鷹《みたか》市、武蔵野市など郊外の住宅地を含める用法もあるが、ここではさしあたって、23区に限定してとらえることとしたい。また都心部は、低地と台地の両方にまたがっているが、低地の部分は繁華街やビジネス街、台地の部分は官庁街や高級住宅地になっているところが多い。これは都心が、歴史的には「下町」「山の手」の、それぞれ江戸の中心に近い部分から発展してきたことによる。これについては、あとで詳しくみることにする。

## 2　拡大する格差

　このように東京には、「中心と周縁」「東と西」という二つの原理による地域間の格差が存在する。そして全体として、格差は拡大傾向にある。

　口絵4は、一九七五年から二〇一五年まで五年ごとに、東京23区の一人あたり課税対象所得額の推移を示したものである。折れ線が二三本もあるので、わかりやすくするため、凡例では23区を、二〇一五年における所得額にもとづいて上から順に並べておいた。グラフのいちばん下には、格差の大きさの目安となる変動係数という統計量の推移も示しておいた。

　二〇一五年の場合、もっとも所得が高いのは港区で、23区平均の二・四九倍である（実額は五九三・五万円）。これに対してもっとも所得が低いのは足立区で、23区平均の〇・六六倍（実額は一五六・八万円）。したがって港区と足立区の間には三・七九倍と、実に四倍近くの差があることになる。課税対象所得額は、所得から非課税の部分を除いたもので、低所得者では差し引かれる部分の比率が相対的に大きい。したがって課税対象所得額で比較すると、総所得でみた場合より格差がやや大きめに出るのだが、それにしても大きな差があるものだ。

所得がもっとも高い区は一九九五年までは千代田区だったが、港区が二〇〇〇年に首位の座を奪い、いまではかなり差をつけて悠々のトップとなっている。

格差の動向をみていこう。

一九七五年には、もっとも所得の高い千代田区が23区平均の一・六四倍、所得の低い足立区は〇・七一倍だった。両者の比は二・三倍ほどで、近年ほど格差が大きくない。一九八〇年はほとんど変化がないが、一九八五年から格差が拡大し始め、バブル経済の最盛期を迎えた一九九〇年には、格差が大幅に拡大する。千代田区の一人あたり課税対象所得額は23区平均の二・二五倍に達し、同じく〇・七〇倍だった足立区の三倍を超えた。しかしバブル崩壊後の一九九五年にはほぼ一九八五年の状態に戻っている。主に高所得者の所得が乱高下したからだろう。

しかし、これでは終わらない。二〇〇〇年には、千代田区では一人あたり課税対象所得額の低下が続いたが、同じく都心の中央区、港区、都心に接する渋谷区と文京区などは増加に転じた。他方、23区東部に位置する足立区、葛飾区、荒川区などでは低下のトレンドが始まっている。そして二〇〇五年になると、都心および都心周辺の各区では一様に一人あたり課税対象所得が大幅に増加し、世田谷区、杉並区、中野区など23区西部は横ばいに推移したのに対して、東部の各区はおしなべて低下している。二〇一〇年になると、おそらくリーマンショックの影響で、都心および周辺の所得額が低下あるいは横ばいとなるが、下町地域の所得額も低下を続けたから、格差は縮小しなかった。そして二〇一五年になると、都心およびその周辺の所得が回復し、東部地域の所得はさらに低下を続けて、格差拡大のトレンドが明確になった。

変動係数をみると、さらに全体のトレンドが明確になる。一九七五年に〇・二二四だった変動係数は、バブル期の一九九〇年に〇・三五六まで上昇したあと、一九九五年には〇・二四八と一九八五年の水準にまで低下するが、その後は回復、さらに上昇を続け、二〇一五年には〇・四一九に達している。東京23区の地域間経済格差は、明らかに拡大しているのである。

このような格差が、先に指摘した「中心と周縁」「東と西」という二つの原理に沿っていることはいうまでもない。それどころかこの二つの原理は、ますます強化されつつあるということができる。

最高と最低で約四倍というこの格差が、どれほど大きいか。これは、別の比較をしてみるとわかりやすい。都道府県別でみた場合、一人あたり課税対象所得額が最高なのは東京都で、二一九・〇万円、最低は沖縄県で、九二・四万円。その比率は二・三七倍である。より小さい自治体単位で比較するとどうか。郡部を入れるとあまりに所得額のばらつきが大きくなるので、市だけで比較するが、大阪府の一人あたり課税対象所得額は、最高が箕面《みのお》市で一八二・一万円、最低は泉南市で一〇二・一万円だから、比率は一・七八倍にすぎない。一部に超高級住宅地を擁する兵庫県では、かなり格差が大きくなるが、それでも最高の芦屋市（二七九・七万円）と最低の淡路市（九七・六万円）の比は二・八七倍にとどまる。東京周辺では、埼玉県は最高が和光市の一九四・九万円、最低が秩父市の一一三・六万円で、比は一・七二倍。神奈川県は最高が鎌倉市の二一二・八万円、最低が三浦市の一二七・八万円で、比は一・六七倍である（数字はいずれも二〇一五年度）。

## 3　階級都市としての東京

東京23区の所得水準を地域別にみると、中心は周縁より高く、西部は東部より高い。そして23区の間の格差は拡大傾向にある。こうした事実が明らかになったとき、社会学者は次のように考える。

社会の格差の構造の基礎にあるのは、「階級」（「社会階層」と呼ぶこともある）である。したがって東京23区に独特の空間構造があり、また格差が拡大しているとしたら、ここには東京23区における階級の空間的分布と、その変化が関係しているはずである。

階級とは、経済的地位を同じくする人々の集群のことで、資本主義社会のもっとも基本的な階級は、資本家階級と労働者階級である。資本家階級とは生産手段、つまり生産活動に必要な建物や機械、原料などを所有して、企業を経営する人々であり、労働者階級とは資本家階級に雇用されて現場で働く人々のことである。資本家階級といっても、数の上で多いのは中小零細企業の経営者だが、それでも労働者階級に比べれば豊かである。

しかし現代社会には、資本家階級と労働者階級以外に二つの中間階級がある。第一の中間階級は、企業のなかで賃金をもらって働いている点では労働者階級と同じだが、資本家階級と労働者階級の中間に立って、労働者階級の働き方を決めたり、労働者階級を管理したりする人々である。資本主義の初期の段階では、このような活動は資本家階級自らが行なっていたが、企業の規模が大きくなるとともに、これらを資本家階級にかわって担う人々が必要とされるようになったのである。資本家階級と労働者階級の中間に立つ人々であり、しかも資本主義の発展とともに新しく登場した人々だから、これらの人々を新中間階級と呼ぶ。もうひとつは、自営で農業や商工業などを営む旧中間階級である。これらの人々は、農地や店舗、小さな工場など、生産手段を所有している点では資本家階級と同じだが、自ら現場で働いている点では労働者階級とも共通点がある。だからやはり資本家階級と労働者階級の中間であり、しかも資本主義の成立以前から存在している古い階級だから、旧中間階級と呼ぶのである。新中間階級と旧中間階級は、豊かさの点でも資本家階級と労働者階級の中間であることが多い。このように現代社会の階級構造は、四つの階級から成り立っている。

理論的立場によって階級のとらえ方は違うし、主に職業に注目して人々を区別し、これを「社会階層」と呼ぶ社会学者も多い。しかし社会の格差の構造の基礎となるのは階級や社会階層であると考える点では、ほとんどの社会学者の見解は一致している。

したがって東京23区に「中心と周縁」「東と西」という独特の空間構造があり、また格差が拡大しているとすれば、こうした構造や変化には、四つの階級の変化が関係しているはずである。つまり、中心と周縁、東と西では、各階級の分布が異なっていて、豊かな階級は中心と西に多く、貧しい階級は周縁と東に多いのではないか。また、こうした階級の分布の偏りが、以前より強くなっているのではないか。あるいは階級間の格差が以前より大きくなっているのではないか。社会学者は、このように考えるのである。

そこで、四つの階級の分布の変化を示したのが、図表1・1である。[*1]

まず、資本家階級の分布をみてみよう。一九八〇年の段階では、資本家階級は都心の千代田区・中央区・港区に多く、この三区では二〇％を超えていた。しかし他の区にも広く分布しており、台東区（一九・六％）、文京区（一七・二％）、渋谷区（一六・四％）などに多かったほか、東側でも足立区（一〇・五％）、葛飾区（一〇・七％）、江戸川区（一一・〇％）など、すべての区で一〇％を超えていた。ところが二〇一五年になると、二〇％を超えるのは千代田区（二〇・四％）のみとなった。そして中央区（一五・一％）、港区（一九・八％）、渋谷区（一六・六％）は依然としてかなり高い比率を示しているものの、周辺部では大幅に比率が低下し、とくに東側では、足立区（八・四％）、葛飾区（八・一％）、江戸川区（七・九％）など、一〇％を下回るようになった。多くの中小零細企業が、姿を消したからである。全体として比率が減少するなかで、とくに周辺部での減少が大きく、資本家階級の比率が高いといえる地域は、ほぼ都心と渋谷区だけになったといっていい。

新中間階級は一九八〇年の段階では、明らかに西側に偏った分布を示していた。もっとも比率が高かったのは杉並区（二六・八％）、次いで高かったのは世田谷区（二五・五％）、中野区（二三・三％）、目黒区（二三・一％）などで、都心の千代田区（一六・六％）、中央区（一

## 労働者階級

### 1980

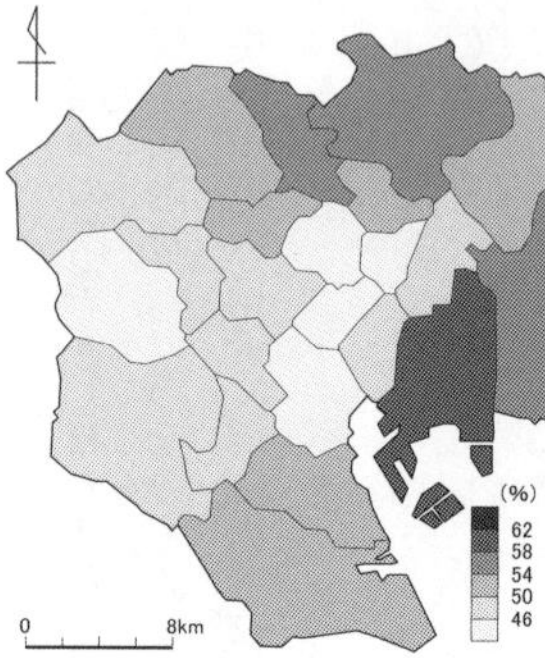


### 2015

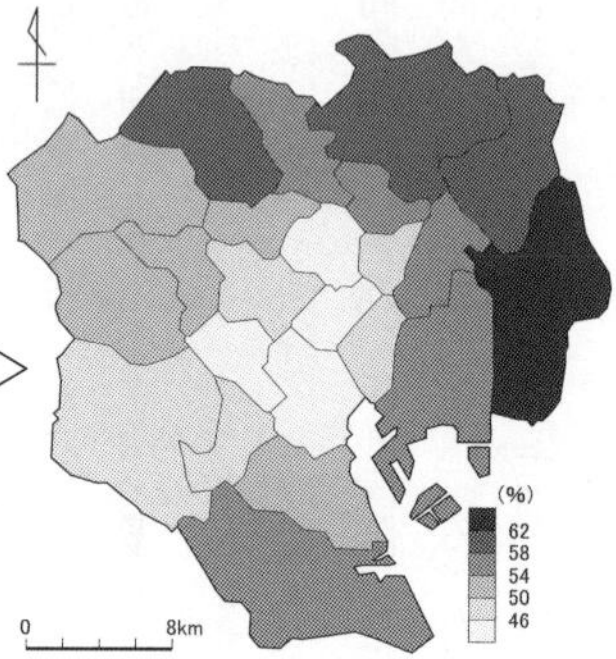


## 旧中間階級

### 1980

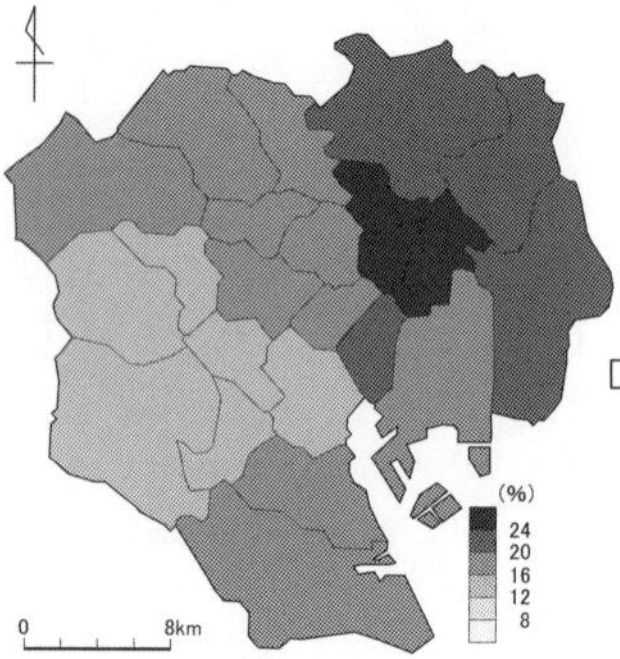


### 2015

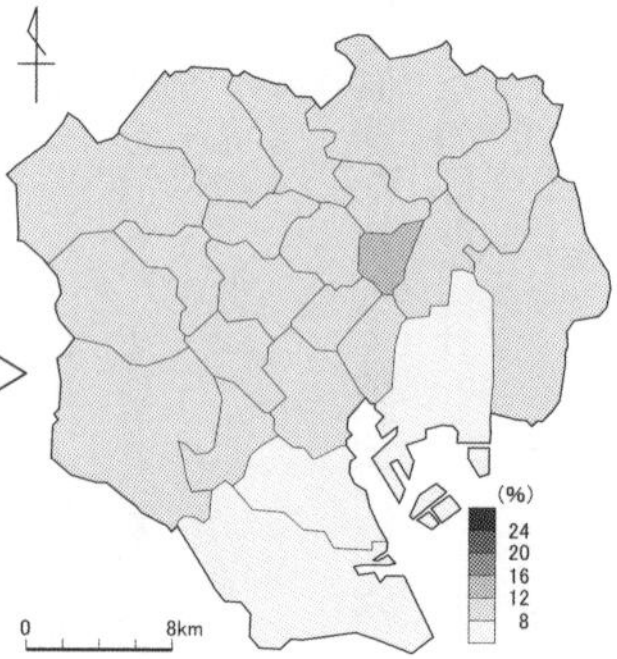

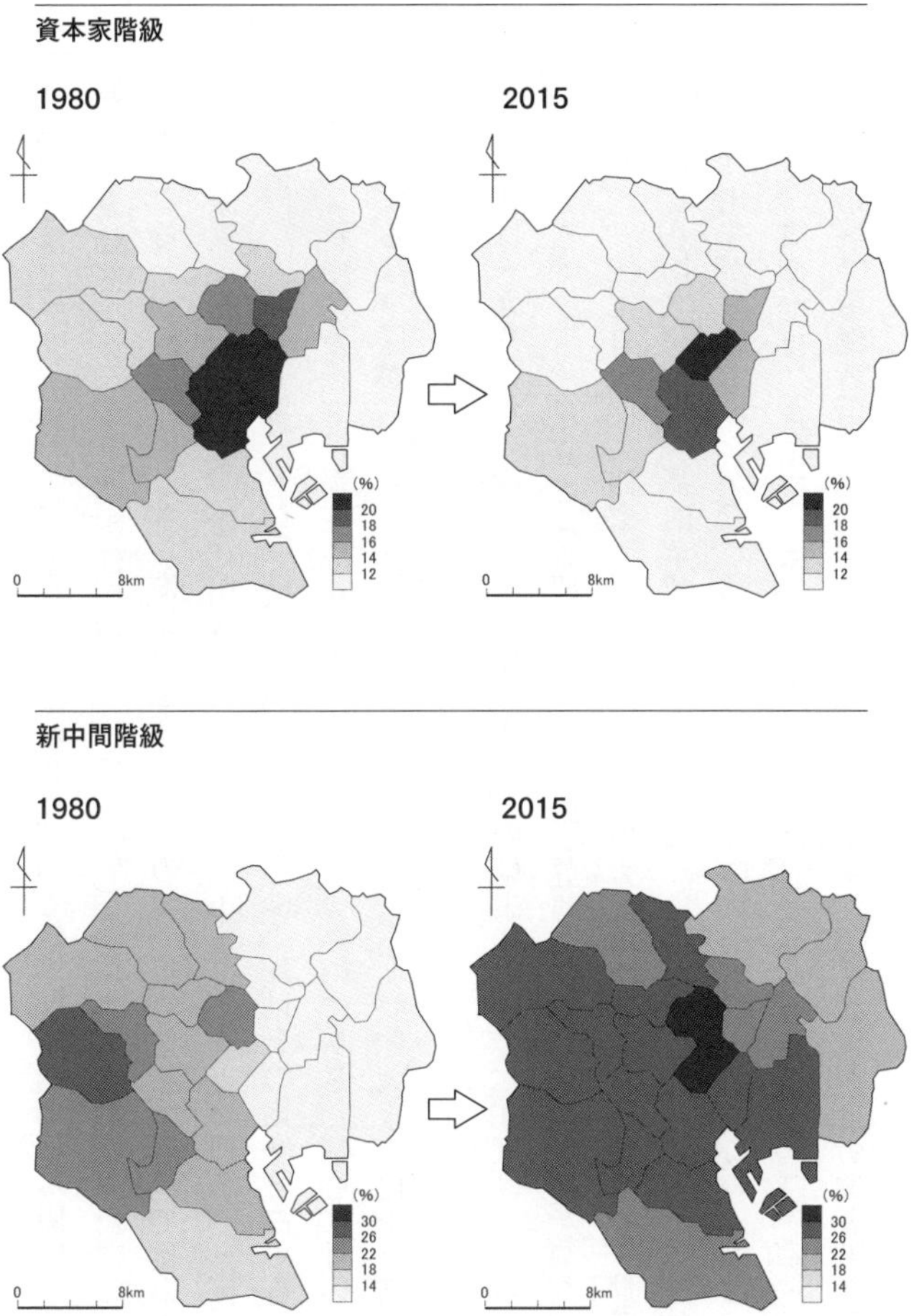


図表1・1 **東京23区の階級構成とその変化**（1980年－2015年）

二・〇％）、港区（一九・五％）はこれよりかなり低く、とくに中央区は東側の足立区（一二・四％）、葛飾区（一三・五％）、江戸川区（一二・二％）と比べても低かった。ところが二〇一五年になると、西側の区はさらに比率を高めたものの、都心とその周辺で比率の上昇が大きく、文京区（三四・四％）、千代田区（三一・八％）、中央区（二九・四％）、港区（二八・九％）、新宿区（二九・七％）などでは、西側と同等またはそれ以上の比率を占めるようになった。つまり新中間階級が、都心へと進出するようになったのである。都心に近いとはいえ東側に位置する江東区が、二七・一％（一九八〇年は一三・二％）と大きく比率を高めたのも注目される。

労働者階級は一九八〇年の段階では、比率が高いのは主に東側で、江東区（五八・四％）、江戸川区（五六・二％）、足立区（五四・一％）、北区（五四・〇％）などが高かった。しかし、港区（四四・五％）、目黒区（四七・二％）、渋谷区（四六・三％）など、都心およびその周辺の区でもかなり比率が高く、都内全域に分布していたといえる。ところが二〇一五年になると、全体に比率が上昇するなかで、都心および周辺では比率が低下、あるいは横ばいだったのに対して、東側では江戸川区（六二・二％）、足立区（六一・八％）、葛飾区（六〇・八％）など、多くの区で労働者階級比率が上昇した。この結果、23区の東側は労働者階級の居住地としての性格を強めたといえる。ただし東側でも、都心に近い江東区では労働者階級比率が五七・三％と微減している。

旧中間階級は、一九八〇年の段階では都内全域でかなりの比率を占めており、とくに都心の東側に位置する台東区（三〇・五％）、墨田区（二七・七％）、荒川区（二四・九％）で比率が高かった。都心でも中央区（二〇・五％）、千代田区（一七・六％）、港区（一五・八％）などそれなりの比率を占めており、旧中間階級は都心およびその周辺の経済活動の、重要な担い手だったといっていい。ところが二〇一五年になると、旧中間階級比率はおしなべて低下した。もっとも高い台東区でも一二・一％と激減し、都心三区でも千代田区（九・五％）、中央区（八・〇％）、港区（九・三％）など一〇％を切り、その存在感を著しく弱めた。この意味で旧中間階級は、都心における地域社会の中心的な担い手としての地位を、新中間階級に譲り渡したといってよさそうだ。

以上からわかるのは、東京23区の空間構造と階級の間の次のような関係である。東京23区で、周縁より中心が、東側より西側が豊かなのは、資本家階級が中心に多くて周縁で少なく、労働者階級が東側で多く西側で少ないからである。しかも近年、資本家階級の都心への集中傾向は強まっており、労働者階級の東側への集中傾向も強まっている。また旧中間階級の退潮は著しいものの、新中間階級がその空白を埋め、とくに都心およびその周辺へ進出しつつあり、このことがこれらの地域における所得水準の上昇につながったと考えられる。

都心およびその周辺で生じたこのような変化は、ジェントリフィケーション（gentrification）と呼ばれるものである。一般に先進諸国の大都市では、都心やこれを取り巻く地域で、古く貧しい階級が減少し、これにかわって新しく豊かな階級が増加するという変化が生じる傾向があるといわれる。これがジェントリフィケーション（富裕化、高級化とでも訳すればいいだろうか）である。ジェントリフィケーションは、豊かな階級の都心への集中をもたらしたといっていいだろう。しかし「下町」と「山の手」の関係は、一部に変化の兆しがあるとはいえ、基本的に変わっていない。

このように、都市の空間構造と階級の間には密接な関係がある。都市の空間構造は、階級の空間的分布によって作られたものである。そして階級の空間的分布の変化は、都市の空間構造を変化させる。このように階級構造は都市空間の上に表現され、階級構造の変化は都市空間を変化させる。都市は内部に階級間の格差を抱え込み、階級間格差を空間的に表現している。このような都市のありかたを「階級都市」と呼ぶことができる。そして東京は、ひとつの巨大な階級都市であり、階級構造の変化とともにその空間構造を変化させ続けるのである。

それでは東京のこのような空間構造、もっとも豊かな「都心」を、労働者階級が多く相対的に貧しい「下町」、新中間階級が多く相対的に豊かな「山の手」が東西から挟み込むという構造は、いかにして形成されたのだろうか。そして人々は、このような空間構造をどのように受けとめてきたのだろうか。章を改めて詳しくみていくことにしたい。

## 補論：町丁目単位での所得水準と所得分布の推定について

経済的な格差に注目して都市の空間構造を明らかにするためには、所得水準と所得分布に関する情報を、地域単位で入手する必要がある。しかし政府が作成している官庁統計には、限界が多い。官庁統計のなかで所得水準と所得分布についてもっとも詳細な情報を含むのは「住宅・土地統計調査」だが、ここから知ることができるのは、市区町村単位の所得階層別世帯数である（ただし人口の少ない一部の市区町村については集計結果が公表されていない）。所得階層の区分のしかたは年度によって異なるが、ここから平均世帯収入、低所得世帯比率、高所得世帯比率などを知ることができる。しかし市町村は面積が大きく、その内部に低所得者の多い地域と高所得者の多い地域が混在するため、空間構造を詳細に分析するための単位としては大きすぎる。

これに対して町丁目など、より細かい地域については、「国勢調査」から、年齢別・学歴別の人口、労働力状態別の人口、職業別・産業別・従業上の地位別の就業者数などを知ることができる。しかしこれだけでは、多様な指標によって作成された社会地図を、数多く並べるに終わってしまう。

しかし収入は、年齢、学歴、労働力状態、職業、従業上の地位などと深く関連している。そこで今回は、次のような分析を行なうことにした。まず「住宅・土地統計調査」から、各市区町村の平均世帯収入、年収二〇〇万円未満世帯比率、年収一〇〇〇万円以上世帯比率を算出した。次に「国勢調査」から、各市区町村の年齢構成、学歴構成、職業構成、産業構成、失業率などを算出した。そして二つの統計を統合したデータを作成し、重回帰分析という手法によって、各市区町村の平均世帯収入、年収二〇〇万円未満世帯比率、年収一〇〇〇万円以上世帯比率を推定する、統計的なモデルを作成した。そしてこのモデルを、国勢調査から得られた町丁目別のデータにあてはめることによって、各町丁目の平均世帯収入、年収二〇〇万円未満世帯比率、年収一〇〇〇万円以上世帯比率を推定した。推定に用いたモデルの決定係数は、平均世帯収入が〇・八五五、年収二〇〇〇万円未満世帯比率が〇・七〇四、年収一〇〇〇万円以上世帯比率が〇・八三五だった。

なお、このような統計的推定の場合、例外的に所得が高い地域、同じく例外的に低所得世帯比率や高所得世帯比率の高い地域に関しては、推定の精度が低くなる。市区町村の統計を基礎に推定しているため、市区町村の所得水準や所得分布の幅に収まらないような特徴的な地域についてはは正確な推定ができないのである。しかし、それぞれの町丁目の相対的な高さ、低さについては正確に推定されていると考えられるので、東京23区の空間構造を明らかにするという目的からすれば問題はないだろう。ただし、特定の職業の人々が集まって住んでいるなど、特殊な事情がある場合は注意する必要がある。たとえば、所得水準を引き上げる大きな要因のひとつに専門職比率があり、推定では専門職比率の高い地域の平均世帯収入推定値や一〇〇〇万円以上世帯比率推定値は高くなる。このため若い専門職が例外的に多く居住している地域、たとえば専門職の多い会社の社宅や大学病院がある地域では、これらの値が非現実的に高くなる場合がある点に、注意が必要である。

＊1　それぞれの階級は、国勢調査の集計表から、次のように区別している。

資本家階級：「役員」と「雇人のある業主」
新中間階級：被雇用者のうち、専門職、管理職、正規雇用の男性事務職
労働者階級：新中間階級以外の被雇用者
旧中間階級：雇人のない業主と家族従業者

「国勢調査」には従業員規模についての情報がないため、一人でも雇っていると「雇人のある業主」となり、資本家階級に分類されてしまうことになる。このため資本家階級の比率が実際より大きく出てしまう点には注意が必要である。

第2章

# 「下町」と「山の手」の形成と変容

## 階級闘争の場としての都市空間

## 1 「下町」「山の手」の起源

東京23区は、「都心」「下町」「山の手」に大別される。都心は、もともと「下町」だった地域と「山の手」だった地域に分けられるが、今日では経済・政治・文化の中心地としての一体性を強めている。

地質学的にいえば、下町は海に近く標高の低い沖積低地、山の手はこれより標高の高い洪積台地である。この洪積台地を武蔵野台地といい、西側は都心から約四五キロ離れた青梅市まで続くが、その都心に近い部分のことを、とくに山の手台地と呼ぶことがある。これが、ここでいう山の手である。そして山の手台地が海に向かって突き出した先端部には、かつて江戸城があり、いまは皇居がある。そして口絵や前章で示した社会地図は、下町と山の手が地形の上での区分であるだけではなく、社会的な差異と結びついていることを示している。

都心の所得水準がずば抜けて高いのは、当然だろう。その起源が下町であろうと山の手であろうと、経済活動の中心地だから地価は高く、公営住宅や、開発から取り残された一部の地域を除けば、住むことができるのはある程度まで所得の高い人に限られる。もっとも高度経済成長期までは、都心に近い東京湾岸には工場地帯があり、低所得の労働者階級がたくさん住んでいた。しかしその後、工場の大部分は移転または廃業してしまった。またバブル期までは、都心にも昔ながらの商売を細々と続ける低所得の自営業者は少なくなかった。しかしその後、バブル期には地上げによって、近年では高齢化や経済環境の変化によって、都心の自営業者は激減してしまった。こうして都心の居住者は、ますます中高所得層に純化してきた。いまでも千代田区の神田、中央区の人形町、港区の麻布十番など、下町的な雰囲気を残す地域はないではないが、その範囲はかなり狭くなった。

これに対して東京23区の都心以外の地域では、依然として下町と山の手の区別が明確である。それではこのような区別は、いつ、どのように形成されたのだろうか。

下町と山の手を対比させる用語法は、すでに一七世紀後半には登場していたという。下町はもともと、低地にある土地を意味する言葉だが、同時に御城下の町という意味で使われる場合もあった。これに対して山の手は、下町から見上げると山のようにみえる台地のことである。下町には主に町人が住み、山の手には主に武士が住んだ。こうした棲み分けの構造は、すでに一七世紀後半には定着していた（野田宇太郎『東京文学散歩 下町篇（上）』、小木新造・陣内秀信・竹内誠・芳賀徹・前田愛・宮田登・吉原健一郎編『江戸東京学事典』など）。

つまり下町と山の手という対比は、地形による区別であると同時に、町人は低地の商家や長屋に、武士は高台の屋敷にという、身分による棲み分けのパターンをも表現していた。もっとも、この棲み分けのパターンが絶対的なものだったわけではない。上野や日本橋の東側の低地、そして隅田川対岸の本所には、かなりの数の武家屋敷があった。忠臣蔵の悪役である吉良上野介の屋敷があったのも、本所一ッ目（後に本所松坂町、現・両国三丁目）である。また山の手でも、街道に沿ったあたりには商店の建ち並ぶ町人地が多かった。とはいえ全体としてみれば、町人は低地に、武士は高台に住むというパターンが支配的だった。

ただし江戸の市街は、今日の東京に比べればはるかに狭く、江戸城からせいぜい五キロ程度の範囲に収まっていた。だから江戸期の下町・山の手とは、現在の都心とその周辺にあたる地域のなかの区別にすぎなかったといえる。ところが近代化が始まり、江戸＝東京の範囲が拡大するにしたがって、下町と山の手はそれぞれ、周辺に向かって拡大していったのである。

まず明治維新を機に、山の手の主役が交代する。武士たちの大部分は山の手を去った。武家屋敷の跡には多くの学校や官公庁、大使館、軍事施設などが建てられた。また薩長をはじめ地方から移り住んできた新しい特権階級や、役人、会社員、学者など新中間階級が住む、環境と眺望のよい住宅地となった。

他方、下町には江戸時代からさほど変わらない暮らしをする商人、職人、人夫などが住み続けていた。しかし経済発展とともに、都心に近い部分は商業地などとして発展する一方、その東側には近代産業が立地するようになって、労働者の街としての性格を強めていった。

江戸にあった下町に町人、山の手に武士が住むという棲み分けの構造が、近代化によって変容したことについての、早い時期のまとまった記述としては、平出《ひらで》鏗二郎《こうじろう》の『東京風俗志上の巻』（一八九九年）をあげることができる。この冒頭には「風土及び市井の有様」という章がおかれ、東京の地理的位置、東京が一五区に分けられていること、東京の気候の特徴について紹介したあと、その地勢について次のように論じている。

> 地勢は西南は丘隴相連なれども、東北は概ね平坦なり。西南の丘隴相連なれる処を山の手といひ、東北の平坦なる処を下町といへり。麴町、麻布、赤阪、四谷、牛込、小石川、本郷は山の手に属し、神田、日本橋、京橋、下谷、浅草等は下町に属せり。下町は江戸開市の後、つとに市井を形造りて、繁盛を極めたれども、山の手は武士屋敷その大半を占めたれば、なべて物寂しきさまなりしが、維新以来次第に開けて多く町家建ちつづき、

大いに面目を革めぬ。されども地勢もと偏陬にありて、交通の便割合に宜しからざれば、盛に商業を営まんとするは、さながらに下町に住まひ、官吏会社員の如きは、むしろその静閑なるを好むで山の手に居れり。

かくの如く山の手と下町とは地勢の上より自らに区劃せらるるのみならず、住者の多数また異なれば、風俗従うて異なる所あり。下町は風俗の変遷特に劇しく、時々の流行一にここに基を発し、山の手は常にこれを追ふの傾あり。都市の端々隅々を場末といふ、多くは細民の住める処たるが上に、域、郷曲に接すれば、風俗やや鄙陋にして田舎染みたり。

口絵3の地図と照らし合わせながら、下町と山の手の範囲を確認してみよう。平出によると、下町は「神田、日本橋、京橋、下谷、浅草等」、山の手は「麴町、麻布、赤阪、四谷、牛込、小石川、本郷」である。下町は江戸開市によって繁盛し、交通も便利なので、商人が住んでいる。これに対して、山の手は武家屋敷が多かったので、明治維新によって一時期は寂れていたものの、のちに住宅が建ち並ぶようになり、交通の便が悪いかわりに閑静なので、官吏や会社員、つまり新中間階級が住んでいるというわけである。山の手の範囲は台地に位置する七区と特定されているが、下町の範囲は最後が「浅草等」とされていて、必ずしもはっきりしない。ここで明示されていないのは一五区のうち芝、本所、深川の三区だが、文脈からすると、これら三区の一部は下町に入るが、他の多くは最後に出てくる「場末」であり、細民、つまり雑多な職業に従事する貧しい職人や労働者たちが住んでいたということだろう。その職業については、松原岩五郎の『最暗黒の東京』（一八九三年）、横山源之助の『日本の下層社会』（一八九八年）などに詳しいが、主要なものは人力車夫、日雇労働者、廃品回収業、行商人、製造業の内職などだった。ただし横山が示した資料によると、商業が発展していたとはいえ浅草区や神田区にも多数の人力車夫がおり、細民が多いという点では下町と「場末」には連続性があった。このように東京は大きな格差をはらんだ都市だったのであり、このことを平出は、次のように表現している。

都下には地方に於いて見ること能わざるが如き、富者の奢侈を競ふものあるに反《かえ》へて、貧窶《ひんろう》ほとんどまた地方に見るべからざる惨状を極むる者の夥しきを見る。いはば極貧極富の懸隔甚だしくして、生活の度最も多層に、高きは最も高きがあれば低きは最も低きがあるなり。

こうした住民の階級構成の違いを、統計によって確認しておこう。図表2・1は、一九二〇年に行なわれた第一回国勢調査から、東京一五区の就業者の地位別構成を示したものである。「業主」は自営業者のことだが、雑多な職業に従事する職人や行商人など、貧しい細民も含まれている。「職員」は新中間階級、「労務者」は労働者階級のことと考えていいだろう。近代化途上の大正期のことだから、業主の比率は全体で三五・二%、もっとも高い本郷区では四五・八%、もっとも低い京橋区でも二八・七%に上っている。これに対して職員の比率は区によって大きく異なる。もっとも高いのは、いずれも都心に位置する下町の日本橋区(三二・二%)、麴町区(三〇・〇%)だが、これに次いで高いのは牛込区(二八・二%)、赤坂区(二七・九%)、四谷区(二五・七%)など、山の手の区が多い。これに対して下町、とくに都心から離れた区では、本所区(一一・七%)、深川区(一三・〇%)、浅草区(一三・六%)など低くなっている。そして労務者比率は、下町の深川区(五七・八%)、本所区(五四・〇%)、浅草区(四八・〇%)などで高いのにたいして、山の手では本郷区(二九・二%)、牛込区(三二・二%)など低く、麻布区(四二・六%)、赤坂区(四〇・七%)など高いところでも四割程度にとどまっている。

図表2・1 東京15区における就業者の地位別構成（1920年）

| | 就業者数 | 業主 | 職員 | 労務者 | 合計 |
|---|---|---|---|---|---|
| 麹町区 | 32,314 | 30.6% | 30.0% | 39.4% | 100.0% |
| 神田区 | 76,748 | 36.2% | 25.4% | 38.5% | 100.0% |
| 日本橋区 | 68,392 | 28.9% | 31.2% | 39.8% | 100.0% |
| 京橋区 | 72,358 | 28.7% | 20.9% | 50.4% | 100.0% |
| 芝区 | 82,800 | 31.7% | 25.0% | 43.3% | 100.0% |
| 麻布区 | 37,442 | 33.4% | 24.0% | 42.6% | 100.0% |
| 赤坂区 | 27,851 | 31.4% | 27.9% | 40.7% | 100.0% |
| 四谷区 | 29,198 | 34.0% | 25.7% | 40.3% | 100.0% |
| 牛込区 | 54,144 | 40.6% | 28.2% | 31.2% | 100.0% |
| 小石川区 | 61,608 | 38.5% | 22.8% | 38.7% | 100.0% |
| 本郷区 | 63,098 | 45.8% | 24.9% | 29.2% | 100.0% |
| 下谷区 | 81,104 | 41.3% | 16.7% | 42.0% | 100.0% |
| 浅草区 | 122,207 | 38.5% | 13.6% | 48.0% | 100.0% |
| 本所区 | 120,491 | 34.3% | 11.7% | 54.0% | 100.0% |
| 深川区 | 83,907 | 29.2% | 13.0% | 57.8% | 100.0% |
| 合計 | 1,013,662 | 35.2% | 20.8% | 44.0% | 100.0% |

出典）東京市役所調査課『東京市人口年齢別職業及職業上ノ地位』

一九二三年の関東大震災は、こうした傾向をさらに明確にした。震災により多くの人々が家や職場を失い、都心部の人口は激減した。とくに下町はもともと、かなりの部分が江戸時代の埋め立て地で地盤が弱く、しかも木造家屋が密集していたから、被害は甚大だった。日本橋、京橋、神田、浅草といった下町の中心部はほぼ壊滅し、しばらくの間、繁華街としての機能を失った。これにかわって渋谷、新宿、池袋など、被害の小さかった山の手のターミナル駅周辺が、繁華街として発展を始めた。こうして東京の中心は西へとシフトし、山の手の比重が大きくなるのである。すでに明治末から、郊外への人口流出は始まっていたが、震災はこの傾向に拍車をかけた。新中間階級の多くが山手線の西側沿線、さらには郊外へ続く中央線や私鉄の沿線に住むようになり、山の手の範囲は拡大していった。

下町の繁華街は、急ピッチで再建されて賑わいを取り戻すが、相対的な地位低下は避けられず、しかもその中心は、下町色が強く店員や職人、労働者が集まることの多かった浅草から、山の手の新中間階級を主な顧客とする銀座へと移っていった。

また震災復興の過程では、震災による焼失面積の四三％、面積にして三〇平方キロメートルに及ぶ地域で大規模な区画整理事業が行なわれ、対象地域にあった宅地面積の約一二％が道路その他の公共用地となった（東京百年史編集委員会編『東京百年史　第五巻』）。とくに下町では、区画整理の過程で多くのバラックが移転させられたことから、住宅戸数が震災前ほどには回復せず、人口も一九三〇年代半ばまで、震災前を下回り続けた。これに対して被害の少なかった山の手では、住宅戸数・人口とも、わずかな変動にとどまった。また、のちに山の手へと発展する西側の郊外では開発が進み、人口が急増した（田中傑『帝都復興と生活空間』）。

さらに下町と山の手の関係を変えるのに大きく影響したのは、一九二五年一月に決定され、若干の変更を経て翌二六年九月に確定した、内務省告示による用途地域の指定である。ここでは山の手の高台が住居地域、隅田川と山の手の中間に位置する京橋区、日本橋区、神田区、浅草区の大部分と、四谷、新宿、渋谷の一部などを商業地域、隅田川の東の深川区、本所区の大部分、後に城東区、向島区、荒川区、王子区として東京市に組み入れられる地域の多くを工業地域と指定するものだった。つまり、下町は隅田川の東と西に二分され、都心の下町は商業地域、隅田川の東側の新しい下町は工業地域と指定されたのである。

それぞれの地域に建てることのできる施設の内容や規模は、先に制定されていた市街地建築物法（一九一九年）にもとづいて制限が加えられた。たとえば住居地域には、「住居ノ安寧」を害するおそれのあるものを建てることができない。同じく商業地域には、「商業ノ利便」を害するおそれのあるものを建てることができない。反面、一定規模以上の工場や倉庫、衛生上有害だったり、保安上の危険のあるものは、工業地域にのみ建てることができる。これによって、山の手はますます快適な住宅地となることを約束され、隅田川の東の下町はますます工場地帯の性格を強めていった。

一九三〇年、円本ブームに乗って改造社が出版した『日本地理大系　大東京編』は、当時の東京市長・堀切善次郎をはじめ、内務省復興局の幹部、明治神宮宮司、地理学・地質学・

歴史学・経済学などの研究者に、小説家の川端康成、江戸文化研究家の三田村鳶魚《みたむらえんぎょ》、貧民の取材で知られるジャーナリストの草間八十雄《やそお》まで動員し、当時の東京の全体像を描こうとした大冊だが、ここでは震災後の用途指定が果たした役割について、次のように書かれている（ちなみに「プロ」とあるのはプロレタリアート、つまり労働者のこと、「プチブル」とあるのはプチ・ブルジョアジー、つまり知識人や新中間階級のことである）。

震災前の好況期には、閑静な住宅地だった山の手にも工場が進出し、商業地も形成されたが、震災後の都市計画によって、それぞれの地域には同一目的の建築物を集めることになった。これによって山の手は、「多種多様の生産過程、並に生活様式の混在から免れ」、住宅地としての色彩を保つようになった。山の手は工業地帯の煤煙を避けることのできる場所にあり、理想的住宅区の機能を果たしている。住宅の位置の高さは、「富と文化階程との如何を表象」するものであり、本所、深川などとは対照的で、「プロとプチブルの世界の相違が明瞭に認められるのである」（田中啓爾・桝田一二「地理的地域」）。こうして山の手と下町の階級的性格の違いは、以前にも増して明確になったのである。

文芸評論家の磯田光一は、用途地域を定めたこの内務省告示が、その後の東京の運命を決めたという。商業と政治・経済の中心地を間にはさみ、地方から出てきて「標準語」を話す日本近代化の指導層が、世田谷・杉並方面の山の手に居を構える。これに対して土着の「東京方言」を話す人々は、下町に住む。前者は後者を支配し、封じ込め、「東京方言」を絶滅に追いこんでいく。そして両者の間を流れる隅田川は、前者の進める近代化の犠牲となり、工場の廃液に満たされ汚濁の川と化していったのである（『思想としての東京』）。

こうして東京は、新中間階級が住む山の手、繁華街へと成長した古い下町、そして工場地帯で労働者階級の住む新しい下町、という三元構造をとるようになった。そして山の手と繁華街の境界部分には官庁街・ビジネス街があり、繁華街とともに都心を形成するようになる。そして下町イメージの中心は、繁華街となった古い下町から、本所・深川を中心とした新しい下町へとシフトし始めることになる。

こうして、下町と山の手のそれぞれ中心部を起源とする都心を取り囲むように、新しい下町と新しい山の手が形成され、今日の私たちがイメージする山の手と下町ができあがるのである。とはいっても、東京23区の外周部は、かなりあとの時代まで人口の少ない田園地帯だった。山の手と下町が東京23区の全域を覆うようになるのは、のちにみるように高度経済成長期に入ってからだといっていい。

## 2 階級による棲み分けと文化の違い

戦前期、下町と山の手の間には、一目みてわかるような生活の違い、文化の違いがあった。多くの著者たちは、そのことをさまざまな観点から記録し、証言している。

昭和の初め、山の手と下町の住人たちの階級の違いについてユニークな方法でアプローチしたのは、考現学の創始者である今和次郎《こんわじろう》だった。彼によると考現学（モデルノロジー）とは、考古学の方法を現代社会に応用したものである。考古学では、過去の人類の遺物を採集し、記録し、これを手がかりに過去の人類の生活を研究する。これに対して、現在の人々がもつ財貨を採集したり記録したりすれば「考現学」になるというのである。しかし過去の人々と違い、現代の人々の場合は遺物を採集するだけではなく、実際に人々の行動を観察することもできる。そこで彼が行なったのが、通行人調査である。

彼は東京都内の各所で、通行人の観察を行なった。多数の協力者を動員し、通行人の性別、職業や年齢、服装、髪型、持ち物などを克明に記録していくのである。調査対象になったのは、銀座、新宿、渋谷、浅草などの盛り場、そして隅田川を渡った東側の下町、本所と深川である。銀座は下町に位置するものの、官庁街・ビジネス街に近く、また豊かな人々を引きつける商店街でもあったから、通行人には山の手の住人が多い。そして新宿と渋谷は山の手の住宅地を控えている。これに対して浅草は下町を代表する繁華街、本所・深川は下町の奥深くである。

そして調査の結果、次のような事実が明らかとなった。銀座では洋服を着た男性が多く、次いで和服を着た女性が多い（図表2・2a）。図では単に「男」「女」とあるが、その服装や描かれ方からみて、男は大企業に勤めるビジネスマン、女は豊かな家庭の主婦だろう。労働者はわずか七％で、学生の一二％をも下回っている。これに対して新宿と渋谷では、買い物に来た和服の女性の比率が高くなる。銀座には仕事で出てきた男性が多く、新宿や渋谷には山の手の自宅から買い物に来る女性が多いということになる。これに対して下町の繁華街である浅草では、店員の姿が目立つ。

しかし、本所・深川の特徴は際立っている（図表2・2b）。通行人の大多数が職人・人夫・小僧、そしてみすぼらしい身なりの女性たちであり、洋服を着た勤め人などは、全体の三％にも満たないのである。こうした違いから、今は「隅田川は東京にとって皮肉な川です。本所深川は東京の中枢部および山の手の人たちにとっては違う風俗の国なのです。現代文化

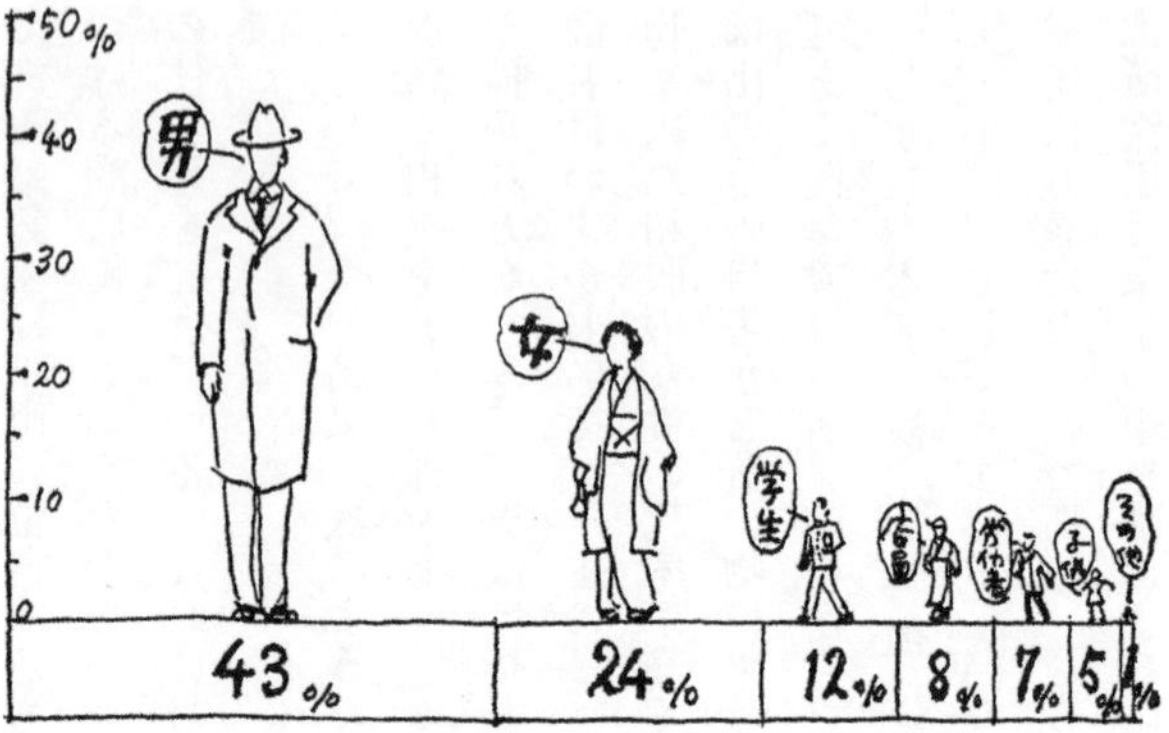


**図表2・2a　銀座の通行人の身分構成**

出典）今和次郎「東京銀座街風俗記録」

人風俗の国ではないのです」と書いている（今和次郎『考現学（今和次郎集第一巻）』『新版大東京案内』）。つまり隅田川は、下町と山の手の「国境」となっていたのである。

実際に下町と山の手には、文化の違いもあった。先に引用した平出の文章の最後でも、下町と山の手の文化の違いについての言及があるが、それは江戸における町人と武士の文化の違いに起源をもちながらも、近代化とともに変容を遂げたものだった。

一八九三年に横浜で生まれた小説家の獅子《しし》文六《ぶんろく》は、一九〇三年に慶應義塾幼稚舎に編入学して寄宿舎生活をするようになった。生徒たちは下町と山の手の両方から集まっていたが、子ども時代の文六は、どちらにも属さない立場から生徒たちを

**図表2・2b 本所・深川の通行人の身分構成**

出典）今和次郎「東京銀座街風俗記録」

観察し、戦後になってからこれを「山の手の子」「町ッ子」という二編のエッセイにまとめている。

もともと山の手の住人たちは、田舎から出てきた下級武士が中心なので、下町の町人たちから「ノテ」「ヤボ」などと罵られ軽蔑されていた。しかし二代目にもなると、山の手住人たちも都会人になり、形勢が変わってくる。山の手の子どもたちの多くは実業家の父親をもち、下町の子どもたちを「町ッ子」と呼んでいた。そして下町は「無智で旧弊の区域」と思われるようになっていて、これは下町の子どもに対する一種の差別語だった。ただし子どものころの獅子文六自身は、歌舞伎や落語に親しみ、豊富な小遣い銭をもらって大人の文化に親しむ彼らをうらやましく思っていた、という（獅子文六『山の手の子　町ッ子』）。

下町と山の手の文化の違いを、ユニークな観点から浮き彫りにした記事が、一九二六年の『婦人公論』にある。「塵芥掃溜場から観た新東京」と題するこの記事によると、山の手と古い下町、そして新しい下町では、ゴミの内容が違う。山の手のゴミは、無駄がない。魚の骨などは洗ったようにきれいだし、ミカンは中の薄皮ばかりで表皮がない。魚は無駄なく食べ、ミカンの皮は乾かして、夏の蚊いぶしに使うからである。これに対して商家の多い下町の日本橋や京橋から出たゴミをみると、嫌いなものは箸でつついただけ、ミカンも味の悪いのは食べ残し、惜しげもなく捨てている。そして、下町も本所区になると、ミカンは薄皮まで食べてしまうらしく表皮だけ、リンゴは包丁を使わずに丸ごとかじった芯が出てくる。それぞれに住む人々は、生活習慣も大きく違っていたのである。

人々の感受性もまた、違っていた。高見順の一九四〇年の作品『如何なる星の下に』には、こんなエピソードが出てくる。ある日、浅草にアパートを借りて住む主人公の小説家・倉橋は、近くの劇場で映画「綴方教室」を観た。葛飾区の小学生で、貧しい職人の娘だった豊田《とよだ》正子《まさこ》が、自分の家族の生活を綴った作文を映画化したものである（山本嘉次郎監督・一九三八年）。大晦日だというのに親方から金を払ってもらえず、一文無しで正月を迎えなければならなくなった父親は、家に帰ると落胆のあまり、家族の前で狂ったように暴れ回る。倉橋は同じ映画を丸の内の映画館でも観ていたが、そのとき観客たちは、このシーンでどっと大声を上げて笑った。ところが浅草の観客たちは、笑うどころか静まりかえり、あちこちからすすり泣きが聞こえてくる。同じように貧しい職人や労働者が多い浅草の観客は、サラリーマンや学生、金利生活者の多い丸の内の観客とは違い、人ごととは思えなかったのである。

逆の例もある。小津安二郎の戦前期の傑作「生まれてはみたけれど」（一九三二年）は、東京の郊外、おそらくは池上《いけがみ》線沿線の大森区に住むサラリーマン一家を描いた作品である。小学生の息子二人は、誰よりも自分たちの父親が偉いと考えていたのだが、ある日その父親が、近所に住む会社の重役の前で、道化師のようにふるまってゴマをすっているのを目撃する。幻滅した息子たちが、家に帰って父親を責めると、父親はこうしなければ食っていけないんだと怒り、息子を叩いてしまう。映画評論家の佐藤忠男によると、サラリーマンの悲哀を主題としたこの映画は、中産階級の多い地域や批評家たちの間では深刻な映画と受けとめられたのに対し、貧乏人の多い下町の映画館では、屈託のない笑いを引き起こしたのだという（『増補版日本映画史Ⅰ』）。

労働者階級は労働者階級の悲哀に共感し、新中間階級の悲哀を滑稽なものとみる。これに対して新中間階級は、労働者階級の悲哀を理解できず、新中間階級の悲哀には共感できたのである。

## 3 戦中・戦後の下町と山の手

戦争は、下町と山の手の格差をさらに決定的なものにした。

下町には貧しい労働者や自営業者が多く、全体として学歴は低かった。これに対して山の手には、学歴が職業の重要な条件となるサラリーマンや官吏が多く、子どもたちにも高い教育を受けさせようとする傾向が強かった。ところが旧制高校以上の在学者には、一九四三年まで徴兵猶予の特権が与えられていたから、徴兵には学歴による格差があった。佐藤香《かおる》によると、敗戦時に二〇代だった人の兵役率は、小学校卒では三七％に上ったのに対し、旧制中学・実業学校卒では二一％、旧制高校以上では一一％にすぎなかったという（佐藤香「戦後社会にみる戦争の影響」）。

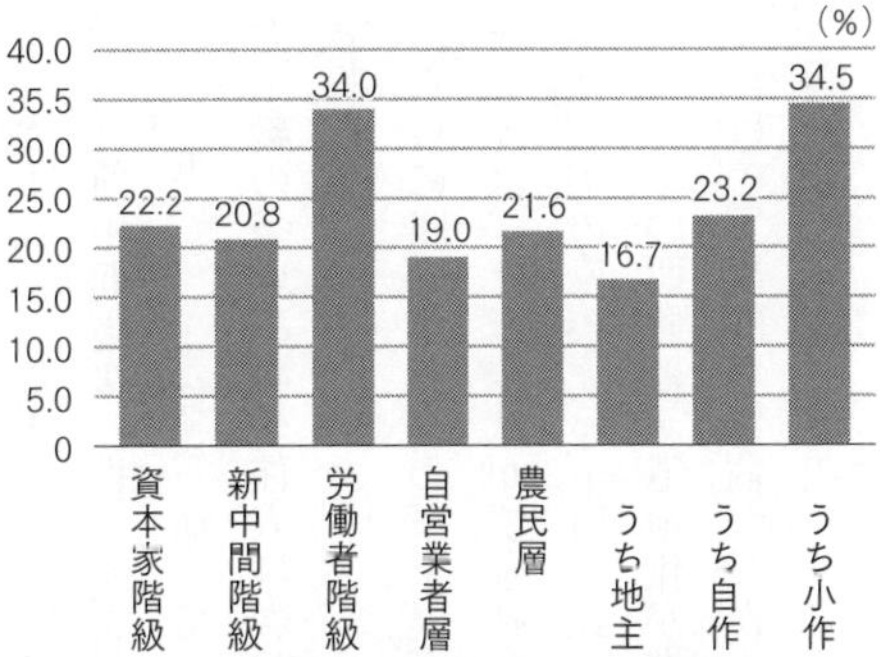


**図表2・3　1935年時の所属階級と兵役経験率**

出典）1955年SSM調査データより算出。兵役経験率は、1935年以降に兵役を経験した人の比率。農民層の農地所有形態は、父親の農地所有形態から判断した。集計の対象は1955年時点で35〜59歳だった者。

　さらに図表2・3は、一九五五年SSM調査[*2]データにもとづいて、一九三五年以降に兵役を経験した人の比率を一九三五年時点の所属階級別にみたものである。集計の対象としたのは、調査時点で三五歳から五九歳、つまり一九三五年時点で一五歳から三九歳だった人である。兵役経験率は、所属階級によってかなり異なる。

もっとも高いのは労働者階級で、三四・〇％までが兵役を経験しているのに対して、資本家階級、新中間階級、自営業者層は二〇％前後しか経験していない（ちなみに農民層も二一・六％と低いが、小作農に限ってみれば、三四・五％までが兵役を経験している）。学歴が低く労働者階級の多い下町の住人は徴兵されることが多く、したがって戦死することも多かったはずである。

さらに四五年三月の東京大空襲は、下町のほぼ全域を焼き払った。山の手でも都心に近い住宅地は、ほぼ全域が焼き払われたが、敷地の広い一戸建てが多く、空き地も多かったから、木造住宅の密集する下町に比べれば、人的被害はずっと少なかった。そして世田谷や杉並など山の手の西側は、宅地化が進みつつある途上の、まだまだ田園風景を残す地域で、爆撃するだけの軍事的な価値がなかったから、大方は被害を免れた。

図表2・4は、現在の東京23区にあたる地域の戦災による死亡率を比較したものである。東京都民政局が行なった調査によると、東京大空襲直前の一九四五年二月、現在のこの地域の人口は四九八万六六〇〇人だった（『東京百年史　第五巻』）。空襲による死者の数は正確にはわからないが、経済安定本部の推計によれば、東京23区の戦災による死者は九万五三七四人（ただし東京大空襲以前のものを含む）である（経済安定本部『太平洋戦争による我国の被害総

合報告書』）。両者の比率をとれば、死亡率は概算で一・九一％ということになる。ところが死亡率には、地域によって極端な差がある。東京の戦災による死者の大半をもたらした一九四五年三月一〇日の東京大空襲が、ほぼ山手線と荒川にはさまれた区域にあたる下町を標的としていたからである。とくに都心から隅田川を隔てた東側にある江東区では、二七万七八九六人の人口に対して、死者は判明した分だけで三万九七五二人。死亡率は、一四・三％に達している。次に高い墨田区は八・九％、台東区は四・二％である。ただし下町でも、外周部の田園地帯だった足立区や葛飾区では、被害が少ない。

**図表2・4　東京23区の戦災による死亡率**

| | |
|---|---|
| 千代田 | 0.76% |
| 中央 | 1.11% |
| 港 | 0.49% |
| 新宿 | 0.38% |
| 文京 | 0.29% |
| 台東 | 4.18% |
| 墨田 | 8.88% |
| 江東 | 14.30% |
| 品川 | 0.24% |
| 目黒 | 0.09% |
| 大田 | 0.30% |
| 世田谷 | 0.03% |
| 渋谷 | 0.50% |
| 中野 | 0.18% |
| 杉並 | 0.09% |
| 豊島 | 0.29% |
| 北 | 0.56% |
| 荒川 | 0.32% |
| 板橋 | 0.29% |
| 足立 | 0.08% |
| 葛飾 | 0.08% |
| 江戸川 | 2.36% |
| 23区合計 | 1.91% |

出典）『東京百年史』、経済安定本部『太平洋戦争による我国の被害総合報告書』

注）練馬区は1947年に板橋区から分離独立したため、ここでは板橋区に含まれている。

他方、対して山の手、とくに郊外に位置する目黒区、杉並区、世田谷区などでは、被害が少なかった。世田谷区の場合、人口二七万二〇七三人に対し、戦災による死者は八一人で、[*3]死亡率はわずか〇・〇三％。同様に目黒区と杉並区でも、死亡率は〇・〇九％にすぎない。ほぼ全域が空襲の被害を受けた渋谷区や港区でも、死亡率は〇・五％程度で、下町との差は大きい。

このように近代における下町は、震災と戦災という二度にわたる災禍によって、その性格を大きく決定づけられたといっていい。こんな下町を、評論家の川本三郎は、次のように表現している。

東京の下町は、死にひたされている。震災の死、東京空襲の死。下町情緒・江戸の残り香と美化される粋のうしろには黒々とした死が沈んでいる（『東京暮らし』）。

小説家の小林信彦も、次のように書く。

自己流に一言述べれば、〈死〉と〈東京の下町〉はイコールなのである。……下町の人間にとって、死は〈あらかじめ風景の中に組み込まれている〉のだ（『〈後期高齢者〉の生活と意見』）。

戦後になると、東京一五区に含まれていなかった外周部の新しい下町は、戦災の被害が小さかったこともあって、多くの工場が立地するとともに労働者階級を中心に人口が増加し、工場地域として発展していく。これに対して都心の古い下町と古い山の手は、戦前の人口を回復することなく繁華街・オフィス街の色彩を強めていく。そして外周部の新しい山の手は、新中間階級の住宅地となって人口が急増していく。下町と山の手は、それぞれ別の形で戦後復興を遂げ、範囲をそれぞれ東と西に広げながら、その違いを鮮明にしていく。そして人々は、両者の違いを強く意識するようになっていった。

一九五五年七月、『朝日新聞（東京版）』は、「山手と下町」と題して二四回にわたる連載記事を掲載した。「お化け」「涼味」「川」「お参り」など一二のテーマに沿って、「山手」「下町」それぞれの風俗を交互に紹介していくというものである。たとえば「お化け」では、山の手を舞台とした四谷怪談ゆかりのお岩霊堂に参拝する女性たちと、下町色の強い台東区谷《や》中《なか》のお化け屋敷を、「川」では山の手の谷間を流れる千川《せんかわ》と、屋形船が復活した隅田川を取り上げる。山の手と下町の風土・文化の違いを紹介する、教養色の強い記事である。しかしときおり、山の手と下町の格差が姿をみせる。

たとえば「朝の散歩」というテーマ。山の手で取り上げられるのは、毛並みのよい純粋種の犬を連れての散歩である。専門家は、戦前は純粋種を愛好したのは金持ち階級だけだったが、戦後の山の手では「どうせ飼うならよい犬を」と純粋犬が求められるようになった、と解説する。これに対して下町の方で紹介されるのは、煙草の吸い殻を拾い集めるホームレスで「百円あれば何とか食える。雨の日は残飯あさりさ」と語っている。

連載の終わり近くに出てくる「おしゃれ」というテーマは、実にストレートである。山の手で紹介されるのは、中野区にある「科学美容室」。見出しには「金と忍耐の〝美容科学〟」とあり、美容科学にもとづくと称するボディ・マッサージやホルモン・バス、オゾン美顔などをほどこし、料金は一回一〇〇〇円というもの。当時、国家公務員上級職の初任給は八七〇〇円だったから、現在の貨幣価値では二万円程度に相当するだろうか。これに対して下町で紹介されるのは、江東区亀戸《かめいど》の工場で化粧瓶を作る女工たちである。見出しは、「焦熱地獄の〝舞台裏〟」。高熱の坩堝《るつぼ》のそばでの作業で、気温は五〇度を超える。「山手の奥様族が、それ美顔術だ、やれ全身美容法だ、と愛身をやつして美容院通いをしているころ、下町の片隅では、酷暑と闘い、汗とほこりにまみれながら女工員が化粧ビン造りに精出している」。豊かな消費生活を送る山の手と、これを底辺で支える下町という見事な対比である。
朝日新聞はさらに一九六一年の七月一八日と八月一日に、「東京の山の手」「東京の下町」と題する特集記事を掲載し、その歴史と特徴について報じた。そこでは山の手と下町が、それぞれ次のように特徴づけられている。

山の手「風景と風俗そして気質、生活、情緒——いずれも下町とは対照的な、独特のムードがある。森と坂と石べイの多い高台の閑静な住宅街、そこにはなんとなく気位の高い人たちが住んでいる」

下町「森と坂の多い山の手にくらべて木が少ない、たいらな道、単調な家並み、そして必ずどこかで、汚れて臭い川や掘割につき当たる。道をきくと、きまって仕事の手を休めて親切に教えてくれる」

記事には、明治大正期、昭和初期、戦後と、三つの時期それぞれの「山の手」と「下町」

の範囲を斜線部で示した地図が載っているが、これが今日的な意味での「山の手」と「下町」の範囲が確立する前の過渡期のようすを示していて、面白い。

まず山の手だが、明治大正期には麹町区、芝区、麻布区、赤坂区、四谷区、牛込区、小石

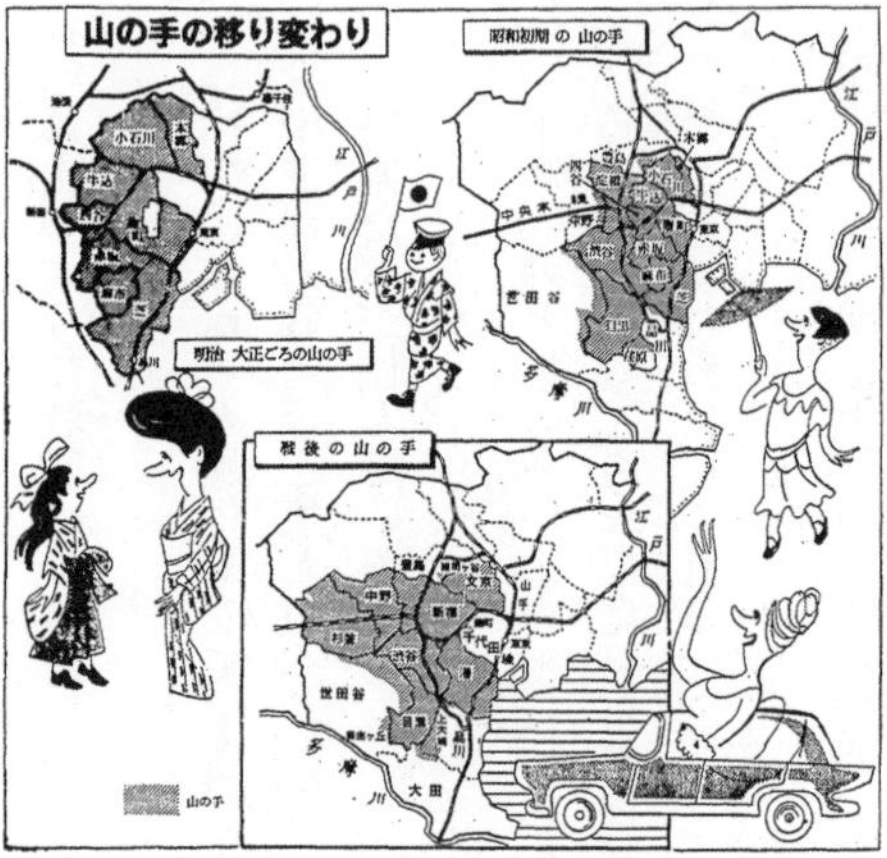

東京の山の手（『朝日新聞』1961年７月18日）

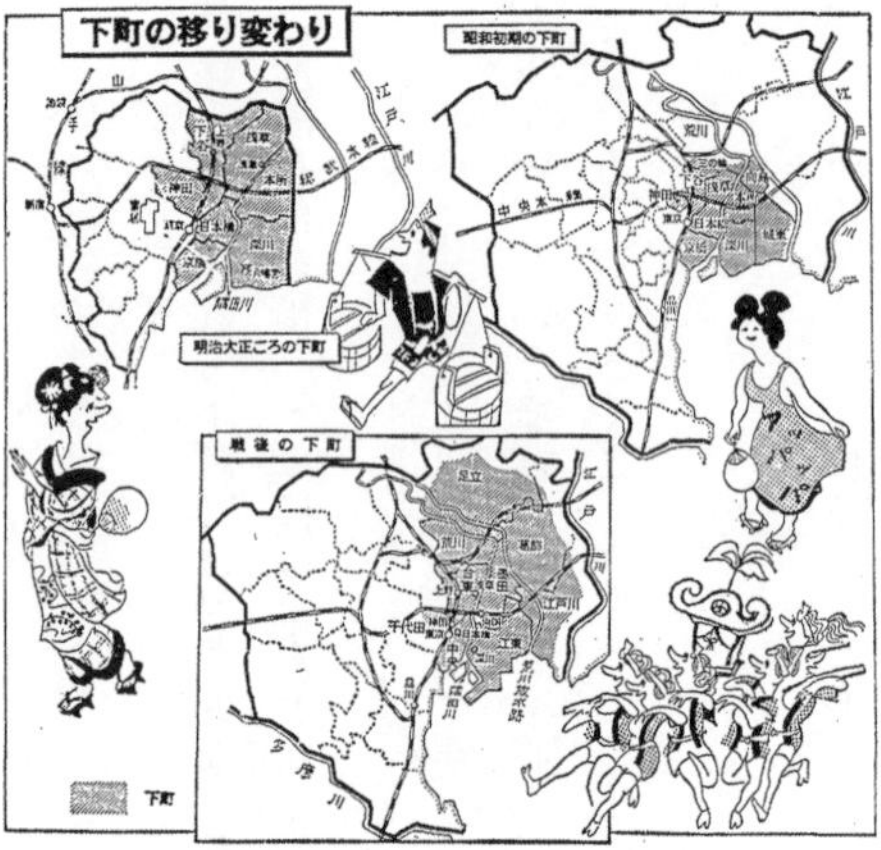

東京の下町（『朝日新聞』1961年８月１日）

川区、本郷区が含まれており、昭和初期になると、これに目黒区、渋谷区、淀橋区、そして品川区、荏原区、世田谷区、そして豊島区の都心に近いごく一部だけが、山の手に含まれている。戦後になると範囲が広がり、中野区と杉並区が山の手の一部となるが、世田谷区や大田区で山の手に含まれるのは都心に近いごく一部のみで、いまでは高級住宅地の代名詞となっている成城と田園調布も、山の手とはみなされていない。いずれも郊外の扱いである。ちなみに北区、板橋区、練馬区と、豊島区の大半は、どちらにも含められていない。下町と山の手の中間という位置づけだろう。

次に下町の方だが、明治大正期の下町は東京一五区のなかの神田区、日本橋区、京橋区、下谷区、浅草区、本所区、深川区に限られている。昭和初期になると、これが向島区、城東区、そして荒川区の三ノ輪《みのわ》界隈にまで広がるが、まだまだ範囲は狭い。そして戦後だが、今日でいう下町の大部分が含まれているものの、足立区・葛飾区・江戸川区については、外周部にあたる埼玉県・千葉県との県境付近が除外されているのである。これによれば、映画「男はつらいよ」の舞台である柴又《しばまた》などは、下町に入らないことになる。

単行本が二〇〇巻を数えてギネスブックにも載った漫画『こちら葛飾区亀有公園前派出所(略称・こち亀)』の作者で、一九五二年に亀有で生まれた秋本治は、映画監督の山田洋次との対談で、子どものころ、目黒に住んでいる親戚のおばさんのことを「東京のおばさん」と呼んでいたと回想している。葛飾区民は、戦後になっても自分の住む場所を東京と考えていなかったのである。これを受けて山田は、自身の作品『男はつらいよ』について、その舞台となった柴又は「『下町』と言っても『故郷』と言っても通用してしまう」から、舞台にちょうどいいと考えたのだと語っている（秋本治『両さんと歩く下町』）。

このように高度経済成長が始まったころ、人々が「下町」「山の手」と考えていた地域の範囲は、今日に比べるとずいぶん狭かったのである。

## 4 「下町」「山の手」をめぐる階級闘争

今日の下町と山の手の間に、大きな経済格差があることについてはすでに明らかにした。しかしこうした格差が、最初からあったわけではない。もちろん下町に住む町人と、山の手に住む武士の間には、身分の違いがあった。しかし経済的には、町人のほうが豊かな場合も少なくなかったのであり、また歌舞伎や落語、川柳など、江戸を彩った文化に対する造詣という点では、町人の方が上だったとみてよい。これが近代に入っても続いていたことは、先に取り上げた獅子文六のエッセイからもわかる。

しかし、やはり同じエッセイで書かれていたように、町人の優位性は次第に危うくなっていく。近代社会の特徴である、経済的な階級による序列が、次第に前面に出てくるのである。そして山の手の住人たちは、下町の住人たちを、そしてその伝統的な文化すらも、蔑み、差別の対象とするようになっていく。

一九〇九年生まれの劇作家、飯沢匡《ただす》は、小学生時代を回想して、山の手の大人たちは「一生懸命になって下町人に侮蔑感を持つように子どもを教育していた」のであり、それは「一種の人種差別」だった、という。彼が通っていた小学校は、東京高等師範学校附属小学校（現・筑波大学附属小学校）である。そこに通う生徒は「当時の日本の指導階級の子弟で構成されていて、そこにはほとんど下町っ子は、いなかった」。そして学校では、下町の町人文化に属するようなことは、徹底的に排除されていた。たとえば祭礼でお神輿《みこし》を担ぐことは下品とされていた。寺院の稚児行列に参加したことを作文に書いて白い目で見られ、泣いていた女の子もいた。彼の父親も、古い文化は否定するばかりで、盆や正月も行事らしいことはせず、そういう風習を「料理屋じゃあるまいし」と笑っていた。こうして江戸伝来の風習を保っていた下町の人々は、「古臭いと山の手人種からけいべつされるめぐり合わせになった」のだという（「下町 対 山の手」）。

少し後の世代では、一九三二年生まれの作家、小林信彦が、エッセイや小説で何度もこの問題を取り上げている。彼は自分のことを、「山の手の人間と下町の人間の混血児《ハーフ》」だという。なぜなら、もともと実家は下町の日本橋区両国（現・中央区東日本橋）で、そこへ山の手の赤坂区青山南町（現・港区南青山）から嫁いできた母親によって、産み育てられたからである（『私説東京放浪記』）。同時に彼は、下町から山の手への越境者でもあった。国民学校卒業後、山の手の文京区大塚の東京高等師範学校附属中学（現在の筑波大学附属中学校・高等学校）に入学したからである。本人は子どものころから庶民向けの演劇や落語に親しんでいたが、他方では「下町は文化的に遅れている」とも考えていた。しかし進学してみると、ほとんどが山の手出身だった級友たちとの間にギャップがあった。あるとき、級友と口げんかになり、「てめえ、薄汚ねぇ真似しやがって」といったところ、相手はぷっと吹き出し、「きみ、面白い言葉を使いますねぇ」と笑う。その目つきは、まるで「パンダの曲芸をみるよう」だった。このように「おまえは山の手の人間ではない」と宣告されるような出来事が時々あり、そのたびに悲しい思いをしたという（『時代観察者の冒険』）。ちなみに小林のエッセイの文庫版で何度か解説を書いている色川武大《いろかわたけひろ》によると、子どものころ、「山手家庭人種」は浅草喜劇のことを「悪徳の巣」と考えていて、母親は自分の息子が浅草に足を踏み入れていたことを知ったとたん、「恐ろしげに私をみつめて涙をこぼした」という（小林信彦『日本の喜劇人』のあとがきより）。

山の手と下町のギャップというこの問題は、しばしば小林の小説のテーマともなっている。『イーストサイド・ワルツ』の主人公は、山の手の青山の古い邸宅に住む作家。ある日、依頼された講演のため生まれて初めて隅田川を渡り、下町の深川へ向かうのだが、そこで出会ったのは、彼がかつて愛した女の娘と名乗る若い女だった。母親はもう亡くなったという。二人はいつしか愛し合うようになり、作家は彼女を妻として山の手の自宅に迎え入れる。ところが自宅の裏に住む叔母は、何かにつけて彼女につらくあたり、さらには近所に「川の向こう側の女の子はああなのかね」と言いふらすのである。

実は飯沢匡の先に取り上げたエッセイには、続きがある。下町と山の手の対立の背景には、深い政治的な対立があるというのだ。薩長藩閥が要職を占めた明治政府は、江戸っ子からみれば鼻持ちならない田舎《いなか》侍の集団だった。その田舎侍が上に立って、文化的には優位に立つ江戸っ子を支配しようというのだから、ここに「大きな精神的な戦」が展開することになる。しかし明治政府には、実権があった。しかも二代三代経るうちに、宮廷文化と西洋文化をないまぜにした山の手文化が形成されて、江戸っ子は文化的な優位性も失っていく。こうして形成された差別感は、いまでも残っているのではないか、と飯沢はエッセイを締めくくるのである。

こうなれば下町と山の手の対立は、一種の階級闘争の様相を呈してくる。それは、飯沢がいうように精神的な、あるいはイデオロギー的な階級闘争である。そして下町、あるいはそこに住む名もなき庶民の側に立とうとする人々は、これまで何度となく山の手に対抗し、イデオロギー上のこととはいえ、下町を山の手よりも優位に置こうと試みてきたのである。

その大先達としては、永井荷風《かふう》をあげなければなるまい。荷風は一八七九年、小石川金富《かなとみ》町《ちょう》（現在は文京区春日二丁目の一部）に生まれた。父親は尾張藩士の家に生まれ、東京大学の前身である大学南校で学び、のちに内務省に勤めたエリート官僚で、母親も士族の出身だった。金富町は山の手ではあるが、神田川に近い一帯は低地となっており、荷風によると、そこには「その中取払いになって呉れゝばと、父が絶えず憎んで居る貧民窟」があった。そこで荷風の父親は家を建てるにあたって、低地も含む三軒分の土地をまとめて買い、崖上の台地の部分に自宅を新築した。なぜなら「崖下へ貸長屋でも建てられて、汚い瓦屋根だの、日に干す洗濯物なぞ見せつけられては困る。買占めて空庭にして置けば閑静でよい」と考えたからである。なにしろ第一高等学校に不合格となった荷風を、「貴様見たやうな怠惰者は駄目だ。もう学問などはよして仕舞へ」と激しく叱責した父親である。山の手のエリート文化にどっぷり浸り、下町を憎悪していたことがうかがえる（永井荷風「狐」「九月」）。

父親への反発もあったのか、荷風は下町に親しむようになる。下町をくまなく散歩し、数多くの随筆を執筆したが、そこには下町への偏愛がよく表現されている。たとえば「深川の唄」という作品である。

一九〇八年の一二月下旬、荷風は自宅のある四谷から築地《つきじ》両国行きの電車に乗った。電車が麹町を過ぎ、下町の京橋区に入ると客層も変わり、「下町の優しい女の話声」も聞こえるようになる。丸髷の若く美しい女性も乗ってくる。ところが、電車は動かなくなる。先の方で停電があったらしく、電車が長い列を作っている。やむを得ず電車を降りると、目に入ってきたのは、不揃いで貧相な西洋造りの建物、縦横に走って眺望を妨げる電線、丸太の電柱と色の悪いペンキ塗りの広告の数々である。そんな都会の風景に嫌気がさし、荷風はこう思い立つ。「浅間しいこの都会の中心から一飛びに深川へ行こう――深川へ逃げていこう」。

荷風は数年前に開通したばかりの電車に乗って深川へ向かい、途中の永代橋《えいたいばし》からの川の眺めに魅了される。渡り終えると電車を降り、若いころの記憶を呼び戻しながら歩き、深川不動に至る。芸人が三味線にあわせて唄っている。ふと振り向くと、西の大空に紺色の夕雲がたなびき、沈む夕日が真っ赤に燃えている。荷風は、このままいつまでも、深川の夕日を浴び、本堂の石垣の下に佇んで、唄を聴いていたいと思う。そして「永代橋を渡って帰って行くのが堪えられぬほど辛く思われた」と記す。

荷風が単なる下町好きと違うところは、江戸文化の残る下町だけではなく、場末としての下町をも、同じように愛したことである。震災復興の過程で工業化が進んだ下町にも、荷風はよく足を運んでいる。そして幾筋もの掘割や、荒川、中川などの向こうに煙突が立ち、煙がたなびくようすをスケッチして、「風景ます〳〵佳し」と書き残すのである（『断腸亭日乗』一九三一年一一月二〇日、一九三二年一月二九日など）。

戦後の日本映画では、下町とその住人が好ましいものとして描かれることが少なくなかった。その典型は、山田洋次の一連の作品だろう。たとえば、「下町の太陽」（一九六三年）である。

主人公の寺島町子（倍賞千恵子）は、石鹼工場で働く工員。ベルトコンベアの横に座って、石鹼を包装するのが仕事である。町子の家は墨田区京島《きょうじま》、現在も地元客で賑わう橋銀座商店街近くの、長屋の建ち並ぶ古い住宅街にある。彼女には同じ工場で働く、毛利道男（早川保）という恋人がいる。社員試験を受けて本社採用の正社員になることをめざしている道男は、デートで町子と銀座へ出かけると、あれが本社のビルだ、正社員になったらここを通って通勤するんだなどと話す。そして帰りに浅草から東武線に乗り、電車が隅田川を渡り始めたとき、遠くを見つめるようにしてこう語るのだった。

　ほら、隅田川を渡るとぐっと景色が変わってくるだろ。空まで暗くなる。ああ、団地に住みたいなあ、郊外の団地に。でも、いまの給料じゃその資格はないんだ。

　資格がないというのは、団地は当時としては高級な住宅だったため家賃が高く、一定の水準以上の収入がないと入居できなかったからである。郊外といっても東京の西側の山の手とは限らないが、当時、団地という言葉には、山の手と同じような響きがあったはずだ。自分の生まれ育った下町に愛着がある町子は、そんな道男に割り切れないものを感じている。
　ある日、道男の部屋で町子がコーヒーを入れていると、道男は「いいもんだな。女の人がお茶を入れてる姿って、なんともいえないね」とつぶやき、女は家事をしているときがいちばん美しい、などという。町子は思わず、道男をふり返る。またある日道男は、試験の準備をしながら「人を追い越すってことは容易じゃないよ」つぶやく。その瞬間、町子の表情は凍りつく。道男は、競争に勝って労働者階級から新中間階級への階級移動を果たし、下町から団地へ転居して、町子に専業主婦となることを求めている。

いったんは不合格になったものの、先の言葉のとおり、合格した同僚の起こした交通事故を会社に通報して繰り上げ合格となった道男は、町子にプロポーズする。町子は、涙を浮かべながら、これを断わる。

私だって日当たりのいい団地に住みたい。でも、きれいな部屋の中でいい服着てお茶を入れたり編み物をしたりすることが、女の幸せだとは思えない。……道男さんは、結局、この町を出ていく人なのね。それがあなたの幸せなのよ。私はここにいるの。そりゃあ下町は煙だらけ。家の中は昼でも暗い。空はかすんでる。でも、太陽はその上に照ってるわ。私、そう思うの。

普通なら、下町より郊外の団地、労働者階級より新中間階級を選ぶだろう。しかし町子は、この支配的な価値観を転倒させる。ここには大きな意味がある。移動を選ぶというのは、下町より山の手、労働者階級より新中間階級が優れているという支配的な価値を認めることである。このとき、前者にとどまったままで、前者をより好ましいものにしていこうとする努力は放棄される。こうして既存の序列は承認され、固定化される。

しかし町子は、このような序列を認めない。自分が属する集団である労働者階級あるいは下町を、劣ったもの、脱出すべきものであるとは考えない。このように考えるのは、下町と山の手、労働者階級と新中間階級の間のイデオロギー的な階級闘争に敗北することである。しかし町子は、工場の友人たち、同じ町の工場労働者たち、長屋に住む住人たちとともに生きていこうとする。それは監督である山田洋次の、下町をより好ましいものとみなす下町イデオロギーが前面に出たものであろう。

同じ監督の手による国民的映画シリーズ「男はつらいよ」は、舞台である葛飾区柴又を肯定的に描いている点で、その全体が下町イデオロギーに貫かれているとみてよいが、とくに第一作『男はつらいよ』（一九六九年）には、やや複雑な点を含むとはいえ、これがよく表われている。

長いあいだ放浪生活を送っていた寅次郎は、二〇年ぶりに故郷・柴又へ帰ってくる。ストーリーは広く知られているので、下町と山の手、そして階級間の格差に関する部分に絞ろう。

叔父叔母と対面した寅次郎は、妹のさくらが残業で遅くなるというので、「近所の紡績の女工でもやってんのか」と聞くのだが、実際には丸の内にある大企業の本社で働いているのだった。さくらと下請会社の社長の息子との縁談をぶち壊すなど一騒動を起こし、いったん家を飛び出したあと戻ってきた寅次郎は、裏手の印刷工場の工員たちとさくらが親しそうにしているのをみて、「あいつは大学出のサラリーマンと結婚させるんだい。てめえらみてえなナッパ服の職工には高嶺の花だい」と、工員たちを工場へ追い返す。

後日、さくらを愛していた工員の博は、「大学も出てない職工に、さくらさんは嫁にやれないというのか」と寅次郎を問い詰める。「あたりめえよ」と答えた寅次郎だが、博の思いを知って、いうことが変わる。「俺は親兄弟もいないも同然だし、大学も出ていないから」とこぼす博に、「お前は大学を出なきゃ嫁はもらえねえっていうのか。てめえはそういう主義か」と言い返し、博の味方をするようになるのである。

さくらと博の結婚式の日、自分たちの側から一方的に親子の縁を切ったはずの博の両親が姿を現わす。博はさくらに、「俺がグレて高校を退校になったとき、もう一生お前の顔なんか見たくない、俺は死んだと思って一人で生きていけって、そういったんだ。親父はそういうやつなんだ。いまさら親父面してほしくなんかないさ」と言い放ち、寅次郎も北海道大学農学部名誉教授という肩書きをもつ父親に反感を覚える。

御前様のスピーチ、友人たちのスピーチや歌などのあと、父親がスピーチに立つ。やっとのことで口を開いた父親は、「本来なら新郎の親としてのお礼の言葉を申さねばならんところでございますが、私ども、そのような資格のない親でございます」と語り始める。そして深い後悔を口にし、この八年間は長い冬だったが、皆さんのおかげでようやく春を迎えることができたと、涙ながらに話すのだった。

こうして、大学出と結婚して下町を出ていくのが幸せだという価値観、親の希望どおりに勉強して大学に進学し、順調なキャリアをたどるのが当然だとする価値観が相対化され、さくらと博は結ばれ、博は両親と和解する。

ただし、これで終わりではない。御前様の娘・冬子をすっかり好きになってしまった寅次郎は、足繁く寺へ通い、冬子をオートレースや大衆酒場に誘ったりするのだが、ある日、寺へ行くと見知らぬ男がいる。御前様は、冬子の婿になる男だという。話を聞いてきた叔父によると、「大学の先生で立派な人」だという。これを聞いた寅次郎は柴又をあとにし、上野駅地下街の食堂で、声を上げて泣くのだった。冬子は寅次郎を嫌っていたわけではないし、学歴や社会的地位だけで結婚相手を選ぶような女性でもないが、それでも二人の間には越えられない壁があったということである。

秋本治の漫画作品にも、しばしばこのような下町イデオロギーが顔を出す。『こち亀』にときおり登場する下町人情話的なストーリーにも、その片鱗がみられるが、よりはっきり表われているのが『東京深川三代目』である。

深川にある立花工務店の孫娘・静は、高校生。子どものころから腕利きの大工である祖父の仕事現場に入り浸り、将来は大工になって家を継ぐと決めている。ところが祖父と違って腕の立たない父親は、静に「おまえだけはこんな世界に入っちゃいけません！　立派な女子大生になって将来は丸の内のＯＬになるんですよ」などという。しかしすでに並みの大工より腕が立つ静は、父親が勝手に申し込んできた予備校の夏期講習には出席せず、ケガで入院した祖父にかわって夏休み返上で現場を取り仕切り、立派な和風建築を完成させる。そして静は、生徒が深川祭りに参加するのを禁止する新任の教頭、住宅街を更地にしてマンションに変えようとする地上げ屋、借地の上に立つ静の自宅を撤去してマンションを建てようとする地主など、次々に現われる敵たちに、地域の人々とともに立ち向かっていく。作者によると、連載ではなく散発的に掲載された読み切り作品のため、何日もかけて取材できたとのこと。深川の風景や祭りのようすの緻密な描写もあって、読むものを深川好きにせずにはおかない。

山の手より下町を、エリートより庶民を、より好ましいものとみなすこれらの試みは、それ自体がひとつの階級闘争であるといってよい。階級闘争とは大げさだと思われるかもしれないが、ある意味では労働運動や政治運動以上に根源的な階級闘争である。ピエール・ブルデューは、支配的なヒエラルキーを無化するような認識を生み出すことこそが、階級闘争の中心課題だと指摘した。彼によれば、階級闘争とは分類闘争である。この社会にはどのような階級があるのか、階級を特徴づけるさまざまな要因のなかでもっとも重要なものは何か、階級間のヒエラルキーは何によって決定されるかなどといった、階級の分類原理そのものが、階級闘争の中心的な争点なのである（Bourdieu, *The Social Space and the Genesis of Groups*）。だから、自分たちが属する集団である労働者階級、あるいは住む場所である下町を、劣ったもの、脱出すべきものであるとみなす分類原理を受け入れたとき、人はすでに階級闘争に敗北している。この分類原理に抵抗するところから、労働者階級や下町が、具体的な利害をめぐる階級闘争へと組織される可能性が開かれる。その意味で町子や静は、さらには寅次郎でさえも、下町の階級闘争の前線を担う闘士だったということができるのである。

## 5 下町と山の手の政治的対立

下町と山の手の対立は、ときおり政治的な対立にまで発展する。典型的な例としては、一九七一年から七四年まで、東京都を仲介者として、杉並区の住民団体と江東区の間で展開された、いわゆる「東京ゴミ戦争」があげられよう。

江東区は江戸時代から、江戸＝東京から出るゴミの多くを受け入れてきた。高度経済成長期には、区が受け入れるゴミの量は飛躍的に増え、一九七一年の段階で、23区から一日あたりに出るゴミ一万三四〇〇トンのうち、九二〇〇トンが、江東区にある新夢の島埋め立て地に投棄されるという状態だった。このため江東区では、毎日数千台に上るゴミ運搬車による交通渋滞、事故、道路へのゴミや汚汁の飛散、埋め立て地からの悪臭やハエの大量発生など、ゴミ公害が問題となっていた。

これに対して江東区は一九七一年九月二七日、東京都に対して、各区から出るゴミは「自区内処理」を原則とすべきだとして、清掃工場の増設を要求し、これが受け入れられない場合はゴミ運搬車が江東区内を通行することを実力で阻止するとした。これに対して当時の美《み》濃部《のべ》亮吉《りょうきち》都知事は、翌二八日に都議会で「ゴミ戦争宣言」を布告し、「自区内処理」の原則を受け入れ、処理場の整備を進めると表明し、翌年一九七二年一月一一日には、清掃工場をもたない、あるいは不十分な一三区に清掃工場を建設する計画を立案した。

都民版
つまりきった大東京
ゴミ戦争
すっきり終結を
きょうも一万二千トン
現状と計画
現地にみる
産業廃棄物

「ゴミ戦争」を伝える新聞記事（『読売新聞』1971年9月29日より）

これに反対したのが、杉並区の住民である。もともと杉並区では、清掃工場の建設が事業決定されていたが、地元住民の反対によって建設のメドが立っていなかった。これに対して都は、都区懇談会を開催し、清掃工場の建設を話し合いで進めようとしたが、反対派住民は会場に乱入して流会させるなど妨害活動を展開したため、建設計画は進まなかった。これに対して江東区は一九七三年五月一七日、「都の約束不履行及び杉並区の地域エゴは許せない」として、杉並区からのゴミの搬入を阻止する実力行動を三日間にわたって行なった。その後も建設計画はなかなか進まなかったが、都知事が建設用地の収用手続きに踏み切ったことから、都と土地所有者の間で和解が成立し、事態は解決に向かったのである（東京都江東区『江東の昭和史』）。

この背景には、江東区が大量のゴミ処理を押しつけられ、また下水処理場や公害工場も多い反面、文化施設は少ないなど、「下町は山の手の犠牲にされている」という不満があった（『朝日新聞』一九七一年九月二六日）。各社の報道でも、「長年にわたって苦難に堪え忍んできた江東区と、特権的地位を享受してきた杉並区、という基本図式」がみられたという（柴田晃芳「政治的紛争過程におけるマス・メディアの機能」）。

ここで思い出されるのは、原発事故にともなう計画停電である。二〇一一年三月、福島第一原発の事故にともなって一部地域で計画停電が実施されたが、東京23区では一時、足立区と荒川区だけが計画停電の対象となった。これを受けて近藤弥生・足立区長は、西川太一郎・荒川区長とともに東京電力に抗議し、そのあとの記者会見で「東電は（都心部ではない）周辺区を見くびっていると思える」と述べたという（『読売新聞』二〇一一年三月二三日）。

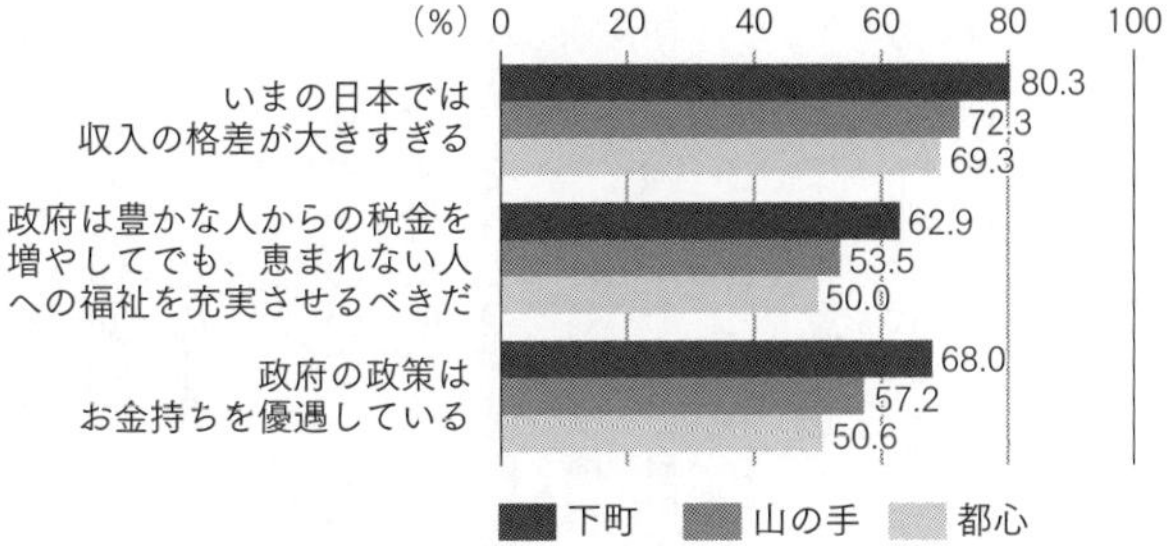


**図表2・5 格差と政策に関する意識の違い**

出典)2016年首都圏調査より

注)集計対象は、東京23区住民で、下町住民が337人、山の手住民が391人、都心住民が94人。数字は「とてもそう思う」「ややそう思う」の合計

記事を書いた記者は「都心部ではない」と発言を補っているが、実際にはそれだけではなく「山の手ではない」という意味も込められていたのではないかと思われる。

調査データからも、下町と山の手の住民の意識の違いは確かめられる。図表2・5は、二〇一六年に行なわれた「首都圏住民の仕事・生活と地域社会に関する調査(二〇一六年首都圏調査)」*4から、東京23区住民だけを取り出した集計結果を示したものである。設問は三つで、格差と格差に関わる政策についての考え方を尋ねている。

どの設問をみても、山の手より下町の方が「そう思う」とする住民の比率が一〇%前後高くなっている(いずれについても、両者の間には五%水準で統計的な有意差がある)。下町住民は、いまの日本では収入の格差が大きすぎると感じる人が多く、豊かな人からより多くの税金をとって福祉に充てるべきだと考える傾向が強く、また現在の政府の政策はお金持ちを優遇していると考える傾向が強い。しかし山の手住民は、このように考える傾向が下町住民より弱い。グラフには都心住民についての結果も示したが、都心住民はこのように考える傾向が、さらに弱い。

これまでのいくつかの研究によると、このような格差と格差に関わる政策についての考え方は、所得水準、そして支持政党との関係が非常に強い。所得の高い人々は、格差はさほど大きくないし、所得再分配は必要ないと考える傾向が強く、そして自民党を支持する傾向が強い。これに対して所得の低い人々は、格差は深刻だと感じ、所得再分配が必要だと考える傾向が強く、そして自民党を支持しない傾向が強い。

図表2・5に示された結果は、下町住民と山の手住民の間に、深刻な政治的対立が生まれていることを意味している。経済的に苦しく、格差が大きいと感じ、所得再分配が必要だと考える下町住民と、経済的に豊かで、格差はそれほど大きくないと考え、所得再分配は必要ないと考える山の手住民の間の、政治的対立である。一〇%という差は、さほど大きくないとみることもできないではない。下町にも山の手にも、それぞれの内部に経済格差があり、多様な人々がいるのだから、こういう結果になるのも当然だろう。しかし一〇%という差は、

選挙の結果を左右するに十分なものである。

また、回答者に含まれる人数が少ないので断言は避けなければならないが、都心住民は、山の手住民と同等以上に、下町住民と鋭く政治的に対立する。都心住民には、格差の存在を認めず、所得再分配に反対する、いわば新自由主義的な傾向が顕著にみられるのである。

「男はつらいよ」が国民的映画として受け入れられるようになったころから、下町のイメージに変化が生じたのは事実だろう。「人情」「江戸情緒」などというキーワードとともに、下町が美化される傾向が生まれたのである。下町は大衆向けの雑誌が好んで取り上げるテーマのひとつとなっていくが、その原型になったのは、私見では『女性セブン』の一九七六年八月一一日号に掲載された「江戸のなごりを訪ねる……東京懐古散歩　古き時代が残る町　東京の下町を歩く」という記事である。寺社や水路の風景、老舗の店構えや和菓子や工芸品を作る職人の姿をとらえた写真に地図を配するレイアウト、「のどかな江戸のムード」「しっとりとした下町情緒」「昔ながらの手作りの味」といった常套句といい、今日の下町ガイドのスタイルは、ここで確立したとみてよい。こうした記事がさまざまな雑誌に続々と掲載され、「下町ブーム」などと評されるようになっていく。

下町と縁の深い人々は、このような風潮に対して口々に違和感を表明していた。たとえば下町に生まれ空襲で家を焼かれた経験をもつ文学者の吉村昭《あきら》は、「下町ブームで、下町が美化して語られるきらいがあるのではないだろうか。下町は、その名の通りあくまでもダウンタウンだと思うのだが……」と書いた（『東京の下町』）。エッセイストで雑誌『谷中・根津・千駄木』の編集者だった森まゆみは、本来は下町とはいえない谷中や根津《ねづ》、千駄木《せんだぎ》のメディアでの取り上げ方について、「安上がりの『下町ブームもの』が多すぎる」「取材に同行するとヤラセばかり」と批判し、「下町の人情」とされるものも、実は「集住と貧乏によるやむにやまれぬ方策なのであって、その歴史性と切り離しては考えられない」としていた（「谷根千ブームと下町神話」）。また小林信彦は、「下町が素晴らしいところのように語られるようになったのは、一九八〇年以降」であり、一九六〇年代には「〈笑うべきアナクロニズム〉の土地であり、隅田川が発する公害のために、土地の人は、窓をしめて生活しなければならなかった」と書いた（『花と爆弾』）。

そもそもこうした下町ブームは、あくまでも観光の場所としてのものであって、住む場所としての評価がともなっていたわけではない。だから葛飾区を例にとると、一九八五年に四一・五万人だった人口は、二〇〇〇年でも四二・〇万人と、ほとんど増えていない。その後は空き地や工場跡地にマンションが建つなどして増加するようになったが、それでも一九八五年から二〇二〇年までの人口増加率は一二・〇%で、23区全体の一六・四%を大幅に下回っている。理由は何であれ、肯定的に評価されるようになるのは悪いことではないかもしれないし、最近では中所得層が下町に移り住む傾向もみられるようになってはいるが、都心や山の手との間の格差が拡大しているという事実は何も変わらない。

このように東京23区は、階級間格差と地域間格差とが交錯し、その結果として、一方に下町、他方に山の手と都心という両者を対立軸とする政治闘争が展開される空間であるとみることができる。本書ではこのあと、さまざまな指標を用いて東京23区の空間構造をみていくが、これらの多くは、こうした政治的対立と関係しているはずである。

とはいえ、下町と山の手それぞれの内部にも格差の構造があるから単純ではない。だから下町のなかにも、山の手的な性格の強い地域があり、山の手のなかにも下町的な性格の強い地域がある。次章ではここまでで確認した下町・山の手・都心を基軸としたマクロな構造と、それぞれの内部のミクロな構造の両者を視野に入れながら、さらに詳しく東京23区の空間構造をみていくことにしたい。

＊2 正式名称は「社会階層と社会移動全国調査」。階級・階層研究を専門とする社会学者のグループ

によって、一九五五年から一〇年ごとに行なわれており、日本社会の格差の構造に関するもっとも基本的なデータを提供している。

＊3 ただし世田谷区は、独自の集計から死者は一一一人だったとしている（東京都世田谷区『せたがやの歴史』）。

＊4 二〇一六年七月から一〇月にかけて、都心から半径五〇キロメートル内に住む住民を対象として実施した。有効回収数は二三五一人。調査にあたっては、科学研究費補助金（基盤A、課題番号JP一五H〇一九七〇）の交付を受けた。

# 第3章

# 東京23区のさまざまな姿

## 社会地図が示すもの

## 1　複雑な空間構造

第1章でみたように東京23区の空間構造は、「中心と周縁」「東と西」という二つの対立軸によって特徴づけられる。しかしもうひとつの特徴も見逃せない。それは東京23区の空間構造が、この二つの対立軸に沿っているわけではない地域があちこちに分散していて、かなり複雑だということである。これは口絵の1と2をみれば明らかだろう。都心にも、また西側にも、所得が低い地域がある。東側にも、所得が高い地域がある。ときおり所得の高い地域と低い地域が隣り合っている。

法則性から外れる地域のなかには、特殊な事情をもった地域もある。千代田区千代田は、その典型例である。東京23区のちょうど真ん中、皇居の位置に、平均世帯年収推定値が低い場所があるのに気づいた方もいると思うが、これが千代田区千代田である。人口は九八人で、世帯数は九七世帯。世帯の内訳は、親族のみ世帯が一世帯と、単独世帯が九六世帯。年齢は一〇歳代後半から三〇歳代が大半で、四〇歳代から五〇歳代が三人。そして八〇歳代が男女一名ずつ。労働力状態は、不詳が二人、雇用者が九六人。雇用者のほとんどは、公務に従事する保安職である。おわかりだろうか。親族のみ世帯を形成している高齢の二人は天皇と皇后（調査当時、現在は上皇と皇太后）であり、残りは皇宮警察学校の学生（身分は警察官）と関係者で、寮で一人暮らしをしているのだろう。若年者が大半で、しかも所得水準が高くない保安職ということから、所得推定値が低くなったのである。これとよく似ているのは、港区元赤坂二丁目である。ここには赤坂御用地があり、皇太子一家（当時、現在は天皇）や秋篠宮一家などが住んでいたのだが、敷地内に皇宮警察の宿舎などもあって、一三〇人ほどの公務員とその家族も住んでいる。単独世帯が多いので、やはり単身の若い警察官などが多いのだろう。

しかし、このように特殊な事情があるわけでもないのに、都心、東部、西部を問わず広い範囲に、周囲と違って所得水準が高い、あるいは所得水準が低い場所が散見する。高所得の地域が密集する港区の片隅に、所得水準の低い場所がある。池袋や新宿など、都心の繁華街のすぐ近くに、所得水準の低い場所がある。高級住宅地が連なる杉並区や世田谷区の片隅に、低所得世帯が集中する場所がある。全体としては所得水準が低い荒川区や足立区に、ポツンと所得水準の高い場所がある。ときには、平均世帯年収推定値が三〇〇万円ほどの場所と六〇〇万円を超える場所が隣り合っている。こうしたところに注目していくと、中心と周縁、東と西という単純な原理で構成されているかにみえた東京23区の空間構造が、複雑なモザイク画のようにもみえてくる。

電子地図やインターネット上で公開されている地図と比べながら詳しくみていくと、理由が判明するものもある。よくあるのは、大規模な公営住宅が立地しているケースである。たとえば都営青山北町アパートのある港区北青山三丁目、都営広尾《ひろお》五丁目アパートがある渋谷区広尾五丁目、そして新国立競技場の建設にともなって取り壊された都営霞ヶ丘《かすみがおか》アパートがあった新宿区霞ヶ丘などである。所得制限をかけて居住者を集めるわけだから、これらは人為的に作られた低所得地域といっていいだろう。同じような地域は、世田谷区や目黒区など、西側の所得水準の高い地域も含めて、東京23区の全域にみられる。

しかし、実は都営住宅がいちばん多いのは、低所得地域が全体に広がる足立区である。その戸数は約三万戸で、都営住宅全体の約二割を占めている。低所得者の多い東側の外縁部に低所得者向け住宅が集中しているのだから、「中心と周縁」「東と西」の構造を、人為的に強めたということもできる。

反対に、所得水準の低い地域のなかに、高所得地域がポツンと孤立しているような場所もある。なかでも目をひくのは荒川区の東端、足立区との区界を流れる隅田川が大きくカーブ

荒川区の高層住宅

した場所にある、荒川区南千住《みなみせんじゅ》四丁目と八丁目である。ここはもともと、大きな紡績工場があり、その北側が木造住宅の密集地になっていた場所だが、一九九〇年代から二〇〇〇年代にかけて大規模な再開発が行なわれ、高層住宅が建ち並ぶ地域となった。二〇一五年の国勢調査によると、全世帯六一〇二世帯のうち、約九八％にあたる五九七六世帯までが、一一階以上の高層住宅に住んでいる。都営住宅もあるので、高所得層一色というわけではないのだが、これは近年になって人為的に作られた高所得地域ということができる。このような例は、あとで詳しくみるように増加傾向にある。

　しかしモザイクのように複雑な格差の構造は、このようにはっきりした理由のあるものばかりではない。また理由があるとしても、かなり古い時代にまで遡らなければ理解できないものも少なくない。こうした個々の事情については、それぞれの区について詳しく検討する、第4章で考えることにしたい。

## 2　社会地図からみる東京23区のさまざまな姿

それでは次に、いくつかの指標を使って作成した社会地図をみながら、東京23区の空間構造の、さまざまな側面についてみていくことにしよう。

### 職業分布にみる空間構造

図表3・1は、東京23区の職業分布を示したものである。職業としては専門職・管理職とマニュアル職を取り上げた。専門職と管理職は、その多くが資本家階級と新中間階級に含まれる。ここでいうマニュアル職は、「主に手足を動かして行なう仕事」というような意味で、「農林漁業従事者」「生産工程従事者」「輸送・機械運転従事者」「建設・採掘従事者」「運搬・清掃・包装等従事者」を指している。

まず専門職・管理職比率は、都心およびその周辺の文京区、港区、渋谷区がもっとも高く、次いで高いのが千代田区、中央区、そして23区西部の目黒区、世田谷区、杉並区などである。周辺のいくつかの区の、これらの区に接する部分、たとえば江東区の西部、豊島区の南部、新宿区の東部、品川区と大田区の北部などでも、専門職・管理職比率が高くなっている。こ

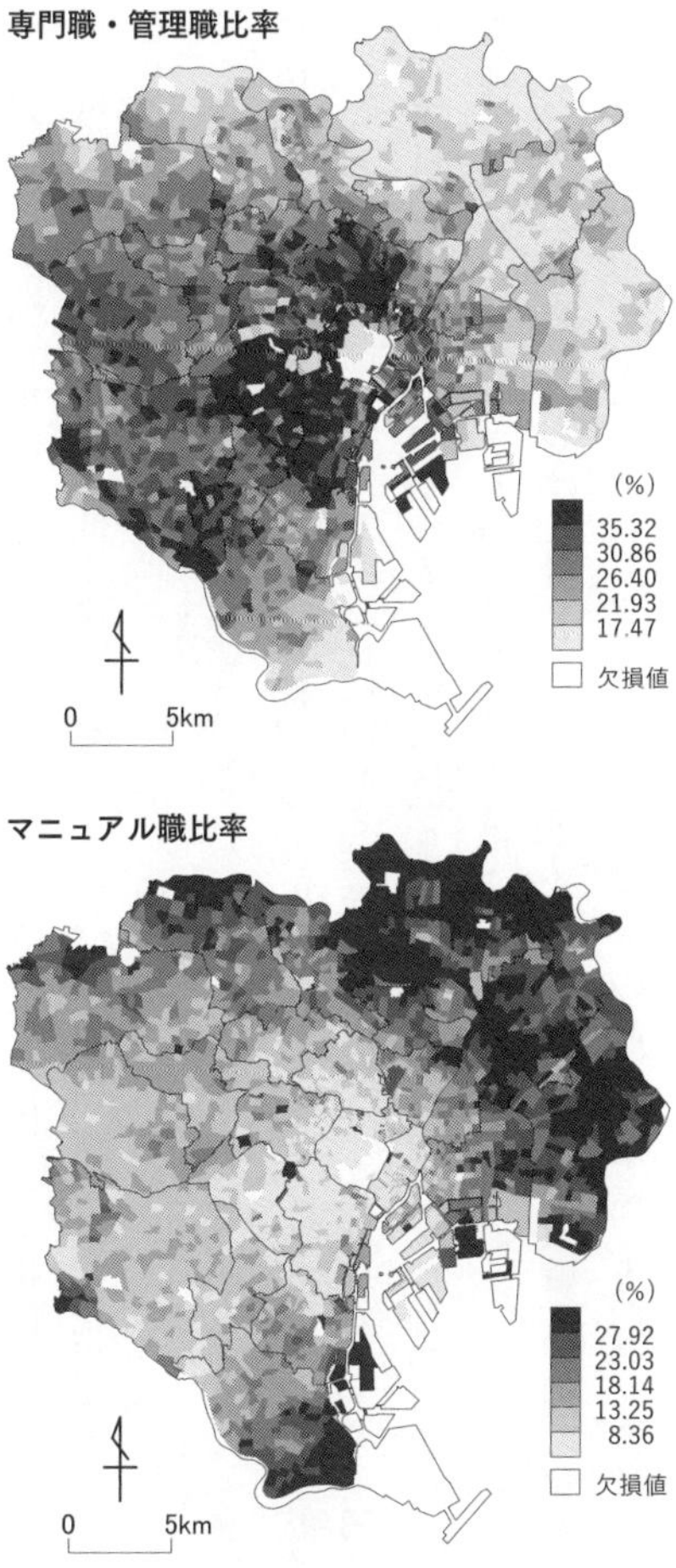


**図表３・１　東京23区の町丁目別職業分布**

出典）「国勢調査」より作成

れに対して北部から東部にかけての区、とくに足立区、葛飾区、荒川区、江戸川区はほぼ全域で専門職・管理職比率が低くなっており、北区、板橋区、墨田区、荒川区も、一部を除いて専門職・管理職比率が低い。

次にマニュアル職比率の高い地域は、23区の北東に位置する足立区を中心に、葛飾区、江戸川区、墨田区、そして江東区の東部、板橋区と練馬区の北部、大田区の南部に広がっている。とくに足立区のマニュアル職比率の高さは際立っている。これに対して千代田区、中央区、港区の都心三区と、その周辺の文京区、渋谷区、新宿区、23区西部の目黒区、世田谷区、杉並区などは、マニュアル職比率が低くなっている。

二つの社会地図は、やはりポジとネガのような関係にある。専門職・管理職比率が高い地域はマニュアル職比率が小さく、マニュアル職比率の高い地域は、専門職・管理職比率が低い。そして口絵1、2の平均世帯年収、年収二〇〇万円未満世帯比率の推定値と比べると、「東」と「西」のコントラストがより強く出ているように見受けられる。東側のところどころにみられた、平均世帯年収推定値の高い地域で、必ずしも専門職・管理職比率が高くなかったり、マニュアル職比率が高かったりすることが、このような印象を与えているのだろう。

また口絵1の平均世帯年収推定値の分布と比較すると、専門職・管理職比率の高い地域は、所得水準の高い地域以上に、都心に集中する傾向にあるようだ。口絵1からみると、杉並区から大田区北部にかけて所得水準の高い地域が広がっている。しかし専門職・管理職比率は、杉並区と世田谷区北部ではあまり高くなく、高いといえるのは世田谷区西端の成城から大田区北端の田園調布と、目黒区南端の自由が丘にかけての細い帯状の地域に限られている。西側の郊外住宅地には、さまざまな職種の高所得者が居住しているのに対して、専門職・管理職は都心を好むのだろう。

### 学歴分布からみた空間構造

図表3・2は、学歴が判明した卒業者に占める、大学・大学院卒業者比率と、小学校・中学校卒業者比率である。国勢調査では一〇年に一度（年号の最後の桁が〇の年）しか学歴が調査されていないので、データは二〇一〇年のものである。

大学・大学院卒業者比率の高い地域は、都心、そして都心に隣接した文京区・渋谷区などにもっとも集中しているが、東京23区西側の杉並区、世田谷区、目黒区、大田区北部にも都心に遜色ないほど比率の高い地域が、広範囲に広がっている。比率が低い地域が広がっているのは、やはり足立区・葛飾区・江戸川区などの東側の区であり、とりわけ足立区は、大

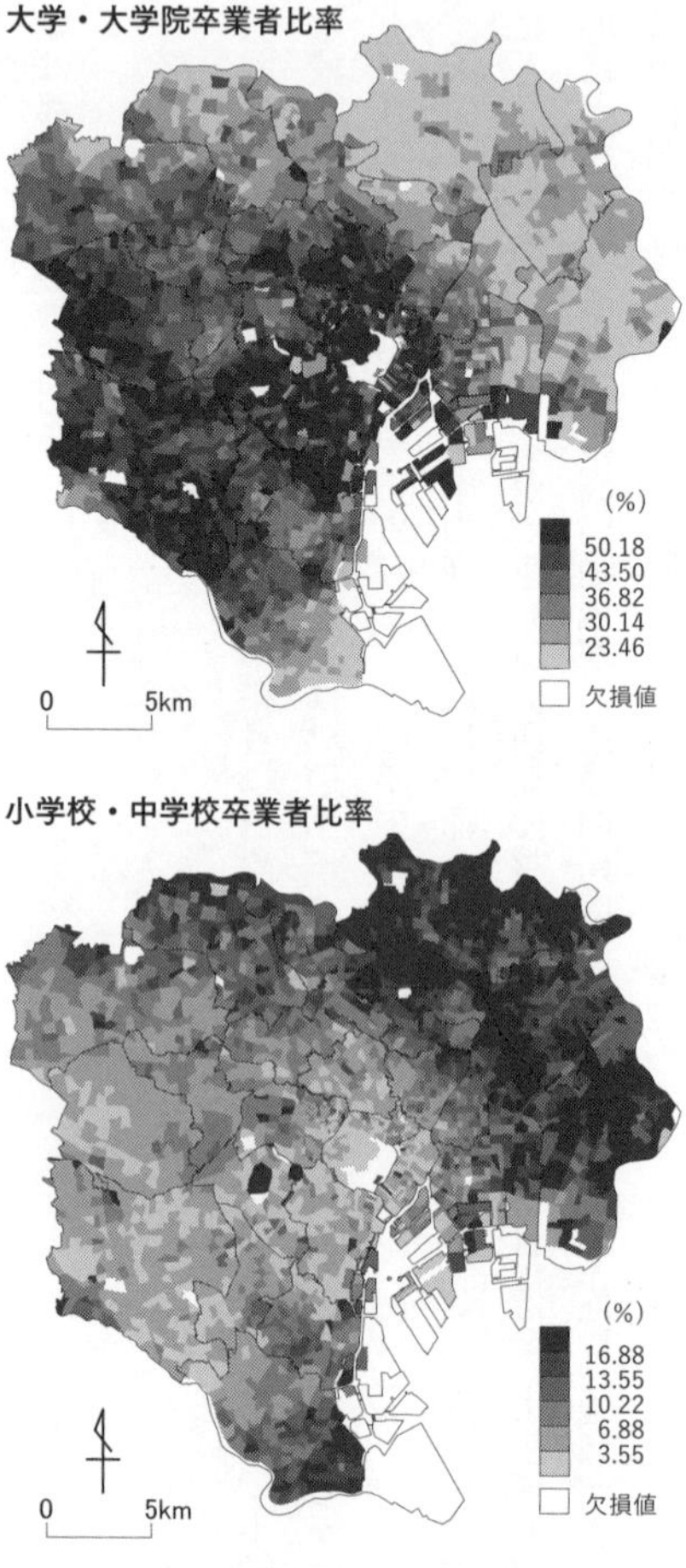


図表3・2　東京23区の町丁目別学歴分布

出典）「国勢調査」より作成

学・大学院卒業者比率が二〇％に満たない地域が大部分で、なかには一〇％に満たない地域もある。

小学校・中学校卒業者比率は、一見したところさらに地域の偏りが大きい。都心部と、これに隣接する文京区、そして西側の杉並区、世田谷区、目黒区、大田区北部では、一〇％に満たない地域がほとんどで、その大多数は五％未満である。これに対して東部では、一〇％を超える地域がほとんどで、とくに足立区では、常磐《じょうばん》線と東武伊勢崎《とうぶいせさき》線（通称・東武スカイツリーライン）沿線を除けば、二〇％を超える地域が多い。北区、板橋区、大田区南部でも、多くの地域で一〇％を超えている。都心部やその周辺に散見する比率の高い地域は、多くの場合、都営住宅の所在地か、古くからの商店街である。

大学・大学院卒業者比率の高い地域の分布のようすは、口絵１の平均世帯年収推定値の高い地域の分布とよく似ている。学歴は文化資本とイコールではないが、その重要な要素のひとつではある。少なくとも東京の場合、ブルデューのいう経済資本と文化資本の地域的分布は、かなり一致度が高いとみていいようだ。

### 所得分布からみる空間構造

図表３・３は、年収一〇〇〇万円以上世帯比率推定値と、一人あたり世帯年収推定値である。一人あたり世帯年収推定値は、平均世帯年収推定値を平均世帯員数で割ったものである。世帯年収は世帯員の個人年収の合計だから、働き手の数が増えれば自動的に大きくなる。たとえば年収五〇〇万円の働き手が二人いれば、世帯年収は一〇〇〇万円になるから、それぞ

れの働き手は高収入ではないのに、世帯としては高所得世帯となる。しかし世帯年収が一〇〇〇万円でも、六人家族なら一人あたり世帯年収は二〇〇万円を下回る。だからこの二つの指標からみた高所得世帯の分布は、一致するとは限らない。

口絵1と見くらべると、年収一〇〇〇万円以上世帯比率推定値の空間的分布は、平均世帯

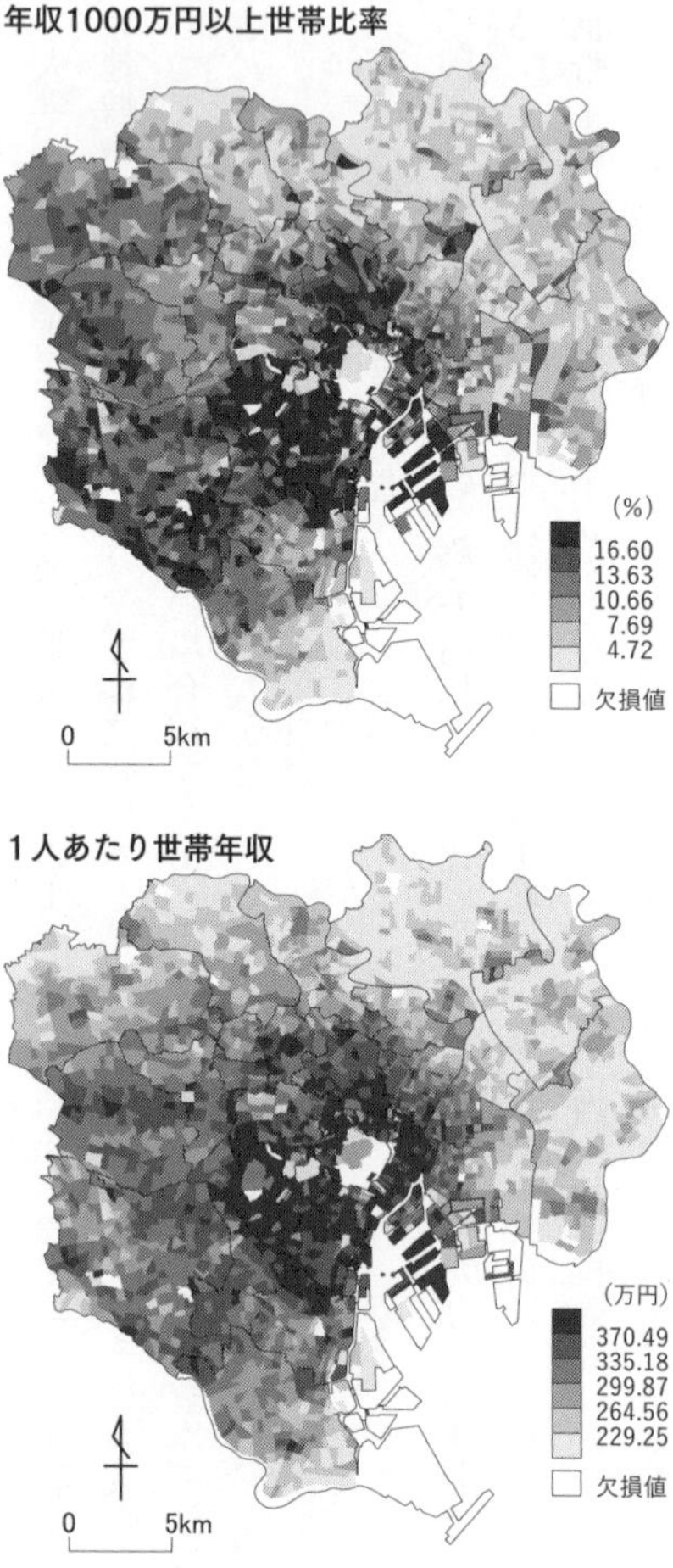


**図表3・3　東京23区の町丁目別世帯年収に関する推定値**

出典)「国勢調査」より作成

年収推定値の分布とほぼ一致していることがわかる。両者はいずれも、世帯員全員の分を合計した年収に関する指標だから、当然だろう。しかし一人あたり世帯年収推定値の空間的分布は、やや異なる。年収一〇〇〇万円以上世帯比率推定値と比べて、高所得世帯は都心およびその周辺に集中する傾向があり、東京23区の西側にはあまり多くない。杉並区西部から大田区北部にかけての高所得地域も、ここではあまり目立つ存在ではなくなっている。明らかに違うのは練馬区で、年収一〇〇〇万円以上世帯比率では杉並区に迫るほどの高さを示していたのに対して、一人あたり世帯年収推定値が高い地域は、数えるほどしかない。また東京23区の東側に点在していた世帯年収一〇〇〇万円以上世帯比率推定値の高い地域も、一人あたり世帯年収推定値では目立たなくなっている。

次の項目で詳しく論じるが、都心の一人あたり世帯年収推定値の高い地域を細かくみていくと、単独世帯比率が高い地域が多い。都心に勤務する、比較的年収の高い単身者が多いものとみられる。浅川達人は、国勢調査と経済センサスの地域メッシュ統計（国土を約一キロメートル四方や五〇〇メートル四方などの正方形に区切り、これを単位に集計した統計の一種）の分析から、かつては商店街だった都心の地域の一部が「単身男性繁華街地区」「ホワイト女性地区」に転換していることを示した（「東京二三区の空間構造とその変動」）。都心の古い商店街が取り壊された跡地にマンションが建設され、ここに比較的高所得の単身男女が住むようになったものと考えられる。また東側の台東区、墨田区、江東区の都心に近い部分には、平均世帯収入推定値や年収一〇〇〇万円以上世帯比率推定値は高くないにもかかわらず、一人あたり世帯年収推定値の高い地域が分布している。これも年収が中程度の単身者が多いことによるものだろう。

また東京23区の西側では、一人あたり世帯年収推定値の高い地域が鉄道路線沿いに分布している点も注目される。杉並区を東西に横断するJR中央線、すぐその南の京王《けいおう》線、世田谷区北部を東西に横切る小田急線などである。おそらくこれらの沿線の駅に近い場所には、都心と同様に単身の、または世帯員の少ない比較的高所得の人々、共働き世帯などが集中しているのだろう。

## 世帯構成からみる空間構造

図表3・4は、世帯構成をみたものである。単独世帯の分布は、一見したところは複雑だが、その法則性に気づけば、たいへんにわかりやすい。まず都心、とりわけ千代田区、中央区と港区北部、そしてこれに接する文京区と台東区の南部に、単独世帯比率の高い地域があ

る。ところがその外側にあたる港区南部、文京区北部、新宿区東部などは、必ずしも単独世帯比率が高くない。そしてさらにその外側に、単独世帯比率が高い地域が、リング上に分布している。このリングは、山手線の両側である。要するに、山手線に接する都心部と、都心以外の山手線沿線に、単独世帯比率の高い地域が広がっているのである。

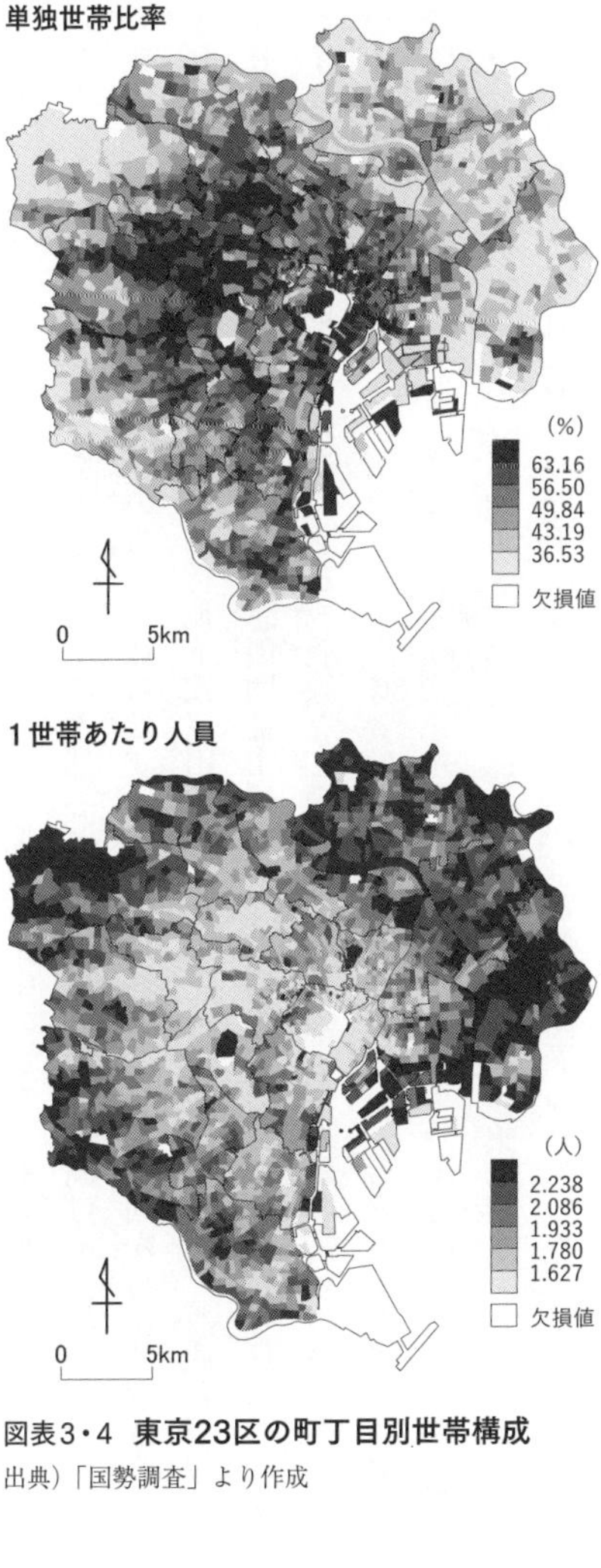


**図表3・4　東京23区の町丁目別世帯構成**
出典）「国勢調査」より作成

新宿と池袋という二つの副都心の周囲には、単独世帯比率のかなり高い地域が面的な広がりをみせるが、これに渋谷を加えた三つの副都心と上野から外周部に向けて、単独世帯の高い地域が何本も線状に並んでいる。これらは、鉄道沿線である。北東方向から反時計回りに、JR常磐線、JR京浜東北線、都営地下鉄三田線、東武東上線、西武池袋線、西武新宿線、JR中央線、京王線、小田急線、東急田園都市線、東急東横線、そして都心から真南へ向かうJR東海道線、東側に回ってJR総武線などの沿線に、単独世帯比率の高い地域の存在をかなりはっきり認めることができる。単身者は、部屋の面積が狭くても交通の便のいい場所に住む傾向があるのだろう。この事実は、一九七五年と一九九〇年の国勢調査のメッシュ統計を分析した社会学者の立山徳子《たてやまのりこ》も指摘しているが（「家族から見た東京圏」）、二〇一五年の町丁目別集計を用いた今回の分析では、この傾向がさらに強く表われているようである。

一世帯あたり人員は、当然ながら単独世帯比率の社会地図とはポジとネガの関係にあるが、みた印象は少し違う。一世帯あたり人員の多い地域が外周部に広がって、都心を取り囲んでいるようすが、非常に鮮やかだからである。とりわけ輸送力の大きい鉄道の通っていない、JR総武線沿線以外の江戸川区、JR常磐線と東武スカイツリーライン沿線以外の足立区、そして練馬区北部の交通僻地に、一世帯あたり人員の多い地域が広がっている。

### 配偶関係からみる空間構造

図表３・５は、配偶関係をみたものである。上の未婚率は、図表３・４の単独世帯比率と深い関係にあり、分布もよく似ているが、高齢の単独世帯が含まれず、親と同居している未

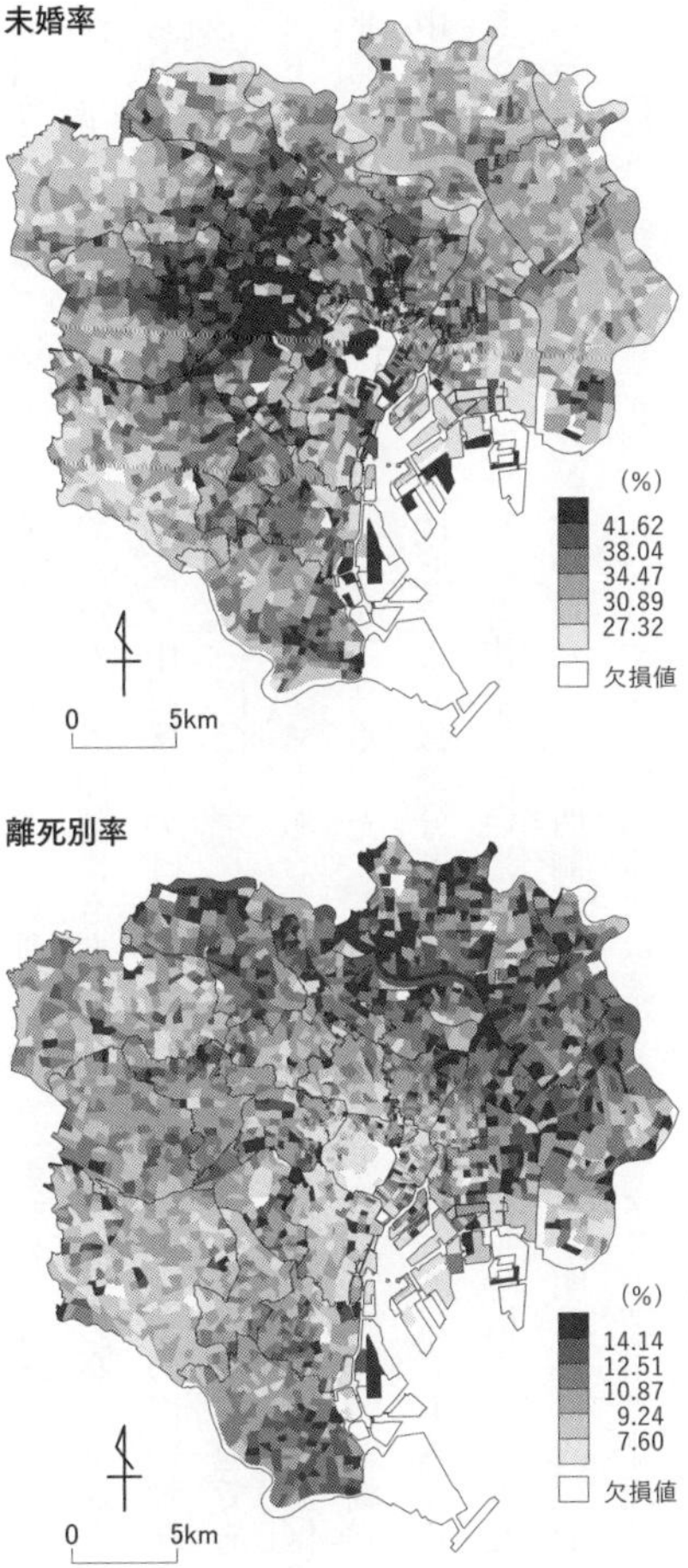


**図表3・5　東京23区の町丁目別配偶関係**

出典）「国勢調査」より作成

婚者が含まれる点で、やや異なる。未婚率の高い地域は鉄道沿線に連なる傾向が認められるが、単独世帯比率ほど明瞭ではなく、外周部にもある程度まで未婚率の高い地域が数多くみられる。また、新宿区、豊島区、中野区という隣接する三区に、未婚率の高い地域が密集しているのも特徴的である。これら三区はいずれも、木造賃貸アパートの密集地である。

下の離死別率は、ややショッキングでもある。離死別率の高い地域は、東京23区の東側と北側、そして大田区南部で明らかに高く、先にみたマニュアル職比率の高い地域、小学校・中学校卒業者比率の高い地域と、よく似た分布を示しているからである。もちろんのちにみるように、これらの地域は高齢者比率の高い地域でもあり、単に年齢構成を反映した部分もあるはずだが、同様に高齢化が進んでいる西側の外周部に比べても明らかに離死別者比率が高いので、実際に離死別が起こりやすい、あるいは家賃が安いなどの理由で離死別者が住みやすいのだろう。

なお、離死別者比率が三〇%を超えるような地域が23区全域に点在しているが（町丁目単位で四三地点）、これらの多くは、大規模な特別養護老人ホームの所在地、または都営住宅の所在地である。

## 年齢構成からみる空間構造

図表3・6aは、年齢構成をみたものである。高齢化が進んだ今日、六五歳人口比率は東京23区の全域で高くなっているが、「中心と周縁」「東と西」という二つの原理が、ここでも弱いながら貫かれている。都心部は六五歳以上人口比率が低い地域が多く、周辺へ行くほど高い地域が多くなっていく。そしてこの傾向は、東側に比べると西側ではやや弱くなっている。また都心のすぐ西側に接する新宿区、豊島区、中野区は、先にみたように未婚率の高い地域ということもあり、六五歳以上人口比率が高くない。また東側でも、江東区と江戸川区の南部は、近年になって集合住宅の建設が進んできた地域で、六五歳以上人口比率が低くなっている。

図表3・6aの下の図は、一五歳未満人口比率を示したものである。意外なことなのだが、二つの図は、必ずしもポジとネガの関係にはない。ネガとポジの関係になっているといえるのは、まず都心部と文京区、台東区、北区、江東区、そして江戸川区の南部である。これらの地域では、たしかに六五歳以上人口比率が高い地域で一五歳未満人口比率が低く、その逆も成り立っている。あまり明瞭ではないが、世田谷区の場合も、神奈川県との県境付近は六五歳以上人口比率が低く、一五歳未満人口比率が高いのに対し、それ以外の地域では逆にな

っている。ところが練馬区北部から板橋区を経て足立区、葛飾区、江戸川区北部に至る最外周部の多くでは、六五歳以上人口比率と一五歳以上人口比率がともに高くなっている。また新宿区と豊島区、中野区の南部は、両者がともに低くなっている。

一九七五年と一九九〇年の国勢調査を用いた高木恒一の分析によると、都心部およびその

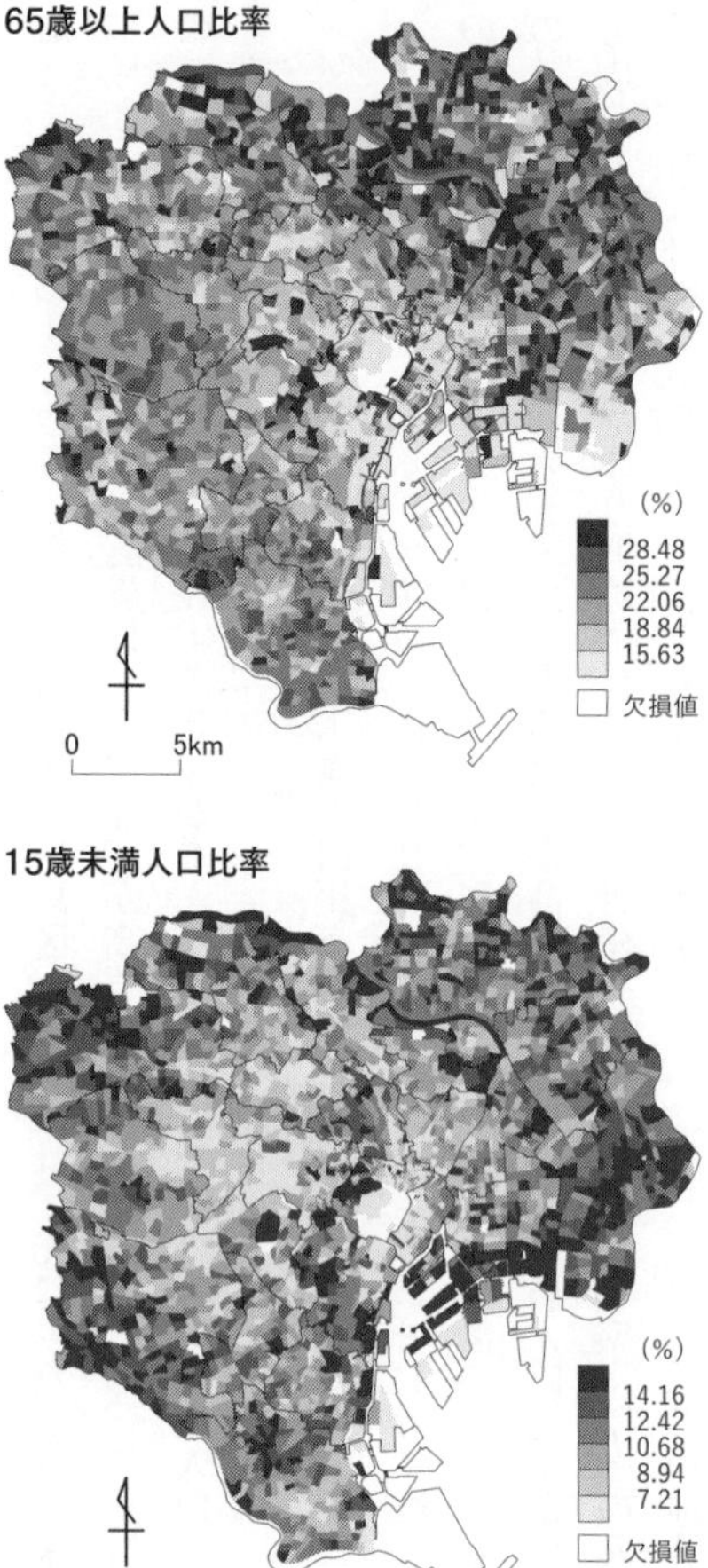


図表3・6a　東京23区の町丁目別年齢構成
出典）「国勢調査」より作成

周辺では六五歳以上人口比率が高く、一五歳未満人口比率が低いのに対して、周辺部、とくに北側から東側にかけての外周部はその反対の傾向を示し、二つの社会地図は明らかにポジとネガの関係にあった。ただし東京23区の西側には、両者がともに低く、一五歳から六四歳の比率が高い地域も広がっていた（「東京圏の人口動態」）。したがって二〇一五年までの間に、年齢分布からみた東京23区の空間構造は様変わりしたことになる。

そこで図表３・６ｂで、生産年齢人口比率、つまり一五歳から六四歳までの人口の比率を確認しよう。生産年齢人口比率の高い地域は、著しく都心およびその周辺、とりわけＪＲ山手線と中央線の沿線に偏っている。外周部で生産年齢人口比率が高いのは、江東区、江戸川区と大田区のいずれも南部、そして主要鉄道沿線である。西側は北側および東側に比べると生産年齢人口比

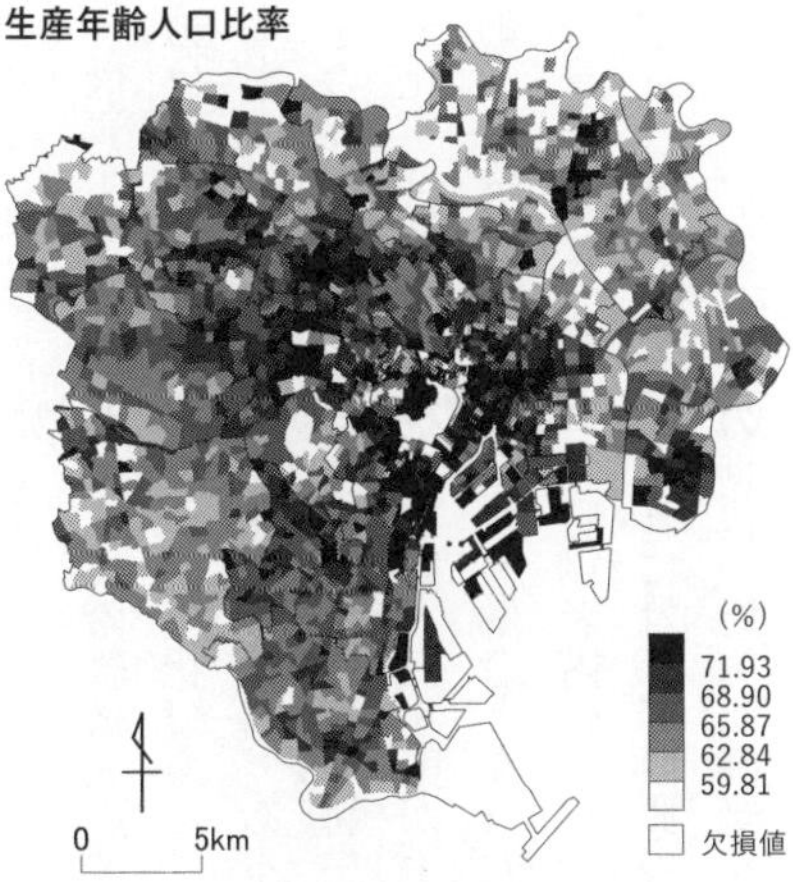


図表3・6b　東京23区の町丁目別年齢構成
出典）「国勢調査」より作成

率が高いが、都心には及ばない。

図表1・1でみたような階級構成の変化と考え合わせると、この二五年ほどの間に生じたのは、おそらく次のような変化である。都心で商工業を営んでいた旧中間階級および零細資本家階級は、引退して都心を離れ、あるいはすでに世を去った。これにかわって都心およびその周辺に住むようになったのは、新中間階級である。こうして都心およびその周辺の高齢者比率は低下し、生産年齢人口比率が上昇した。そして北側と東側の外周部では、多くの労働者階級が現役を退いて高齢者となったが、その次の世代の労働者階級、あるいは安い家賃を求めて移住してきた労働者階級が、子育てを始めた。こうして高齢化の進行と並行して子どもの数も増えた。これに対して西側の外周部では、多くの新中間階級が高齢期を迎えて現役を退いたが、次の世代の新中間階級が子育てを始めている。ただし北側や東側に比べれば、まだ現役世代がかなりの程度に残っている。

このように、都心の経済活動の主役が旧中間階級・零細資本家階級から新中間階級へと交代したこと、また東側と西側でそれぞれ世代交代が進んだことが、東京の空間構造を変えたのである。

## 外国人はどこに住んでいるのか

近年、東京における外国人の増加が著しい。しかし外国人をよくみかける地域もあれば、あまりみかけない地域もあるようだ。外国人は、どこに住んでいるのだろうか。

図表３・７の上の社会地図は、外国人比率をみたものである。外国人比率の高い地域は、一見してわかるように、ＪＲ山手線沿線、そしてＪＲ総武線沿線に集中している。とりわけ港区、新宿区、豊島区、荒川区南部から台東区、そして葛飾区と江戸川区の区界付近を走る総武線沿線への集中が著しい。また足立区と北区も、全体に外国人比率が高くなっている。これに対して23区の西側は、全体に外国人比率が低い。

図表３・７の下の地図は、区分点の設定を変えて、外国人比率が一〇％を超えるような外国人の集住地を示したものである。外国人比率が一〇％を超えるのは一三五地点で、このうち一〇％から二〇％が一〇六地点、二〇％から三〇％が二〇地点、三〇％以上が九地点だった。

外国人比率がもっとも高かったのは、江東区青海《あおみ》二丁目で、七五・一％。これは、ここに日本学生支援機構が運営する東京国際交流館があって、多数の外国人留学生や研究者が住んでいるからである。同様の例としては、米国大使館がある港区赤坂一丁目（三二・六％）、高級賃貸タワーマンションが立地する港区愛宕《あたご》二丁目（四〇・二％）がある。六本木ヒルズが立地する六本木六丁目（二七・三％）も、ここに含めていいだろう。

これらはやや特殊なので、一般的な意味で「外国人の多い町」をあげるならば、その代表格は、新宿区大久保一丁目（三八・七％）、同二丁目（三一・四％）、新宿区百人町《ひゃくにんちょう》一丁目

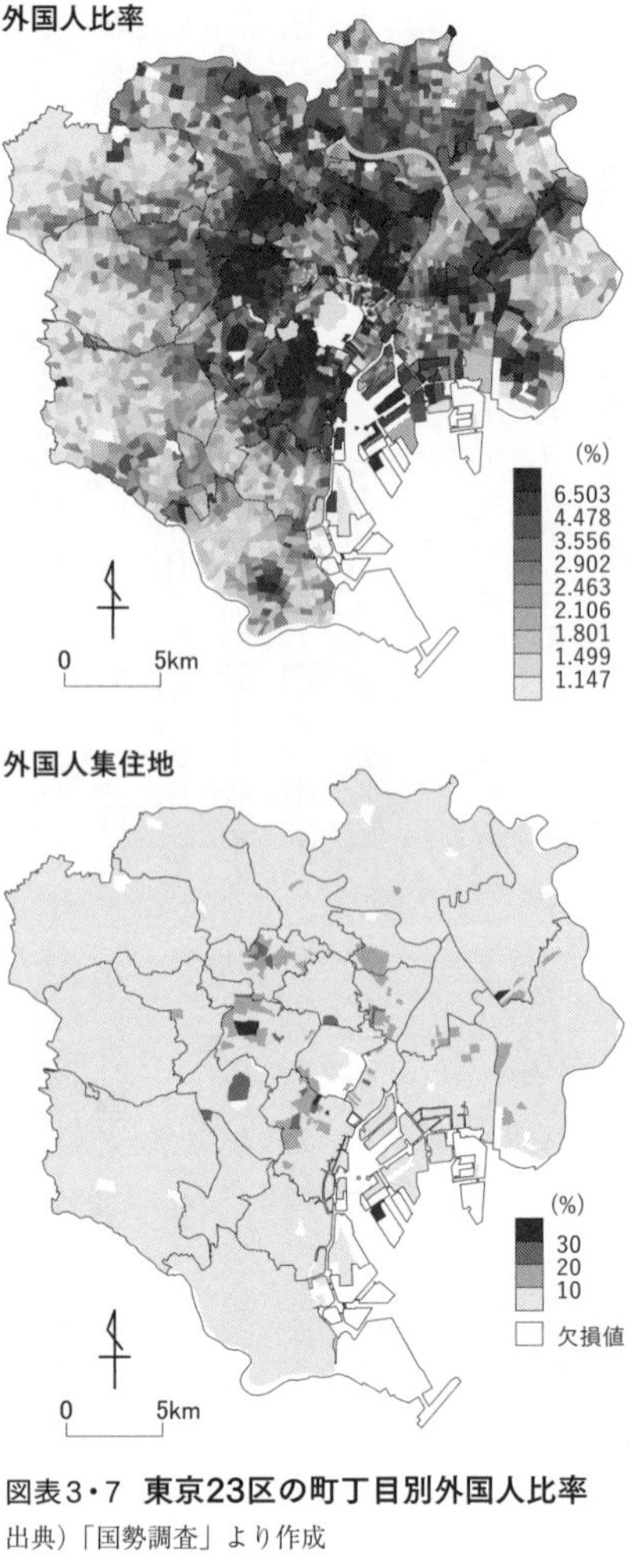


図表3・7　**東京23区の町丁目別外国人比率**

出典）「国勢調査」より作成

（三三・六％）、同二丁目（三一・九％）だろう。国際色豊かな街として、人気の界隈である。

これに近い街となりつつあるのは、池袋駅周辺の豊島区池袋一丁目（二三・〇％）、同二丁目（二二・七％）、同四丁目（二三・〇％）など。中国人が経営する店に中国人が集まる街という性格が強いが、中国料理店などは日本人客にも人気である。また古くからのコリアンタウンとして知られているのは、上野駅周辺の台東区上野五丁目（二一・二％）、同六丁目（二二・三％）、東上野五丁目（二四・五％）、そしてＪＲ常磐線三河島《みかわしま》駅付近の、荒川区東日暮里《ひがしにっぽり》界隈などである。

中国人が経営するテナントが集中する池袋駅周辺

## 「国勢調査」の信頼性は？

最後に、わが国最大の統計調査である「国勢調査」の信頼性を疑わせるような「社会地図」をご覧いただこう。

国勢調査は、不法滞在者や犯罪者、無戸籍者なども含めて日本国内に居住するすべての人が対象であり、日本の人口をすべて数え上げるのが建前である。しかし現実には、その回答率は低下しており、二〇一五年の場合は八六・九％だった（『東京新聞』二〇二〇年一〇月八日）。とくに都市部では低下が著しく、東京都では非回答世帯の比率が三〇・七％に上ったとされている（『読売新聞』二〇二〇年八月一二日）。

調査に協力が得られなかった場合はどうするか。「国勢調査令」という政令は、他の人（多くの場合は近隣に住む人や集合住宅の管理人など）から氏名と性別、世帯員の数を聞き取ることとしている。したがって、ずっと不在で近隣との接触もないなどの場合はともかく、男女別の人数だけはほぼ正確にわかることになる。

しかし、それ以外についてはお手上げである。その結果、どうなるか。配偶関係も、職業も不明のままの回答者が大量に集計に含まれることになる。そのようすを示したのが、図表3・8である。

上の地図は、労働力状態が「不詳」の人の比率である。労働力状態とは、仕事をしたかしなかったかの別のことで、仕事をした人については、さらに仕事の中身について尋ねることになる。「不詳」の人の比率は、明らかに都心で高い。その分布は、図表3・4の単独世帯比率や、図表3・7の外国人比率によく似ており、単独世帯であること、外国人であることが、非回答につながっていることをうかがわせるが、多い地域では三〇％を超えており、統計としての信頼性がかなり危ういことを示している。

しかし、気になることがある。「不詳」比率の高い地域と低い地域が、区と区の境界で分かれているようにみえる部分があることである。たとえば足立区と葛飾区を比べると明らか

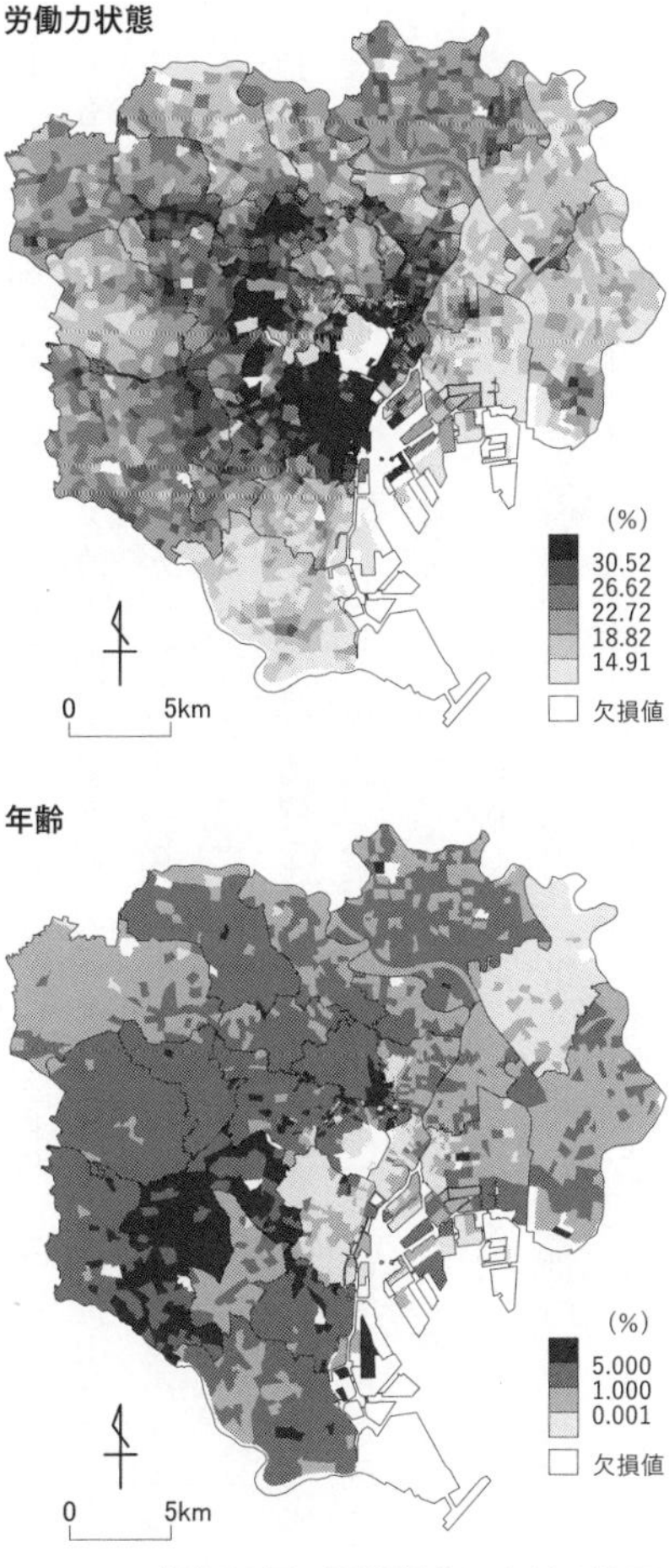


図表3・8　**東京23区の国勢調査における町丁目別「不詳」比率**

出典）「国勢調査」より作成

に足立区の方が、台東区と墨田区を比べると明らかに台東区の方が、「不詳」の比率が高く、しかも区界が色の濃い部分と薄い部分の境界線になっている。同様に世田谷区と大田区を比べると、世田谷区の方が明らかに「不詳」の比率が高く、やはり区界が色の異なる地域を分け隔てていることがわかる。なぜ、こんなことが起こるのか。

地域の境界線に川や急坂がある場合、境界を越えたとたんに街並みが一変するというのは、しばしばみられることである。そして実際、台東区と墨田区の間には隅田川が流れていて、台東区側には商業地や繁華街が広がっているのに対し、墨田区は多くの部分が住宅地である。しかし足立区と葛飾区の街並みは完全に連続しており、区界を越えたとたんに街の雰囲気が変わるなどということはない。世田谷区と大田区の場合も同じで、世田谷区側の玉川田園調布と、大田区側の田園調布は、高級住宅地として同時に開発された地域である。おそらく、自治体によって国勢調査への取り込み方が異なり、非回答率に違いが生まれたのではないだろうか。

図表3・8の下の地図は、年齢についての「不詳」比率である。区による違いがわかるように、色分けの区分点は五％、一％、そして〇・〇〇一％とした。最後の区分点は、要するに〇％であるか否かを分けたものである。足立区では一％を超えていた「不詳」比率が、葛

飾区に入ったとたんに〇％となっている。世田谷区東部では五％を超えていた「不詳」比率が、目黒区に入ったとたんに一％を下回る。港区では〇％だった「不詳」比率が、渋谷区に入ったとたんに五％を超える。あまりにも不自然である。そもそも、港区では労働力状態が「不詳」である人が多くの地域で三〇％を超えているのに、なぜ年齢は「不詳」にならないのか。何か別の資料から、年齢を判別しているとしか考えられない。

二〇二〇年八月一二日の「読売新聞」に興味深い記事が載っていた。二〇一五年の国勢調査において、東京や大阪などの一部の自治体で、国勢調査に回答しなかった世帯について、住民基本台帳から情報を転用していたというのである。おそらくは、性別だけでなく、年齢についても情報を転用したのだろう。[*5] 実は東京23区では、配偶関係が不明の人の比率も、多くの地域では一〇％を下回っており、地域によっては五％をも下回っている。やはり、情報が転用されたのではないか。そして、考えたくないことではあるのだが、一部の地域では、職業についての聞き取りも行なわれたのではないか。

これらは違法行為と思われるが、統計を使う立場からすれば、やむを得ないと思われる部分もある。非回答率の上昇を受けて総務省は正式に、非回答世帯について住民基本台帳の情報を転用できるように決定したという（「読売新聞」二〇二〇年一〇月二二日）。国勢調査は、プライバシー意識の高まり、単身世帯の増加、外国人の増加、インターネット環境の整備など、いろいろな意味で曲がり角にあるように思われる。

なお本書では、社会地図の基礎となる比率の計算においては、原則として回答があって中身の判明した人数を分母としている。

## 3　東京23区の微細な構造

以上のように東京23区の空間構造は、「中心と周縁」「東と西」を基本原理としてはいるのだが、細かくみていくと、個々の地域には、それぞれの事情に基因する格差の構造があることがわかってくる。その一例を紹介しよう。

図表3・9は、世田谷区成城《せいじょう》とその近辺の専門職・管理職比率を、町丁目別に示したものである。成城といえば、東京23区有数の高級住宅地として知られているが、これをみると九丁目を除く成城の専門職・管理職比率が、周囲の町に比べて大幅に高いことがわかる。たとえば成城一丁目は四三・三%、同二丁目は四三・三%、同三丁目は三九・四%だが、その隣の喜多見《きたみ》六丁目は三〇・六%、同四丁目は二六・一%である。また成城五丁目は四八・

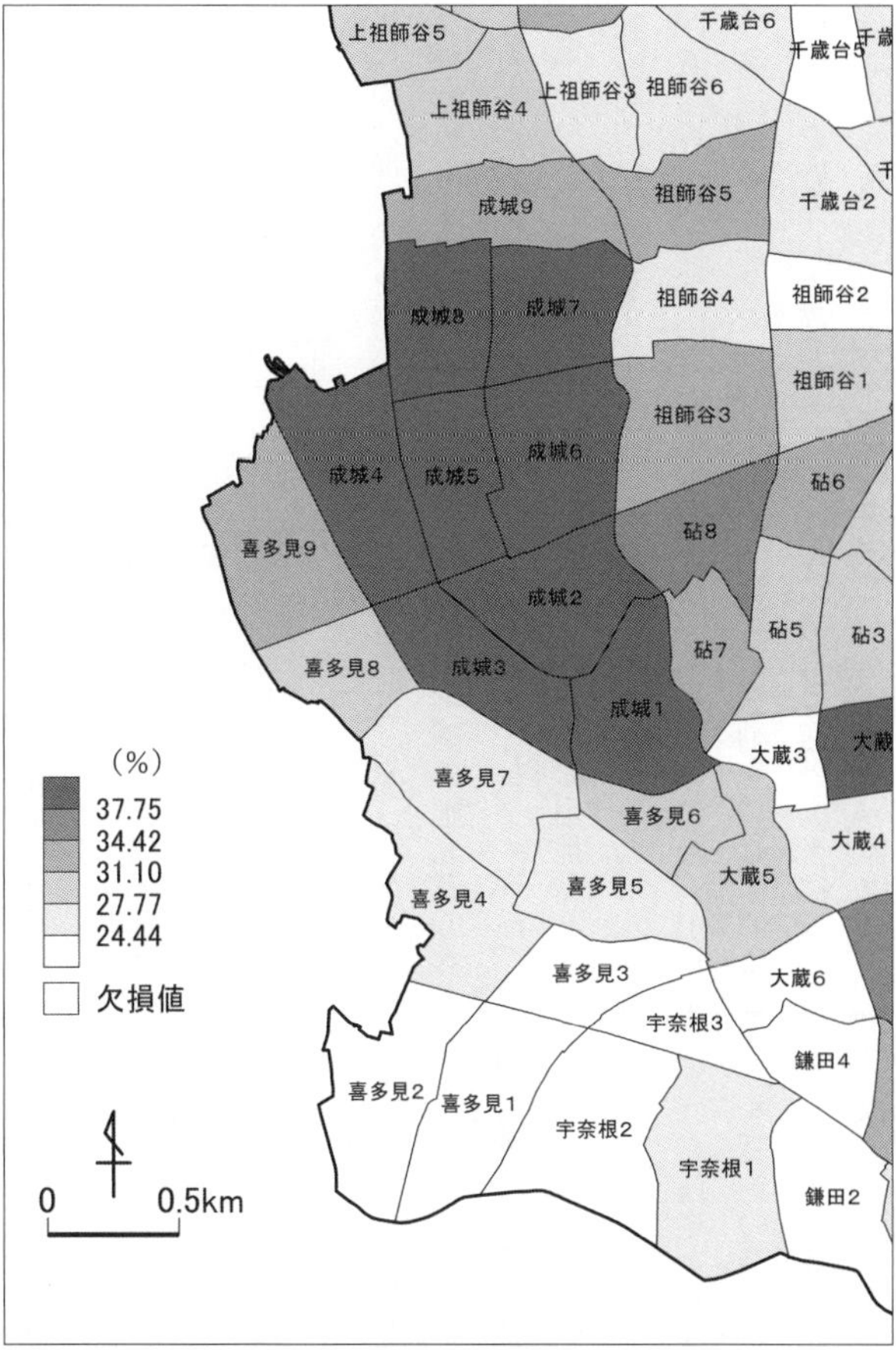


**図表3・9　世田谷区成城付近の専門職・管理職比率**

出典）「国勢調査」より作成

一％、同六丁目は四六・二％だが、その隣の祖師谷《そしがや》三丁目は三三・九％、その北の同四丁目は二七・七％である。

しかし実は成城の内部にも、違いがある。専門職・管理職比率がもっとも高いのは成城五丁目と六丁目だが、九丁目は三四・〇％と低く、一丁目、三丁目、そして四丁目（四〇・九％）、七丁目（三八・〇％）、八丁目（三九・二％）も、あまり高くない。なぜだろうか。

成城が宅地として開発されたのは、昭和初期のことである。一九二五年、牛込区（現・新宿区の一部）から成城学園がこの地（当時の地名は北多摩郡砧村《きぬたむら》喜多見）に移転してきたが、この移転を主導したのが、教育者で玉川学園の創立者でもあり、一九二六年にこの地に創立された成城高等学校（成城大学の前身）の初代校長となった小原國芳《おばらくによし》だった。彼は地元の地主や父兄などの協力を得て、学園建設のための用地とともに、その費用を調達するため、学園の周辺の土地も入手して、宅地を整備した。一九二八年の時点で、一区画が二一〇坪から四五〇坪という、広大な敷地の宅地である。その際、土地をもっぱら住宅と必要な庭園等にのみ使用すること、煤煙や臭気、音響や振動を発しないことなどを契約の条件とし、快適な住環境を確保しようとした。分譲にあたっての広告は、この地を「理想的郊外住宅地分譲及貸地」と銘打ち、その立地について「本分譲地一体《ママ》は喜多見台と称する高台で、地勢は高燥広闊、東南は緑野遠く開らけ、西方は相武の連山を隔てて富士の霊峰と相対し、玉川の清流にも程近き実に形勝の地であります」と説明していた（酒井憲一「成城・玉川学園住宅地」）。ちなみに地名は、一九三〇年に喜多見成城、一九三六年に世田谷区成城町となった。

こうして作られた高級住宅地だが、少なくともその中心部分である二丁目、五丁目、六丁目あたりは、現在でも正真正銘の高級住宅地としての雰囲気を保っている。しかし成城と名のつく地域は、一九七〇年に住居表示が実施された際に拡大され、周辺の町の一部が組み込まれたため、内部の多様性が大きくなった。

成城は文化人が多く住んだ街としても知られているが、そのなかにはこのときに成城の住人となった人々もいる。たとえば大岡昇平は、もともと隣接する祖師谷町に、地価が安いという理由で家を建てて住んでいたのだが、町名が成城七丁目に変更となった。そこで「混乱するといけないから、人には『成城付近』ということにしている」と記している（「三十一年目の東京」）。また長部日出雄《おさべひでお》も、もともと祖師谷のマンションに住んでいたのだが、町名変更で成城九丁目の住人となり、「本物の高級住宅地である成城を、爪先立ちして塀ごしに覗きこんでいる感じ」がするとして、住んでいる場所を尋ねられたときは、成城とはいわずに「世田谷のいちばん端です」と答えるようにしていたという（長部日出雄「成城の端っこに

国分寺崖線に建つ世田谷区成城の住宅群

住む気分」)。

とくに多様性が大きいのは、成城四丁目である。このあたりは高低差が約二〇メートルもある国分《こくぶん》寺崖線《じがいせん》が通り、西側の展望が開け、おそらく景観の上ではもっとも恵まれている土地である。ところが住居表示に際して崖下の住宅地が組み込まれたため、高低差が二〇メートルもある崖の上と下が、同じ町丁目になってしまった。間に何本かの急坂があるのだが、坂を上り下りするうちに急激に景観が変わる。坂の上はお屋敷町なのに、坂の下には狭小な一戸建てやアパートが密集していて、ほとんど別世界である。しかもこの急な坂道のそばの急傾斜地にまで家やマンションが建っていて、東京都はこのあたりを土砂災害特別警戒区域に指定している。

このように現在の成城は、その全域が高級住宅地とはいえなくなっている。そして、もともと全部もしくは大半が成城に含まれていた二丁目、五丁目、六丁目などと、あとで編入された部分の大きい一丁目、四丁目、九丁目では、かなり地域の性格が異なるのである。

## 4　東京23区の空間構造

以上からわかったことを、まとめておこう。

東京23区の空間構造は、「中心と周縁」「東と西」という二つの原理から成り立っている。高所得者、専門職・管理職従事者、大卒者は中心部に多く、周辺では少ない。同様に、西には多く、東には少ない。こうして東京23区の各地域は、都心およびその近傍、周辺部の東側＝「下町」と、周辺部の西側＝「山の手」の三つに大別されることになる。都心には、低地にあって元来は「下町」だった地域と、台地にあって元来は「山の手」だった地域が含まれるが、現在では「都心」としての一体性を強めている。

しかし、東京23区は地形が入り組んでいるので、まったく異なる性格の地域が坂を隔てて接しているということは少なくない。また公営住宅、古い市街の再開発、その他の歴史的経緯などから、下町、山の手、それぞれの内部にも、モザイクのように微細な格差の構造があり、単純ではない。だから東京23区は、「都心」「下町」「山の手」のマクロ構造と、よりミクロな構造とが重ねあわさる形で構成されているということになる。

それでは次章では、東京23区をいくつかのグループに分け、さらに詳細に空間構造をみていくことにしよう。

＊5　二〇一〇年七月二一日の同じく「読売新聞」によると、総務省は前日の二〇日、調査票の郵送回収において性別や年齢に記入漏れがあった場合には、住民基本台帳によって確認する方針を決めたという。これはあくまでも、郵送で回答した世帯についての措置だが、自治体によってはこれを拡大解釈して、非回答世帯にも適用したのかもしれない。

# 第4章
# 東京23区のしくみ

第4章では、東京23区を一〇のグループに分け、それぞれの空間構造について詳しくみていくこととする。

東京23区のグループ分けに、決まったやり方があるわけではない。ここではまず、千代田・中央・港の三区を都心三区として区別し、それ以外の区については地理的に近接する二－三区をひとまとめにして取り上げていくことにする。

二－三区ずつまとめていくといっても、一義的な方法はなく、難しい。たとえば文京区と台東区は地理的に近接しており、関係も深く、「谷根千《やねせん》」とひとまとめにされる谷中・根津・千駄木は、最初の谷中が台東区で、あとの二つが文京区である。しかしこの二つの区は、それぞれ山の手と下町の中核部分でもあって、ひとつにまとめることは適切ではない。また中野区は、どちらも中央線沿線であり、関東大震災以後に発展した新しい山の手住宅地だという点で杉並区と共通点があるが、他方では神田川とその支流である妙正寺川《みょうしょうじがわ》に沿った木造家屋の密集地域を新宿区と共有しているほか、新宿に近い山手通り沿いは高層ビルが建ち並んで、新宿副都心との一体化が進んでいる。

また書籍に掲載することを考えると、読み取りやすさやわかりやすさを無視することはできないから、地図があまりに複雑な形になることは避ける必要がある。それに新書版のページは縦長なので、面積が広い場合には縦長の地図の方が都合がいいという、現実的な問題もある。

以上から区の組み合わせを次のように決めることとした。一般的には、ひとまとめにされることの少ない組み合わせもあるが、このようにした理由については、以下の各節をご覧いただきたい。

(1)都心三区（千代田・中央・港）
(2)新宿・中野
(3)文京・豊島・北
(4)台東・墨田・江東
(5)品川・大田
(6)渋谷・目黒
(7)世田谷・杉並
(8)板橋・練馬
(9)荒川・足立

### ⑽ 葛飾・江戸川

以下の各節には、各地域の特色を色分けして示した社会地図が、それぞれ四−六枚ずつ収められている。色分けに使った指標には、実数の場合と比率の場合とがある。また序章で説明したように、色分けする際の区分点としては多くの場合、平均値を中心に、平均値±標準偏差の二分の一、平均値±標準偏差、という五つの値を区分点として六段階に分けた（図表0・1参照）。ただしこの場合の平均値と標準偏差は、口絵や第3章の図表で用いた東京23

| | 年収1000万円以上世帯比率 | 年収200万円未満世帯比率 | ジニ係数 |
|---|---|---|---|
| | 28.4% | 14.6% | 0.389 |
| | 23.9% | 9.2% | 0.352 |
| | 22.7% | 11.0% | 0.379 |
| | 11.5% | 21.8% | 0.391 |
| | 19.4% | 15.4% | 0.378 |
| | 10.6% | 14.0% | 0.327 |
| | 9.4% | 16.6% | 0.326 |
| | 13.6% | 15.5% | 0.345 |
| | 14.4% | 12.8% | 0.339 |
| | 17.5% | 11.7% | 0.351 |
| | 11.3% | 14.5% | 0.326 |
| | 17.9% | 13.7% | 0.359 |
| | 16.2% | 14.5% | 0.380 |
| | 10.0% | 20.6% | 0.358 |
| | 12.3% | 13.4% | 0.332 |
| | 10.1% | 18.3% | 0.351 |
| | 8.8% | 20.7% | 0.342 |
| | 8.4% | 17.6% | 0.331 |
| | 7.8% | 20.0% | 0.329 |
| | 11.4% | 15.1% | 0.333 |
| | 6.0% | 18.8% | 0.310 |
| | 7.1% | 18.5% | 0.316 |
| | 7.9% | 16.8% | 0.311 |

## 図表4・0・1　東京23区の基本統計

| | 面積（㎢） | 人口（千人） | 世帯数（千世帯） | 65歳以上人口比率 | 15歳未満人口比率 | 1人あたり課税対象所得額（千円） |
|---|---|---|---|---|---|---|
| 千代田 | 11.66 | 65.9 | 33.2 | 17.6% | 11.5% | 6261 |
| 中央 | 10.21 | 168.4 | 79.3 | 16.1% | 11.9% | 3982 |
| 港 | 20.37 | 260.4 | 130.5 | 17.5% | 12.3% | 6768 |
| 新宿 | 18.22 | 348.5 | 204.5 | 19.6% | 8.1% | 2945 |
| 文京 | 11.29 | 226.1 | 120.8 | 19.1% | 10.7% | 3422 |
| 台東 | 10.11 | 202.4 | 109.3 | 23.5% | 8.9% | 2369 |
| 墨田 | 13.77 | 274.9 | 130.7 | 22.7% | 10.4% | 2110 |
| 江東 | 42.99 | 521.8 | 243.6 | 21.1% | 12.5% | 2369 |
| 品川 | 22.84 | 401.7 | 212.3 | 20.2% | 10.4% | 2841 |
| 目黒 | 14.67 | 281.5 | 146.1 | 19.9% | 10.3% | 3676 |
| 大田 | 61.86 | 734.5 | 370.7 | 22.1% | 10.7% | 2417 |
| 世田谷 | 58.05 | 917.5 | 463.4 | 20.4% | 10.7% | 3090 |
| 渋谷 | 15.11 | 229.7 | 135.5 | 19.6% | 8.5% | 5065 |
| 中野 | 15.59 | 335.2 | 196.1 | 20.6% | 8.1% | 2358 |
| 杉並 | 34.06 | 574.1 | 311.8 | 22.1% | 9.7% | 2650 |
| 豊島 | 13.01 | 290.2 | 176.1 | 19.7% | 8.2% | 2500 |
| 北 | 20.61 | 353.9 | 178.2 | 25.5% | 9.8% | 1975 |
| 荒川 | 10.16 | 217.1 | 102.4 | 23.1% | 11.1% | 1906 |
| 板橋 | 32.22 | 571.4 | 291.1 | 22.8% | 10.5% | 1937 |
| 練馬 | 48.08 | 739.4 | 337.7 | 21.9% | 11.9% | 2124 |
| 足立 | 53.25 | 691.3 | 310.4 | 24.6% | 11.8% | 1688 |
| 葛飾 | 34.80 | 464.6 | 201.2 | 24.6% | 11.8% | 1754 |
| 江戸川 | 49.90 | 700.1 | 308.9 | 20.4% | 13.3% | 1828 |

注）面積は2021年の「全国都道府県市区町村別面積調」による。人口は2020年の「住民基本台帳」による。世帯数、65歳以上人口比率、15歳未満人口比率は2015年の「国勢調査」による。1人あたり課税対象所得額は2019年の「市町村課税状況等の調」による。年収1000万円以上世帯比率、年収200万円未満世帯比率は2018年の「住宅・土地統計調査」による。ジニ係数は2018年の「住宅・土地統計調査」から著者が算出した。算出にあたっては、平均世帯人員が区やそれぞれの所得階級によって異なることを考慮し、所得階級ごとに所得を平均世帯人員の平方根で割った疑似等価所得を用いている。

区全体のものではなく、各グループに属する町丁目のデータから算出したものである。このように区分点を設定したのは、各グループ内部の地域による違いをはっきりさせるためだが、この結果、全体的に指標値の高い地域と低い地域とでは、区分点が違っている点に注意していただきたい。たとえば口絵1をみると、都心は所得水準が高いため全体に赤で染められたのに対して、下町地域は所得水準が低いため全体に緑で染められ、いずれも内部の空間構造がわかりにくくなっている。これに対して本章の社会地図では、各グループ内の違いがはっきりするように区分点を定めているのである。ただし指標の性質上、それ以外の区分の方がわかりやすいと考えられる場合は、別の方法で区分点を定めている。また人口が二〇人に満たない地域については、指標の信頼性が高くないため、欠損値として省略し、白抜きとした。人数が少ないために数字が秘匿されている場合も、同様である。

地図を理解しやすくするためには、地名を入れておきたいところだが、ひとつの地名が非常に面積の広い地域を示すこともあるから、難しい。このため地図には、主要な駅名を入れておくこととした。たとえば都心三区の地図に「品川」とあるのは、品川駅のことである。品川駅は品川区ではなく港区にあるため、都心三区の地図に入っているのである。また皇居、東京スカイツリーなど、主要なランドマークについては、駅名とは別に地図に入れておいた。

空間構造について考える参考として、23区の基本的な特徴についてまとめたのが、図表4・0・1である。

## 4・1　都心三区（千代田・中央・港）

都心三区に公的な定義のようなものはないが、千代田区・中央区・港区をひとまとめにしてこのように呼ぶことは、社会的に慣例化しているといっていいだろう。総面積は四二・二四平方キロメートルで、江東区（四二・九九平方キロメートル）と同じくらい。もっとも面積の広い区である大田区（六一・八六平方キロメートル）の七割程度である。総人口は四九・五万人で、もっとも人口の多い世田谷区（九一・七万人）の半分を少し超える程度である。三区はいずれも東京一五区時代から東京市の一部であり、戦後になって、麹町区と神田区が千代田区、日本橋区と京橋区が中央区、芝区、赤坂区、麻布区が港区となった。

都心とひとまとめにされることの多い地域ではあるが、その内部にはかなりの多様性がある。この多様性はそれぞその地域の成り立ちと関係がある。少なくとも、次の四つの地域は区別されなければならないだろう。

①　江戸城址の東側、大手町《おおてまち》から時計回りに丸の内、霞ヶ関を通って紀尾井町《きおいちょう》に至る、かつては大名屋敷が連なっていたエリア。現在は大半がビジネス街と官庁街になっている。

②　①の西側から北側にあって、かつては下級武士の住宅が連なっていた、麻布から六本木、赤坂、番町《ばんちょう》から九段《くだん》を経て飯田橋に至るエリア。江戸期における山の手にあたり、現在は大使館、学校、放送局などが多く、住宅地も広がっているが、商業地化も進んでいる。

③　①の東側にあって、かつては町人地で商店も多かった、新橋から銀座、京橋、日本橋を経て神田に至るエリア。江戸期における下町の中心部であり、現在は日本を代表する商業地になっているほか、ビジネス街も広がっている。

④　佃島《つくだじま》と、これに連なる、江戸期には存在しなかった月島《つきしま》、勝どき、晴海《はるみ》、海岸《かいがん》、港南《こうなん》などの埋め立て地。近代になってから工場地帯や港湾・倉庫地帯、労働者住宅地帯となったが、最近では高層マンションが多数立地するようになっている。

## (1) 人口の分布

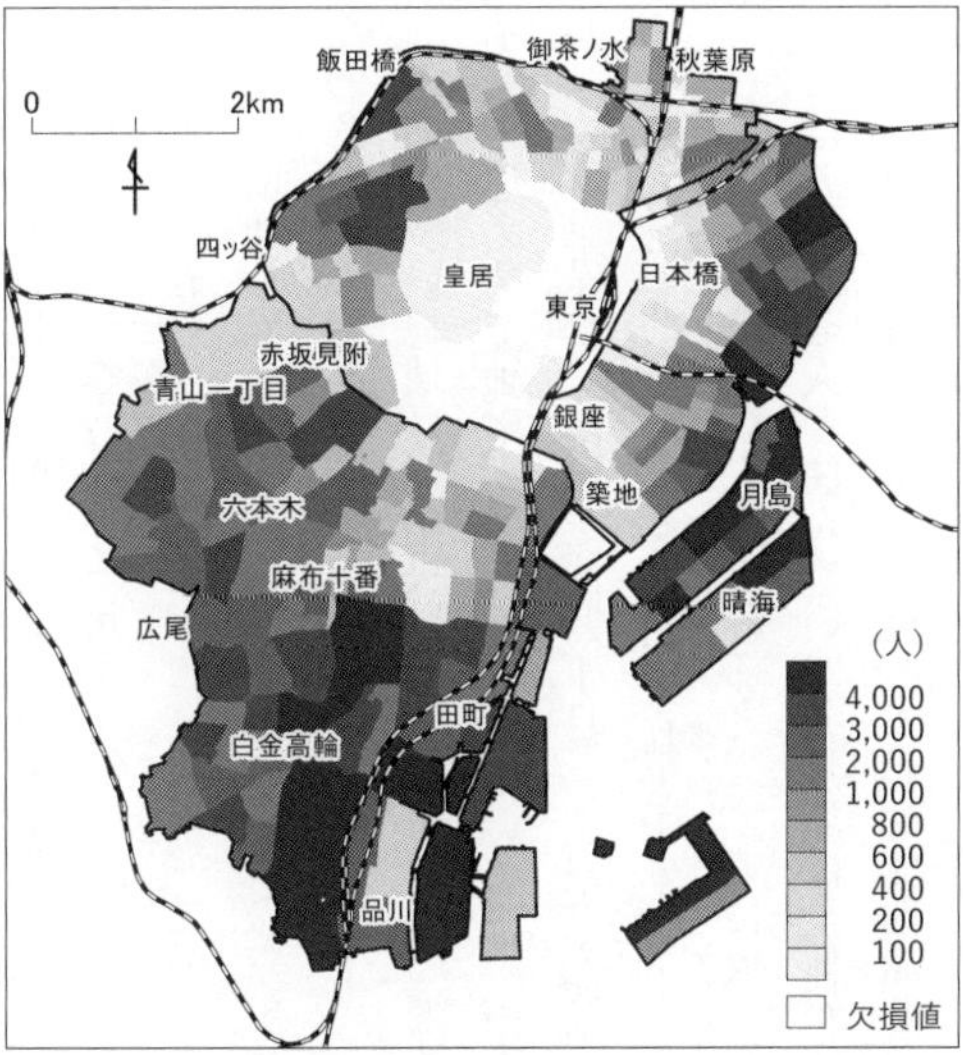


**図表4・1・1　都心３区の人口総数**

図表４・１・１は、人口の分布を示したものである。都心三区には、人口密集地がある一方で、人口が非常に少ない地域も多いので、人口の区分点を増やし、分布がわかりやすいようにしておいた。また都心は地下鉄線など鉄道の路線が網の目のように行き交っており、すべてを表示すると地図がみにくくなるため、ＪＲ線だけを示しておいた。

当然ながら、ビジネス街・官庁街の人口はきわめて少ない。あまりに人口が少ないために、国勢調査の集計表では数値が秘匿処理されている地域も多い。千代田区霞ヶ関一丁目、同一ツ橋一丁目、中央区日本橋本石町《ほんごくちょう》一丁目と二丁目などは、人口がゼロである。ちなみに銀座の人口は、一丁目から八丁目まで順番に、一四九五人、五六七人、二三五人、一三四人、四五人、六七人、二五四人、五三五人となっている。一九九五年時点の人口は、それぞれ三八九人、三〇三人、二三八人、一三五人、五三人、六〇人、二一六人、二一一人で、中心から少し離れた一丁目と八丁目で大幅に増加している。一丁目にある二〇〇三年竣工の銀座タワーなど、マンション開発が行なわれたからである。

人口が多い地域は、中央区の隅田川沿いと埋め立て地、港区の中部から南部と湾岸地域、そして埋め立て地である。とくに多いのは、中央区佃《つくだ》二丁目（九三七二人）、同勝どき六丁目（六九九五人）、港区芝浦四丁目（一万五五四五人）、同港南三丁目（六七四九人）、同港南四丁目（一万二九五人）など、いずれも、タワーマンションが林立する地域である。

一九九五年時点の人口をみると、すでに大川端《おおかわばた》リバーシティ21の開発が進んでいた佃二丁目には五一九七人が住んでいた。月島は全体が埋め立て地だが、佃島は古くからある島で、明治五年に、隣接する石川島とあわせて佃島という町名が作られた。江戸時代、現在の佃一丁目（二〇一五年の人口は二六五八人）には、徳川家康と縁のあった摂津国西成《にしなり》郡佃村（現・大阪市西淀川区佃）の漁師たちが移住して形成された漁師町と、無宿（浮浪人）対策のために火付盗賊改役・長谷川平蔵の提言によって設置された人足寄場があり、明治に入ってから南

佃島の船溜まりと大川端リバーシティ21

側の海が埋め立てられて、現在の形になった。これに対して佃二丁目は、かつて石川島播磨《はりま》重工業（現・IHI）の造船所があったが、一九七九年に廃止され、跡地に建設されたのが大川端リバーシティ21である。このため佃一帯は、東側の二丁目が当時としては近未来的デザインだった高層マンション群、西側の一丁目が江戸との連続性を感じさせる木造住宅群と、著しいコントラストをみせ、東京がプリモダン（前近代）とポストモダンの共存する都市であることを象徴する風景として、しばしば取り上げられる。同様に一九九五年時点での人口をみると、勝どき六丁目は八五二人、芝浦四丁目は五五七九人、港南三丁目は一三三七人、同四丁目は二三六八人で、今日までに人口が急増していることがわかる。

これに対して港区高輪《たかなわ》一丁目（六九八五人）、同二丁目（六三〇五人）、同三丁目（四六〇九人）、同四丁目（四〇四四人）などは、もともと一戸建て住宅が密集していたところである。一九九五年時点の人口は、それぞれ四一一四人、四二六四人、三四六八人、二九五〇人だったから、当時から人口は多かった。以前と現在の航空写真を比べると、既存の住宅地の変化は少なく、大通り沿いにマンションが建ち並ぶようになったのが、人口増加の原因のようである。

千代田区で人口が多いといえるのは、一番町（三五二二人）、三番町（三三四〇人）、富士見二丁目（三一九九人）など限られる。一九九五年時点ではそれぞれ、二一七八人、一六三八人、一四四六人だったから、大幅に増加している。

## （2）一一階建て以上の建物に住む世帯の比率

図表4・1・2は、一一階建て以上の高層住宅に住む世帯の比率である。各地域の特徴がはっきりするように、比率の高い部分は九〇％、八〇％と、刻みを細かくしておいた。一見してわかるように、高層住宅比率が大きいのは、湾岸地域である。とくに比率が高いのは、中央区晴海四丁目（一〇〇％）、同五丁目（九九・九％）、同二丁目（九九・五％）、中央区勝

どき一丁目（九九・四％）、港区台場《だいば》三丁目（一〇〇％）、同東新橋一丁目（九九・二％）など。

これに対して内陸部で比率が高い地域には、千代田区神田駿河台《するがだい》（九七・七％、二二二四人）、中央区日本橋本町《ほんちょう》二丁目（九八・四％、一八五人）、同日本橋室町《むろまち》（九四・三％、五八人）など、人口の少ないオフィス街に少数だけ高層住宅が立地しているようなケースが目立つ。まとまった人口がいるのは、中央区日本橋堀留町《ほりどめちょう》二丁目（九四・六％、一四三六人）、同築地一丁目（九三・八％、八九九人）、港区六本木一丁目（九四・七％、二二二四人）、同六丁目（八〇・一％、一五二八人）など。中央区の二ヶ所は、ビジネス街のなかに中規模のマンションが点

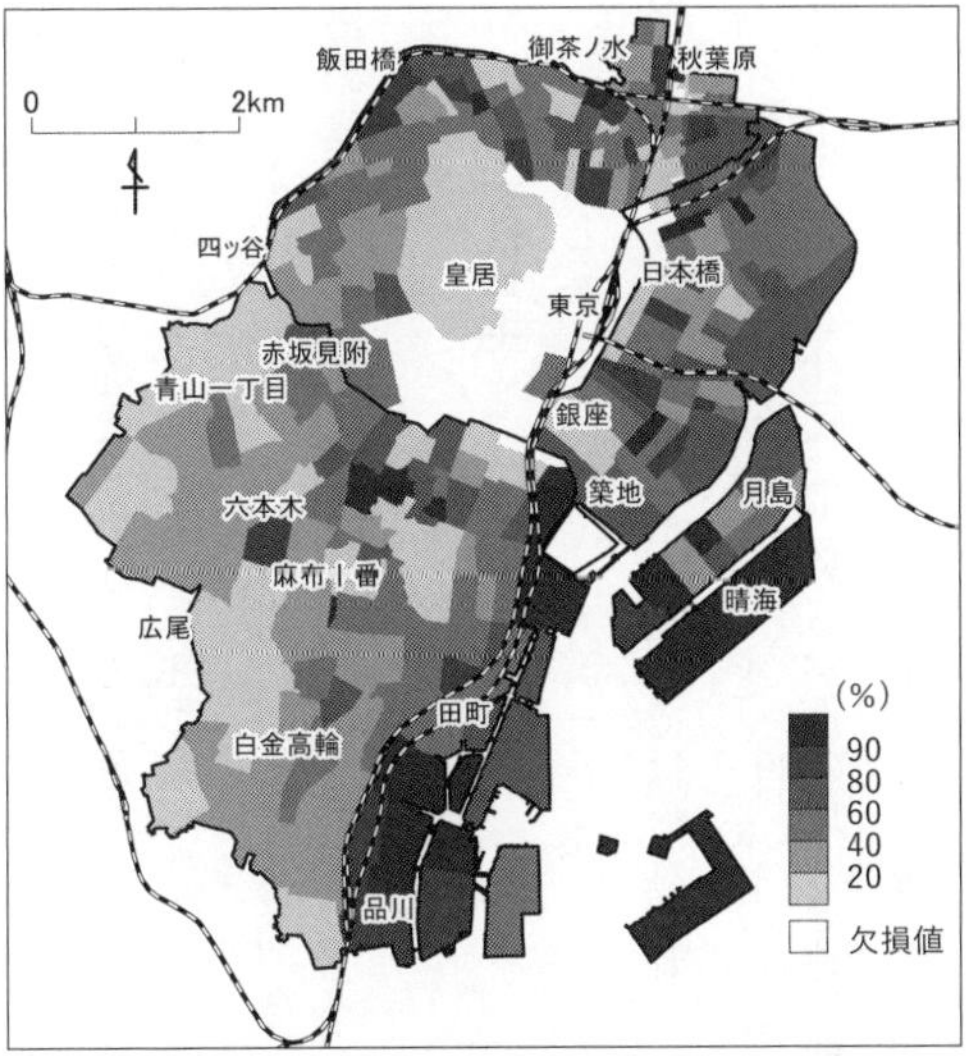


**図表4・1・2　都心３区の11階建て以上の建物に住む世帯の比率**

在する地域であり、六本木の二ヶ所は、アークヒルズと六本木ヒルズの所在地である。

人口総数の分布と比較すると、港区の沿岸部と、青山から白金高輪《しろかねたかなわ》にかけての住宅地の間の違いが目立つ。いずれも人口は多いのだが、高層マンション中心の沿岸部と、一戸建てや低層マンション中心の内陸部の違いである。この違いは、あとでみるように住民の社会的特徴の違いとも関連している。

### (3) 女性比率

中央区と港区は、住民に占める女性の比率が高い区である。女性比率はそれぞれ五二・二%、五二・八%で、東京23区ではそれぞれ、三番目と一番目に高い(二番目は目黒区)。しかし、それぞれの内部でも、とくに女性比率の高い地域とそうでない地域とがある。図表4・1・3は、住民に占める女性の比率を地域別にみたものである。とくに女性比率が高い地域には、特別の事情をもつケースが多い。たとえば千代田区神田駿河台二丁目(六八・五%)には大学病院の看護師宿舎がある。また港区北青山一丁目(六〇・九%)と同北青山三丁目(六〇・八%)には、それぞれ北青山一丁目アパートと都営青山北町アパート(現在は一部が建て替えられている)の場所で、多数の高齢単身女性が居住している。

しかし、これらに次いで女性比率が五三－五七％程度と高くなっている地域が、青山から白金高輪あたりにかけて南北に広く分布している点に注目したい。第3章でも触れたことだが、都市社会学者の浅川達人は地域メッシュ統計の分析から、港区のこのあたりから渋谷区にかけて、「ホワイトカラー女性地区」という地域類型が分布していることを明らかにしている。これは、ホワイトカラー比率と大卒者比率が高い「ホワイトカラー地区」の特徴に加えて、女性比率と単身世帯比率が高いという特徴をもつ地域である（『東京二三区の空間構造とその変動』）。つまり港区のこのあたりは、隣接する渋谷区とともに、高学歴のキャリアウーマンが単身で暮らす地域となってい

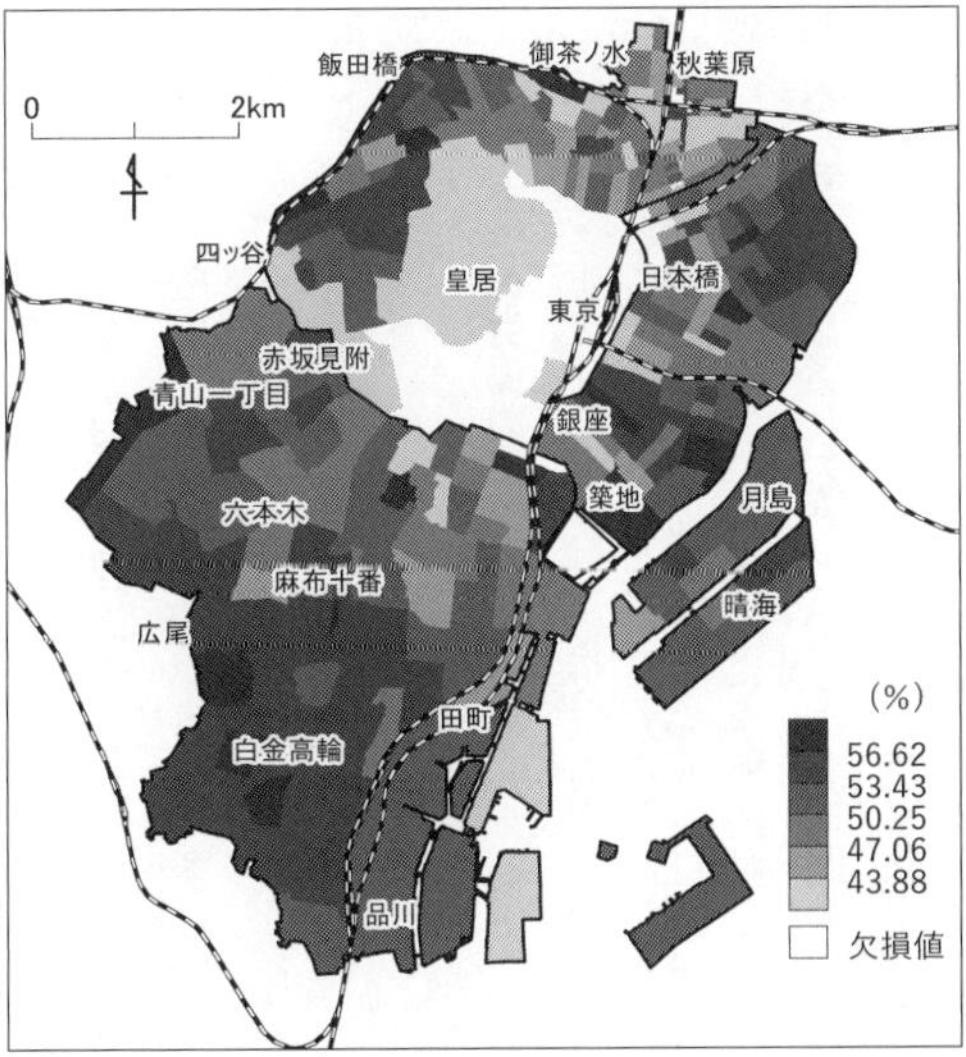


**図表4・1・3　都心3区の女性比率**

るらしいのである。

第3章でみたとおり(図表3・8参照)、都心、とくに港区では国勢調査で回答が得られないケースが多い。仕事をもつ単身者が多いからだろう。このため詳細については不明の部分もあるのだが、単身のキャリアウーマンが多く住んでいるというのは、実感からいっても納得できるところだろう。

## (4) 女性の労働力率

図表4・1・4は、女性の労働力率、つまり一五歳以上の女性のうち、就業していたか、または失業していた人の比率である。日本の統計では失業の定義が非常に厳しく、いつでも働ける状態にあって、具体的に求職活動をしていたか、事業を始める準備をしていた人だけが失業者とみなされる。しかも調査期間の一週間の間に一時間でも仕事をすると、失業者とはみなされなくなる。このため失業率は現実離れして低くなってしまうから、労働力率は事実上、仕事をしている人の比率とほぼ同じだと考えてよい。

女性の労働力率は、意外に偏りが大きい。明らかに中央区で高く、港区で低いのである。また千代田区は、山の手住宅地である番町周辺で低く、下町の神田周辺では高い。後述するように港区の沿岸部は山の手とはいえないが、大まかにいえば女性の労働力率は下町で高く、山の手で低いのである。ちなみに例外的に高いのは、皇居のある千代田区千代田（九三・

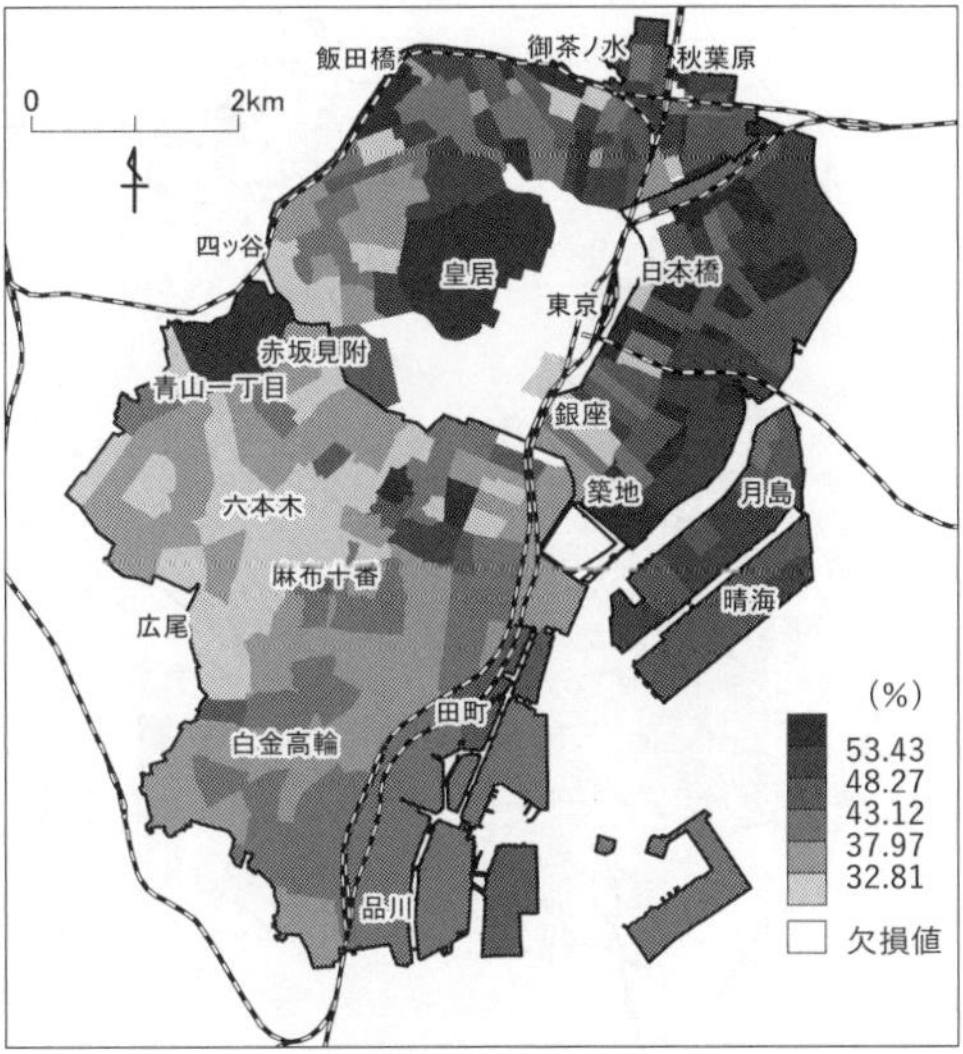


**図表4・1・4　都心３区の女性の労働力率**

八％）、赤坂御用地のある港区元赤坂二丁目（五七・七％）だが、これについては第3章で説明したとおり、皇宮警察や宮内庁の職員が住んでいるからである。

しかし港区内部の違いも見逃せない。南青山、六本木、麻布など、高台に位置する高級住宅地やタワーマンションの立地する場所には、三〇％台前半、あるいはそれ以下の地域が多いのに対して、南へ下った白金や高輪では三〇％台後半から四〇％前後、さらに湾岸に達すると四〇％を超える地域が多

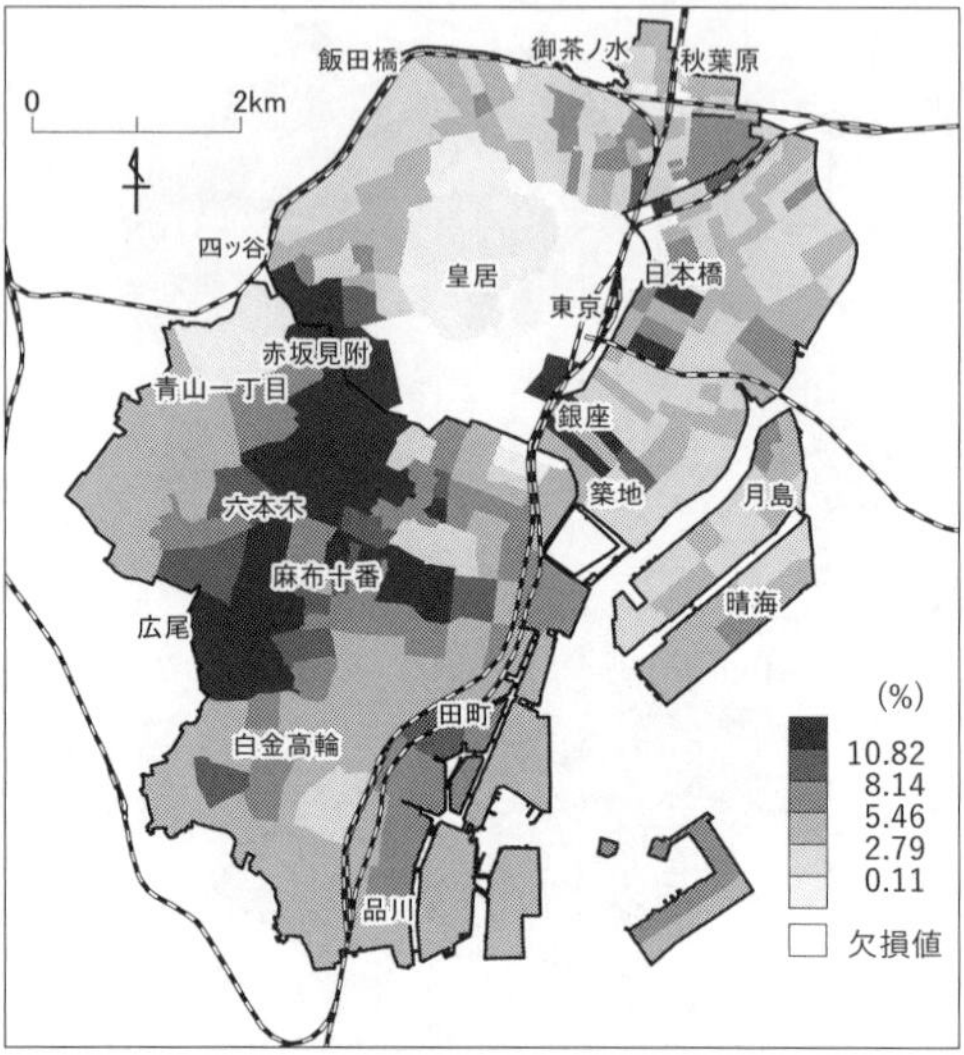


**図表4・1・5　都心3区の外国人比率**

いのである。女性の労働力率は、ほぼ専業主婦の比率の裏返しと考えてよい。港区の住宅地にも、専業主婦の多い地域からワーキングウーマンの多い地域までのグラデーションがみられるということである。

### (5) 外国人比率

港区といえば外国人比率が高い地域というイメージが強い。このことは、外国人比率を示した図表4・1・5からもはっきり確認することができる。とくに比率が高いのは、第3章でも触れたとおり、高級賃貸タワーマンションが立地する港区愛宕二丁目（四〇・二％）米国大使館がある同赤坂一丁目（三二・六％）、六本木ヒルズが立地する同六本木六丁目（二七・

三％）などである。しかし、このように外国人が集中する住宅や施設があるわけでもないのに、外国人比率が高い地域は多く、赤坂から六本木を経て麻布にまで広がっている。旧三五区のなかの、赤坂区と麻布区のうち、青山近辺を除いた部分ということになろうか。

他の地域には、人口が少ないためにたまたま外国人比率が高くなったと思われる地域（千代田区有楽町二丁目、中央区日本橋二丁目、同京橋二丁目、同銀座五丁目と七丁目など）があるだけで、概して外国人比率が高くない。都心の外国人は、港区の中心部に著しく偏在しているといっていい。

### (6) 年収一〇〇〇万円以上世帯比率推定値

都心三区は所得水準の高い地域であり、千代田区、中央区、港区の一人あたり課税対象所得額（二〇一九年）は、それぞれ23区のなかで二番目、四番目、一番目に高い（三番目に高いのは渋谷区）。そこで年収一〇〇〇万円以上の世帯が全世帯に占める比率の推定値を示したのが、図表4・1・6である。

年収一〇〇〇万円以上世帯比率推定値の高い地域は、千代田区西部の山の手地域から、赤坂御用地のある港区元赤坂二丁目をはさんで港区の北部へと広がっている。もっとも推定値

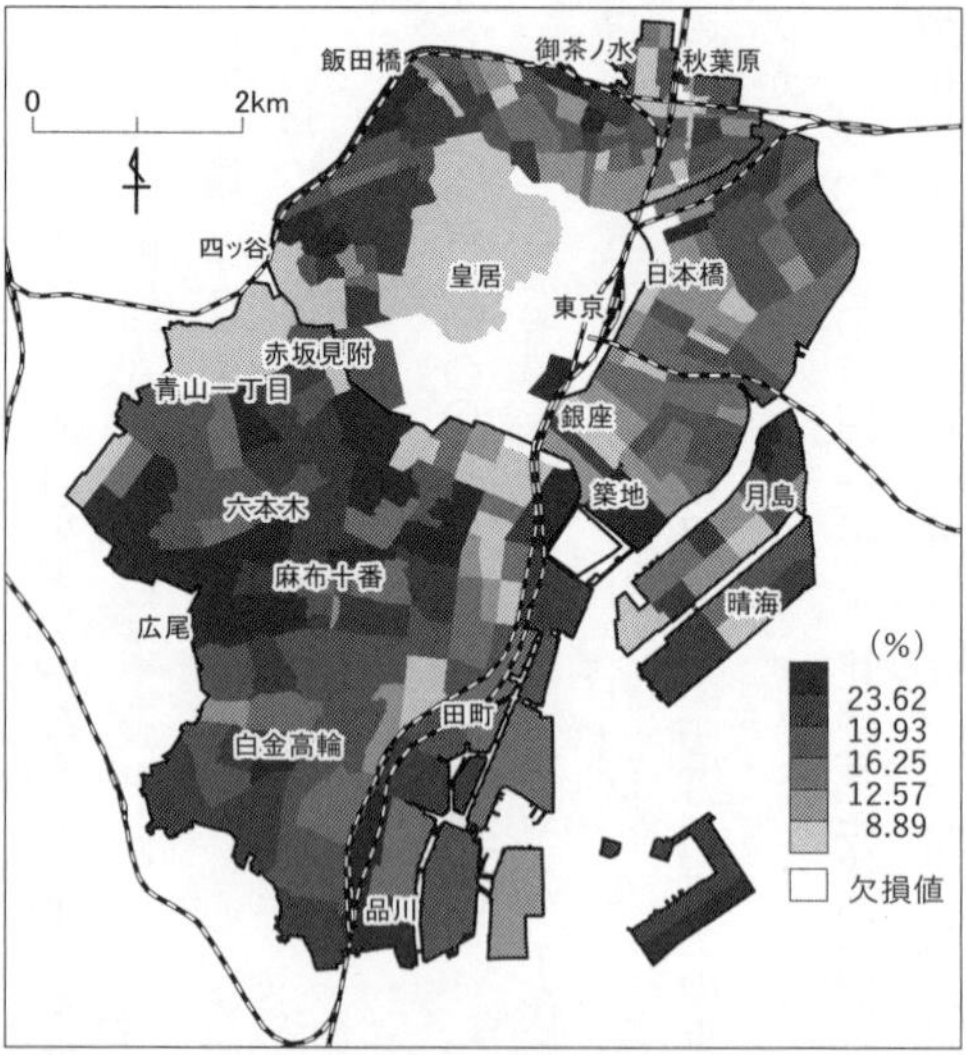


図表4・1・6　**都心３区の年収1000万円以上世帯比率推定値**

が高かったのは港区麻布永坂町《ながさかちょう》（四二・一％）だった。人口は二二二人と少ないが、有業者に占める専門職と管理職の比率がきわめて高かったため、こういう結果となった。この地域は飯倉片町《いいぐらかたまち》交差点の近くから坂を下ってすぐの場所にあり、緑の多い閑静な住宅地だが、一部はマンション化している。古風な地名は江戸時代から続くもので、すぐ隣の麻布狸穴町《まみあなちょう》とともに、住居表示の実施によって消滅の危機に立たされたが、この町に、妻で昭和を代表する名女優の高峰秀子とともに住んでいた、映画監督の松山善三らの反対運動によって残されることになった。ここから坂を下りたところが、麻布十番である。

これに次いで年収一〇〇〇万円以上世帯比率推定値が高いのは、麻布永坂町から麻布狸穴町をはさんだ反対側で、ロシア大使館と東京アメリカンクラブ、そして麻布台パークハウスがある港区麻布台二丁目（三三・五％）、これまでも何度か出てきた愛宕二丁目（三二・四％）、虎ノ門タワーズレジデンスなどがある同虎ノ門四丁目（三二・二％）、アークヒルズがある同六本木一丁目（三二・一％）など、高層マンションが立地している場所が多い。六本木ヒルズのある六本木六丁目は二四・〇％と意外に高くないが、これは第1章の補論で述べたような推定上の問題、国勢調査への回答率が低いことのほか、ヒルズの周辺の一〇階以下の住宅に住む世帯が二割近くいることによるものだろう。これに対して六本木一丁目は、全世帯の九四・七％までが一一階以上の高層住宅に住んでいる。六本木一丁目にはかつて、永井荷風の住処である偏奇館《へんきかん》があった（当時の地名は麻布市兵衛町《いちべえちょう》）。しかし高層ビルの建設にともなって地面が削られたため、偏奇館が建っていた場所は現在では空中に浮かんでいるのだという（冨田均『東京坂道散歩』）。変化が激しい東京では、地形が変わることもあるのだ。

年収一〇〇〇万円以上世帯比率推定値が二〇％台後半の地域になると、低層住宅の多い地域がいくつも出てくる。千代田区六番町（二九・九％）、同二番町（二八・四％）は、かつては一戸建ての高級住宅地だったが、現在ではほとんどが一〇階以下の低層マンションに建て

港区元麻布の低層住宅と六本木ヒルズ

替えられている。これに対して港区元麻布二丁目（二八・五％）、同元麻布一丁目（二六・三％）、同西麻布四丁目（二七・三％）、同南青山七丁目（二五・八％）、同南青山五丁目（二五・五％）などは、都心のことだから一戸建てが主流とまではいかないが、一戸建てに住む世帯の比率が一〇－二〇％程度あり、これに対して一一階以上に住む世帯の比率は五－三〇％程度にとどまる。ちなみに南青山五丁目では、二〇二一年四月に児童相談所と一時保護所を含む港区子ども家庭総合支援センターが開設されたが、その建設にあたっては地元住民が「青山のブランドイメージを守って。土地の価値を下げないでほしい」などとして反対運動を繰り広げて話題になった（『朝日新聞』二〇一八年一二月一六日）。ただしこれらの地域でも、一部には古い狭小な一戸建てが密集する場所もあり、六本木ヒルズと極端なコントラストをみせている。

しかし、さらに南に下って元麻布から南麻布に入ると、年収一〇〇〇万円以上世帯比率推定値がかなり下がってくる。港区南麻布一丁目（一九・五％）、同二丁目（一八・二％）などである。狭いエリアのなかに、かなりの落差がある。

東京メトロ南北線の白金高輪駅で降り、麻布通りを北へ歩いて古川《ふるかわ》を渡ると南麻布二丁目、その先が南麻布一丁目になる。一丁目に入ってすぐにあるのが、港区立東町小学校。作家・高見順の母校である。高見順は一九〇七年、永井荷風の叔父で福井県知事だった父親と、おそらくは女中をしていた母親の間に生まれ、父親の転任とともに東京市麻布区竹屋町（現在はかつての麻布区東町とともに港区南麻布二丁目となっている）に移り住んだ。もちろん、父親と同居したわけではない。父親は同じ麻布区ながら、北へ一キロほど離れた高台の飯倉町、現在の麻布台二丁目に住んでいた。順が住んだのはみすぼらしい長屋で、父親からわずかな援助を受けながら裁縫の内職で生計を立てる母親、そして祖母といっしょだった。順はこの町を「所謂山の手の屋敷町」と書くのだが、およそ山の手という感じではない。順によると、同級生には商売人の子どもが多く、のちには町工場が増えて、職工の子どもたちが小学校に入ってくるようになった（『わが胸の底のここには』）。

付近を歩いてみると、細い路地が東西南北に走り、いまでも工場や、元は工場だったと思われる建物が多い。ここから西へ歩くと、突き当たりは断崖絶壁で、左右に回り込むと急坂がある。ここを上ると、低層建築の間に寺が点在する閑静な住宅地となり、さらに北へ進むと大使館や麻布中学・高校などが建ち並ぶ。順が住んでいたあたりの標高は約六メートルだが、坂の向こうは二〇メートルを超える。順は小学校を卒業したあと府立第一中学校（現・都立日比谷高等学校）に入学するが、同級生にはこのあたりに住む華族の子どもがいた。順は豊かな家庭の子どもが多いなかで、自分の家が貧乏であることを隠すのに苦労している。

もと来た道を戻り、反対に東へと進めば、港区芝。映画「三丁目の夕日」（山崎貴監督、二〇〇五年）の舞台ともなった下町で、年収一〇〇〇万円以上世帯比率推定値は、場所によってはほとんどゼロに近く、職業分布をみると自営業者とマニュアル職が多い。田町駅近くの飲食店街を含む地域でもある。

標高差の大きい港区には、このように坂の上と下で大きな落差を感じさせる地域が多い。図表4・0・1に記したジニ係数をみると、港区のジニ係数は〇・三七九で、新宿区、千代田区、渋谷区に次いで四番目に大きい。この背景のひとつが、こうした複雑な地形にある。

全体としては山の手といっていい港区だが、そのなかに山の手と下町がある。港区はこのように、山の手のなかの山の手と下町、そして埋め立て地からなるエリアなのであり、このことが大きな格差の背景にあるといってよい。

最後に、埋め立て地に目を向けよう。先にみたように、港区の埋め立て地には高層住宅が多い。いわゆるタワーマンションで、東京23区全体からみれば高所得者が多いのだが、年収一〇〇〇万円以上世帯比率の推定値は一五－二〇％の地域が多く、港区のなかでは決して高い方ではない。これは中央区も同じで、銀座に近い大川端リバーシティ21のある佃一丁目は二四・二％と高いが、他は二〇％前後で、交通がやや不便な晴海になると一〇％台のところもある。これらの地域は、中流サラリーマンにとって何とか手の届くタワーマンションが立地する地域だということだろう。

近年、港区のうち台地に位置する住宅地の一部で、「フードデザート問題」が話題となっている。フードデザートとは「食料砂漠」という意味で、食料品店が少なかったり、あっても品揃えや価格が人々のニーズに合っていないことから、生きていくために必要な食料が手に入りにくい地域のことを指す。南青山、麻布、高輪など、港区のいくつかの住宅地では、食品を扱う店が高価格の高級スーパーに偏っている。高級スーパーは、以前から住んでいる富裕層、そして近年のマンション建設によって流入してきた新しい富裕層にとっては便利だが、それ以外の人々、とくに公営住宅などに住む低所得層は利用できない。このためこれらの人々は、遠方の非高級スーパーまで行って買い物をすることを余儀なくされているというのである（中村恵美・浅見泰司「経済的アクセス困難性からみた大都市中心部におけるフードデザート問題の実態把握と規定要因」、岩間信之・田中耕市・佐々木緑・駒木伸比古「東京都心部再開発エリアにおける高齢者世帯の孤立と食の砂漠」）。港区の高級とされる住宅地は、ブランドイメージに恵まれ、少なくとも一部の人々にとってはあこがれの住宅地だとはいえるかもしれないが、住むのに快適とは限らないのである。

**都心三区（千代田・中央・港）のまとめ**

- ビジネス・官庁街エリア、山の手エリアと下町エリア、埋め立て地もあり、かなりの多様性がある
- 全体的に所得水準は高いが、高層マンションが林立する一方、狭小な一戸建てが密集する地域もあり格差は大きい

## 4・2　新宿区・中野区

新宿区と中野区をひとまとめにした理由については、この章の冒頭でも触れたが、繰り返せば、神田川水系流域の木造住宅密集地域を共有していること、また中野区の都心に近い部分で新宿副都心との一体化が進んでいることが、主要な理由である。実際に社会地図をいろいろ作ってみると、この二区の連続性を感じる部分が多い。

人口は新宿区が三四・八万人、中野区が三三・五万人、合計六八・四万人である。面積は合計三三・八一平方キロメートルで、都心三区よりやや狭く、杉並区とほぼ同じである。

中野区は一九三二年、野方町《のがたまち》と中野町がまとめられて成立し、東京三五区のひとつとして東京市に組み入れられた。新宿区の成り立ちは少し複雑で、一八七八年に東京一五区として成立した牛込区、四谷区と、一九三二年に東京三五区のひとつとして東京市に組み入れられた淀橋区が、戦後になって新宿区へとまとめられた。旧淀橋区の東端は、北から順に早稲田大学、大久保、そして伊勢丹百貨店のあたり。新宿区早稲田町は旧牛込区だが、早稲田大学のある新宿区戸塚町《とつかまち》は旧淀橋区である。旧甲州街道の最初の宿場町のあった新宿区内藤町《ないとうまち》は旧四谷区で、新宿駅周辺の繁華街は大部分が旧淀橋区である。

早稲田大学の所在地は、その前身である東京専門学校ができた一八八二年はもちろんのこと、一九〇二年に早稲田大学と改称した時点でも、東京市外の戸塚村（最初のころは下戸塚村）だった。このあたりのことについて今和次郎は、もともと大学へ通じる道は一軒も家のない田んぼのなかの新道だったが、早稲田大学に改称したあたりから繁華街ができたとし、「いうならば、わがオオクマサンは早稲田大学を作って、東京市を西に拡張したわけだ」と書いている（「早稲田村繁盛記」）。また新宿駅付近は、関東大震災後に西の郊外の宅地化が進んで人口が増えたことから、盛り場として発展し始めてはいたが、駅から少し離れた場所は依然として住宅地であり、その発展には限度があった。しかし戦時中に行なわれた建物疎開（空襲による火災の被害が駅などの重要施設に及ばないようにするため、周辺の家屋を取り壊して撤去すること）、さらに空襲によって駅周辺が空き地となり、戦後になってここに大規模なヤミ市が形成されたことから、大規模な繁華街としての発展が始まった（橋本健二・初田香成編著『盛り場はヤミ市から生まれた・増補版』）。今日では、商業地としての機能、オフィス街としての機能ともに、新宿区の中心は旧淀橋区といっていいが、その歴史は比較的新しいのである。

なお新宿区の都心に近い地域、飯田橋駅と神楽坂《かぐらざか》駅の周辺には、住居表示の未実施地域が多く、狭小で人口の少ない町が密集している。このため平均値や標準偏差は、これらの地域のデータに大きく左右されていることに注意したい。

中野区が住宅地として発展を始めたのは、関東大震災後のことである。すでに震災前、人口の急増によって東京の人口は郊外へと流出を始めていたが、震災はこの傾向に拍車をかけた。とくに中野区はこの傾向が著しく、国勢調査によると一九二〇年から一九三〇年の間に、旧中野町の人口は二万一八七五人から八万七二六三人へ、旧野方町（一九二〇年は野方村）の人口は七三二三人から四万六八三五人へ、それぞれ四・〇倍、六・四倍へと増加した。一九四〇年に二一・四万人あった人口は、終戦直後の一九四五年一一月には一二・四万人にまで減少するが、一九五〇年に二一・三万人と回復し、以後は増加を続けたが、面積が狭いこともあって一九七〇年前後には頭打ちとなり、近年は低迷している。ちなみに中野区の人口密度は、豊島区に次いで全国で二番目に高い。

## （1）未婚率

図表4・2・1は、未婚率を示したものである。未婚率がとくに高い地域が二つあるのが

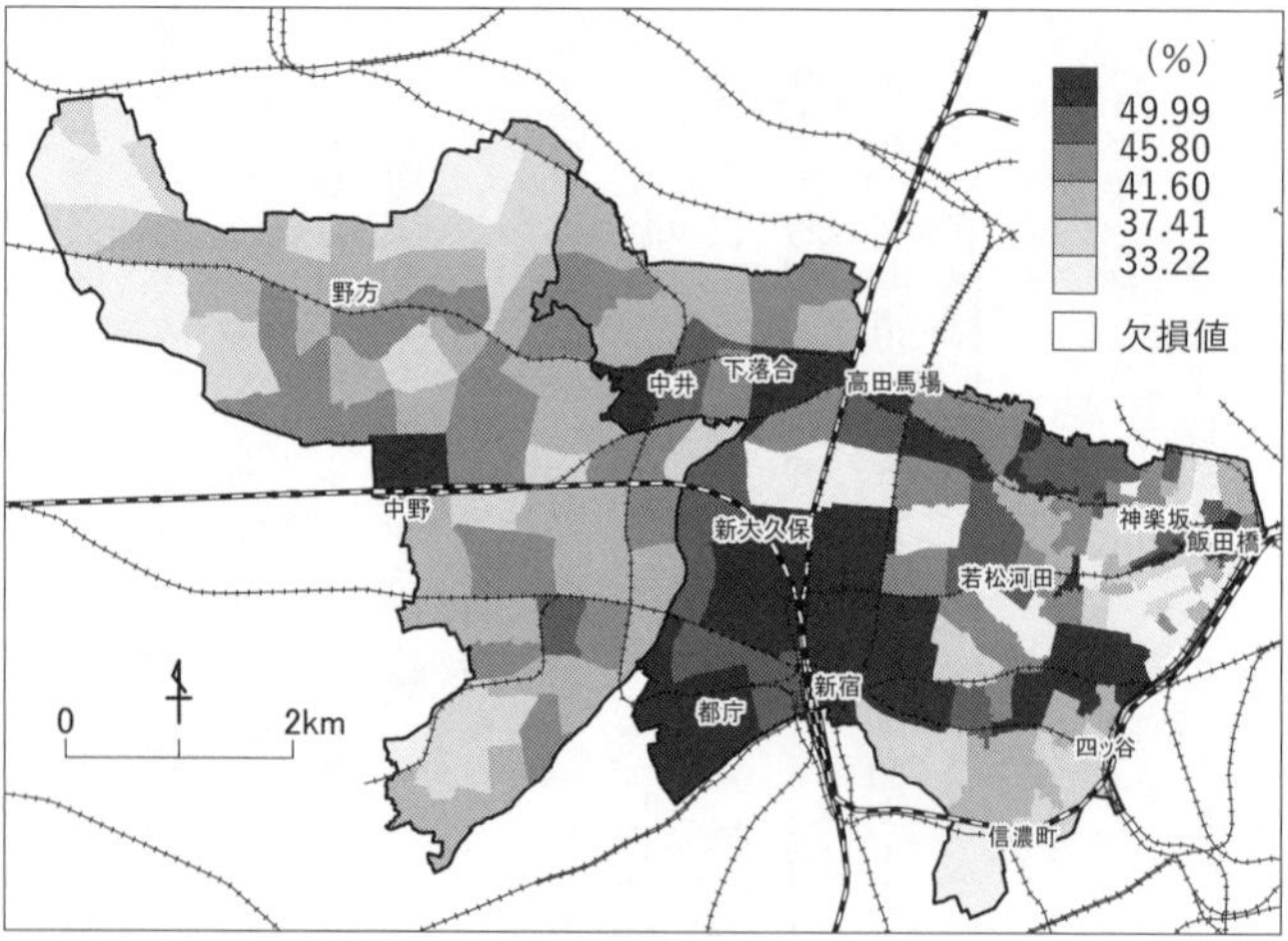


**図表4・2・1　新宿区・中野区の未婚率**

わかる。ひとつは、新大久保から新宿にかけての山手線沿線から、新宿区新宿の東端にあたる一・五・六丁目あたりまで。未婚率はおおむね五五％を超えており、地域によっては六五％近くにも達する。新宿の繁華街で働く若者たちが住んでいるのだろうか。四ツ谷の北側にも未婚率の高い地域があるが、五〇％をわずかに超える程度で、新宿ほどではない。

もうひとつは、飯田橋から高田馬場を経て、下落合、中井に至る帯状の地域である。実はこれは、神田川と、神田川支流の妙正寺川の流域である。この地域は狭小な木造住宅の密集地域で、とくに木賃アパートが多い。ここに、単身の若者たちが数多く居住しているのである。

神田川といえば、五〇歳以上の方ならばすぐに、南こうせつとかぐや姫の大ヒット曲「神田川」（喜《き》多《た》條《じょう》忠《まこと》作詞・南こうせつ作曲）を思い出すだろう。作詞を依頼されていた喜多條は、東中野の自宅へ帰る途中、神田川の河川整備を行なう都庁職員の姿を目にするが、その瞬間、五年前の同棲生活の日々を思い出す。早稲田大学の学生だった彼は、同じ早大生で同い年の彼女の、三畳一間の下宿に転がり込んだのだった。青春時代を総括するつもりで書いたという詩は、わずか三〇分で完成したという（東京新聞編集局『東京歌物語』）。早稲田通りと明治通りが交差するあたりで、アパートの窓から神田川と大正製薬の煙突がみえたというから、おそらく高田馬場二丁目。現在ではコンクリート造りのアパートが増えているが、木造住宅もまだまだ多い。未婚率は、五一・二％である。

　ちなみに中野区には「神田川」の歌碑があるが、場所はかなり離れており、神田川を上流へ進み、流れが南へ折れた先の中野区中央一丁目。神田川のほとりには違いないが、歌の舞台となった高田馬場とは異なり、落ち着いた住宅地である。途中で分岐する支流の妙正寺川は、しばらく西へほぼまっすぐ続いていく。流域の新宿区下落合一丁目の未婚率は六一・四％、同上落合二丁目は四八・七％で、その先の同中井一丁目の未婚率は五九・九％である。

新宿区中井の高台にある林芙美子旧宅（現・林芙美子記念館）

妙正寺川と西武新宿線に沿ったこのあたりは低地だが、その北側には急坂があり、坂の中腹には作家の林芙美子の旧宅を公開する林芙美子記念館がある。これについては、後述しよう。

なお中野駅の北側の中野区中野四丁目の未婚率は六六・五％とずば抜けて高いが、これは早稲田大学の学生寮があるからである。

**(2) 年収二〇〇万円未満世帯比率推定値**

図表4・2・2は、年収二〇〇万円未満世帯比率推定値を示したものである。予想されるとおり、未婚率の高い神田川・妙正寺川流域で、比率が高くなっている。しかしここでは、比率の高い地域がさらに上流の、沼袋《ぬまぶくろ》や野方近くにまで広がっている。

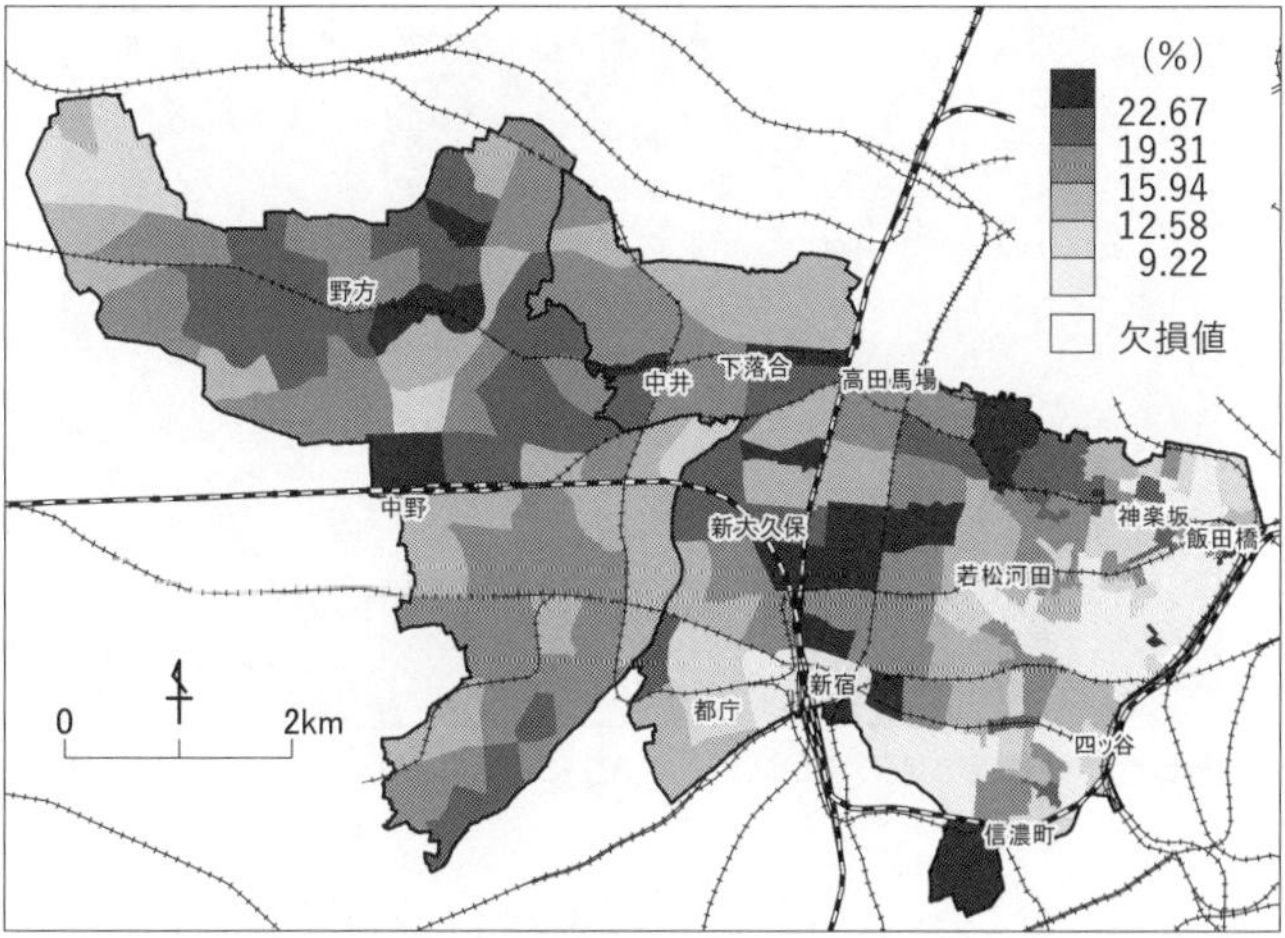


**図表4・2・2　新宿区・中野区の年収200万円未満世帯比率推定値**

このあたりは、狭小な木造家屋が雑然と建ち並び、道路は狭く、しかも曲がりくねっていて、消防車は進入できず、緑地もほとんどない。駅前広場すらなく、バスが駅の近くにまで乗り入れることができないから、少し離れた通りの停留所から歩くことになる。東京都都市整備局が、地盤や建物の密集度、建築年代、道路や公園の面積などから算出している火災危険度が、都内でももっとも高い地域のひとつである。土地問題の専門家である長谷川徳之輔によると、これは「計画的な宅地整備が行なわれずに、農家がその農地を勝手気ままに切り売りした結果」であるという（『東京の宅地形成史』）。

新宿区中井付近の地形（カシミール3Dにより作成）

しかしこういう土地柄だから、住みやすいという面もあるのだろう。新宿から近いにもかかわらず、駅の近くには親しみやすい昔ながらの商店街があり、物価も安い。家賃も安く、木造なら五万円台、コンクリート造りでも六万円台で、キッチンとバス・トイレのついたアパートが借りられる。安くて美味しい大衆酒場も多く、居酒屋好きに人気のエリアでもある。

さてこの妙正寺川の流域は、中井までは低地なのだが、その先の哲学堂あたりから標高が上がり、さらに先の沼袋あたりになると、妙正寺川は台地のなかを流れる川となる。また中井までの低地の北側は台地になっていて、その間には急な坂道が何本もある。林芙美子は、この界隈で、一九三〇年から亡くなるまでの二〇年間を過ごした。ただし、二回引っ越している。最初に住んだのは豊玉郡落合町上落合三輪《みのわ》、現在の新宿区上落合三丁目で、妙正寺川をはさんだ反対側は同中井一丁目である（ただし防災目的の改修で川の位置が変わっているので、正確にはわからない）。家は妙正寺川のほとりにあり、「二階の障子《しょうじ》を開けると、川添いに合歓《ねむ》の花が咲いていて川の水が遠くまで見えた」という。芙美子は川沿いの窪を上落合、ここから北へ坂を上ったところの丘の上を下落合と呼ぶのを不思議がっている（「落合町山川記」）。丘の上は目白へと連なる高級住宅地になっており、名のある文化人たちが住んでいた。

『放浪記』がベストセラーになり、経済的余裕のできた芙美子は、一九三二年に引っ越した。場所は妙正寺川を渡った反対側の傾斜地を北へ数メートル上ったところを、川と並行して走る通り沿いにあった洋館で、隣はダンスホールだった。標高差は数メートルとはいえ、川沿いの低地とは大違いで眺望もよく、芙美子は「高台の家」と呼んでいる。現在は新宿区中井二丁目である。そして一九四一年、作家として名をなした芙美子は最後の引っ越しをする。場所は通りからさらに数メートル上った急坂の中腹で、やはり現在は中井二丁目。贅を尽くして建てられた和風建築は現在、新宿区立林芙美子記念館となっている。こうして芙美子は、経済的に成功するとともに高台へと上っていった。社会地図からみても明らかなように現在

新宿区中井付近の妙正寺川沿いの住宅

でも、芙美子が最初に住んだ場所は低所得世帯が多く、のちに住んだ場所は低所得世帯が少ない地域となっている。
神田川水系流域と同じく未婚率が高かった、新宿・大久保付近の年収二〇〇万円未満世帯比率推定値をみると、大久保近辺は高いが、新宿近辺はあまり高くない。新宿の繁華街で働く若者たちなら、たいがい年収二〇〇万円をクリアしているのだろう。このエリア周辺では、新宿区百人町と同戸山に推定値が三〇％を超える地域があるが、これらはいずれも都営住宅のある場所である。新宿区南端の霞ヶ丘も四一・五％と極端に高いが、これは第3章で述べたように、新国立競技場建設のため取り壊された都営霞ヶ丘アパートがあった場所である。中野区中野四丁目も三六・八％と高い

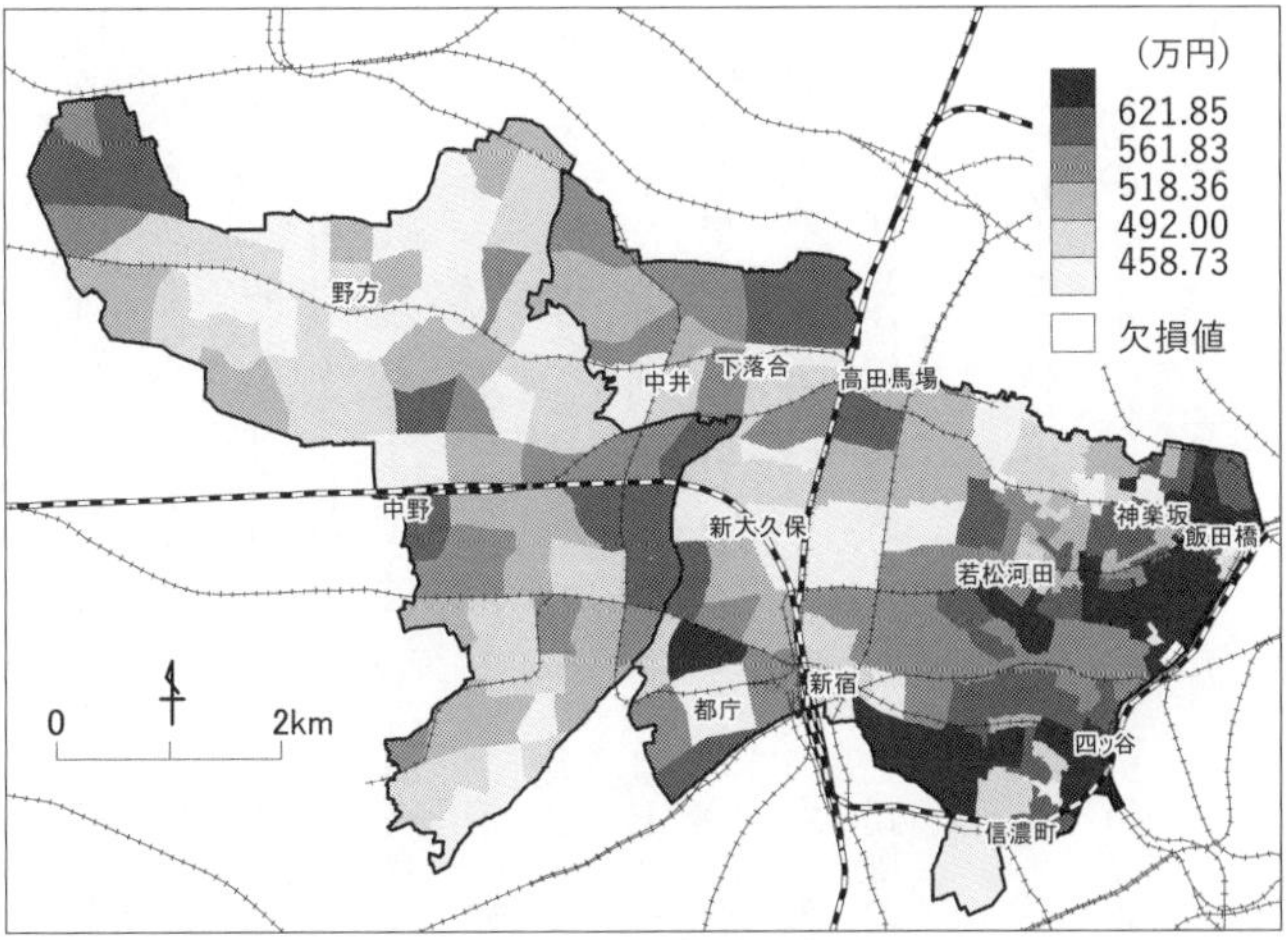


図表4・2・3　新宿区・中野区の平均世帯年収推定値

が、これは先述したように学生寮があるからである。

**(3) 平均世帯年収推定値**

図表4・2・3は、平均世帯年収推定値を示したものである。世帯所得の高い地域は、都心に近い飯田橋駅・神楽坂付近、四ッ谷周辺、そして新宿駅から東西の繁華街を通り抜けたあたりに集中している。新宿区四谷一丁目（六五二・一万円）は、四ッ谷駅の西口に接した地域である。その西側の新宿区若葉（六八九・六万円）は、もともと木造住宅の密集地だが、マンション建設が進んでいる。新宿駅東側の新宿区大《だい》京町《きょうちょう》（六九二・九万円）、同内藤町（七三

四・五万円）は新宿御苑の近くで、眺望のよさそうなマンションが多い。西側の新宿区西新宿六丁目（六四六・〇万円）には、高層マンションが何棟か建ち並んでいる。これに隣接する西新宿五丁目は副都心に隣接するにもかかわらず世帯所得が低いが、これは西に隣接する渋谷区本町《ほんまち》（第4章－6参照）とともに、古い木造住宅の密集するエリアである。

飯田橋駅・神楽坂付近の、面積が狭く人口の少ない新宿区の町丁目が上位を占めているため、中野区の町丁目は全体に下位に追いやられ、平均値を中心に色分けした地図上では色が薄くなってしまっている。しかし大まかにいえば、妙正寺川に沿った西武新宿線沿線以外の鉄道、北から順番に西武池袋線、JR中央線、メトロ丸ノ内線の各沿線で、平均世帯年収推定値がやや高くなっているとみていいだろう。とくに高いのは、中野駅南口に接する中野三丁目（五八〇・六万円）、中野駅北口から広場を抜けたところの新井二丁目（五九四・三万円）、そして西武新宿線と西武池袋線の二路線の沿線となる上鷺宮《かみさぎのみや》一－五丁目である。

### （4）サービス職比率

新宿の繁華街の無数といっていいほどの飲食店、風俗店などで働いている人々は、いったいどこに住んでいるのだろうか。もちろん都内および周辺の広範囲に住んでいるには違いな

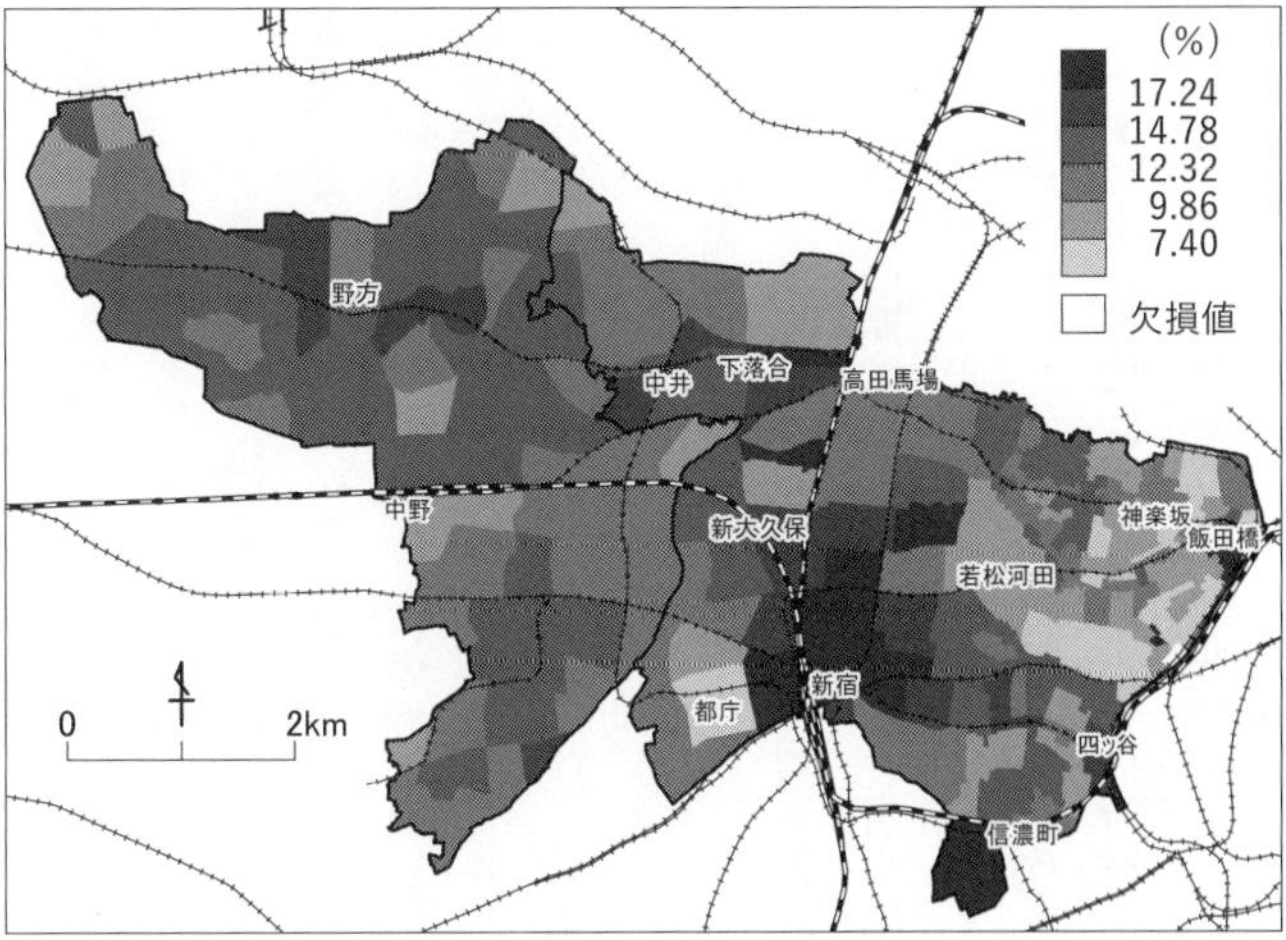


**図表4・2・4　新宿区・中野区のサービス職比率**

いのだが、町丁目別の分布をみれば、ある程度の手がかりは得られるだろう。図表4・2・4は、サービス職に就く人の比率を示したものである。

平均世帯所得とは逆に、飯田橋駅・神楽坂周辺の、面積が狭く人口が少ない地域が下位にずらりと並ぶため、地図は全体に色が濃くなっている。それでも、色のとくに濃い部分が新宿駅周辺に集中しているのが目をひく。新宿区新宿三丁目（四四・四%）、同新宿二丁目（二四・六%）、同歌舞伎町丁目（二五・〇%）、同歌舞伎町二丁目（三三・〇%）、同西新宿一丁目（二八・六%）などである。戦前からの古い繁華街である神楽坂も、狭い範囲ではあるがサービス職比率が高く、新宿区神楽坂一丁目（三五・三％）、同二丁目（二三・九％）、同三丁目（二四・九％）、同四丁目（三三・三％）となっている。

参考までに自宅で従業している人の比率も計算してみたが、神楽坂で特徴的なのは自宅で従業している人の比率が高いことで、一丁目から順番に、八二・四％、四一・八％、二七・八％、三五・一％だった。古い個人商店が多いからだろう。新宿にも自宅で従業している人がある程度おり、新宿三丁目（二八・八％）、同二丁目（一八・九％）、歌舞伎町一丁目（二三・四％）、西新宿一丁目（二四・三％）などとなっている。

### （5）労働力状態「不詳」比率

国勢調査の回答率が低下して、深刻な状態になっていることについては、第3章で詳しく述べた。この問題は都心部の、飲食店や風俗店で夜間に働く人の多い地域で、より深刻であることは容易に予想できる。そこで、図表3・8と同じように、労働力状態が「不詳」である人の比率をみたのが、図表4・2・5である。

比率の高い地域は、見事なまでに新宿駅と大久保駅の近辺に集中している。数字を拾ってみると、歌舞伎町一丁目（六四・五％）、同二丁目（五九・五％）、新宿二丁目（四八・五％）、

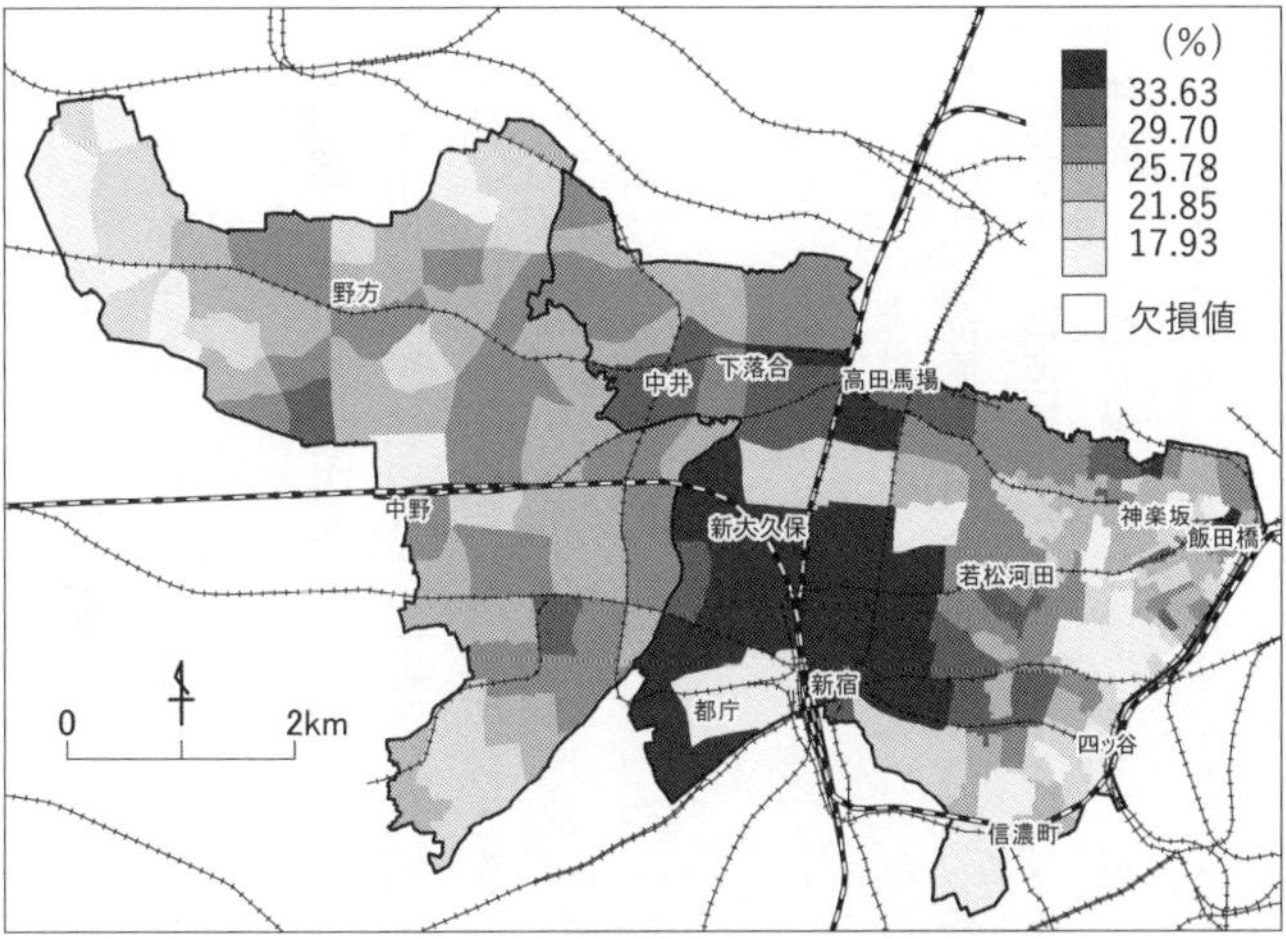


**図表4・2・5　新宿区・中野区の労働力状態「不詳」比率**

同三丁目（四一・六％）、百人町一丁目（五一・九％）、同二丁目（四七・二％）、大久保一丁目（五〇・七％）、同二丁目（四四・九％）、北新宿一丁目（四四・五％）、西新宿七丁目（四五・三％）など。つまり国勢調査は、新宿の繁華街に住む人々の就業実態を半分ほどしか把握できていないことになる。

　高田馬場から中井にかけての、神田川・妙正寺川流域も、「不詳」の比率が三〇％前後と高くなっているが、上流の住宅地に入っていくにしたがって比率は低下していく。都営住宅のある地域や、人口が極端に少ない地域を除くと、「不詳」比率が低い地域は、中野区の上鷺宮、白鷺《しらさぎ》、江原町《えはらちょう》など、都心から離れた住宅地に多かった。とはいっても、二〇%近い地域が多いから、深刻な状態であることにかわりはない。

**新宿区・中野区のまとめ**

- 神田川水系流域の木造住宅密集地域を共有し、副都心との一体化が進む
- 都心に近い飯田橋駅・神楽坂付近や、新宿の繁華街付近には高所得世帯が多いが、新大久保や神田川水系周辺地域は単身の若者が多く、所得も低い傾向がある
- 新宿は無数の繁華街を抱えるため、就業実態の把握が困難である

## 4・3　文京区・豊島区・北区

都心の北に位置する文京区、豊島区、北区の三区は、ずいぶん性格の異なる区のようにも思えるが、実は連続性が強い。たとえば東京大学のある本郷から本郷通りを北へ向かい、文京区向丘《むこうがおか》を通り過ぎると、六義園《りくぎえん》のある文京区本駒込に至るが、さらに北へ向かった先は、豊島区駒込である。都立霊園のひとつである染井霊園があり、古くは駒込染井と呼ばれた地

で、ソメイヨシノ発祥の地といわれている。ここを過ぎると北区西ヶ原《にしがはら》。日本文学研究者のドナルド・キーンが一九七四年から二〇一九年に亡くなるまで住み続けた場所で、西ヶ原一丁目にある旧古河庭園を訪れて感銘を受けたのが、住むようになったきっかけだった（『ドナルド・キーンの東京下町日記』）。本郷からここまで、町の雰囲気はほぼ変わらない。

途中の向丘を過ぎたあたりから右に折れて、本駒込と文京区千駄木の間の道を進んでみてもいい。その先は、北区田端《たばた》である。ＪＲ田端駅の手前になると、周囲の土地がせり上がり、道路は深さ七メートルもある切り通しとなるが、それはもともとこのあたりが、ひと続きの台地だったから。芥川龍之介、室生犀星《むろうさいせい》、萩原朔太郎、菊池寛、堀辰雄、佐多稲子らが住み、田端文士村と呼ばれた場所である。もっとも一九三五年に作られた切り通しのおかげで、龍之介の住まいのあった場所だけは、他の多くの作家たちの住まいのあった場所から切り離されてしまっている。

本郷から西へ向かう春日通りに出て、坂を下りると文京区春日。ここからは上り坂となって、文京区小石川、同小日向《こひなた》、同大塚と進み、跡見《あとみ》学園中学校・高等学校、お茶の水女子大学を通り過ぎてしばらく行くと、そこは豊島区南大塚。南北の関係がややこしいが、大塚の名のつく地名は南から順番に文京区大塚、豊島区南大塚、豊島区北大塚となる。お茶の水女子大学を過ぎたところで左に折れれば、文京区大塚五丁目の護国寺に出るが、さらに進めばその先は豊島区雑司ヶ谷《ぞうしがや》で、豊島区南池袋にある雑司ヶ谷霊園はすぐ近く。雑司ヶ谷を通り過ぎれば、学習院大学のある豊島区目白《めじろ》である。やはりこのあたりの街並みも、連続性が強い。

しかし三つの区が隣接するこのあたりから離れれば、やはり違いは大きい。文京区が南端で千代田区や台東区と接する後楽《こうらく》や湯島《ゆしま》はほとんど都心である。豊島区の中心地である池袋は、二つのデパートを中心に栄える繁華街だし、北区最大の繁華街である赤羽《あかばね》では、風俗店やパチンコ店のネオンが輝いている。

面積は北区が二〇・六一平方キロメートルと広く、三区の合計は四四・九一平方キロメートルで、練馬区より少し狭い。人口は八七・〇万人で、世田谷区を少し下回り、23区の約九パーセントを占める。ちなみに豊島区の人口密度は一ヘクタールあたり二二〇人を超えて全国一位である。

文京区は、一八七八年に東京一五区として成立した本郷区と小石川区が、戦後になってまとめられてできた。豊島区は、巣鴨町、西巣鴨町、高田町、長崎町が一九三二年にまとめられて成立し、東京三五区のひとつとして東京市に組み入れられ、戦後はそのまま23区のひとつとなった。北区は、一九三二年に成立して東京三五区に組み入れられた滝野川区と王子区が、戦後になってまとめられた。

### （1）年収一〇〇〇万円以上世帯比率推定値

年収に関する推定値の分布は、地域の空間構造をみるための決め手のようなものなので、あまり最初からは出したくないのだが、この三区に関しては、特徴を端的に示すために最初に紹介しよう。図表４・３・１は、年収一〇〇〇万円以上世帯比率の推定値を示したものである。図表４・０・１からも明らかなように、この三つの区の所得水準はかなり異なり、文京区がもっとも高く、北区が低く、豊島区は中間である。だから年収に関する指標で社会地図を作ると、当然ながら全体の色合いは、文京区が黒っぽく、北区が白っぽく、豊島区はその中間となる。図表４・３・１からも、その傾向は明らかだ。しかしよくみると、それぞれの区の内部が一様ではないことが読み取れる。

まず、いちばんわかりやすい豊島区からみていこう。年収一〇〇〇万円以上世帯比率の推定値の高い地域は、三つある。ひとつは文京区に隣接し、本郷通りで本郷と結ばれた豊島区駒込四丁目（二〇・一％）と同五丁目（一六・二％）。二つ目は、池袋駅に近く、メゾンサンシャインなどの大規模マンション、ザ・タワー・グランディア、ウエストパーク池袋などの

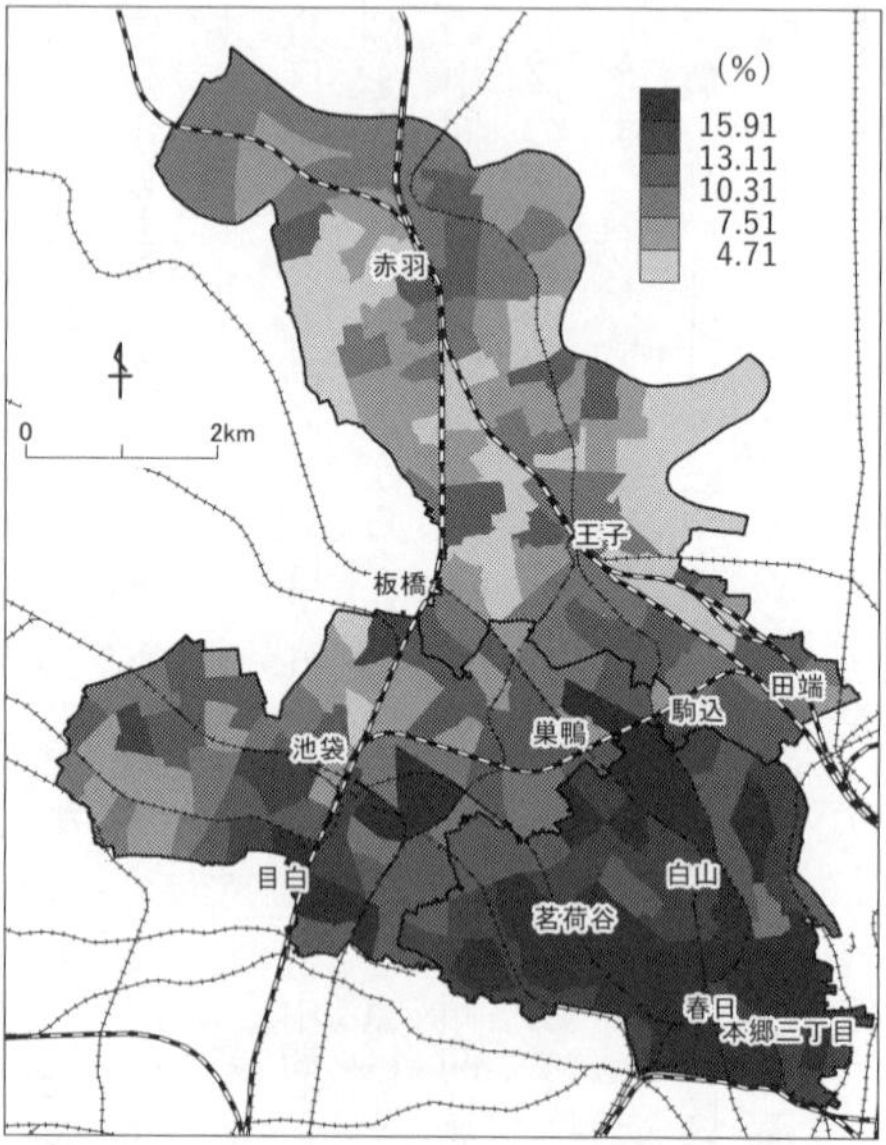


**図表4・3・1　文京区・豊島区・北区の年収1000万円以上世帯比率推定値**

高層マンションがある、東池袋三丁目（一八・三％）、西池袋三丁目（一五・五％）、同五丁目（一四・九％）など。そして三つ目は、高級住宅地として知られる目白である。ただしとくに高い目白一丁目（二六・九％）は、古い住宅地ではなく、目白駅の近くに何棟かの高級マンションが建ち並ぶ場所である。

　これに対して駅の北側は推定値の低い地域が多く、多くの町丁目で四－六％程度となっている。また駅の西側でも、少し離れると推定値が低い地域が多い。しかし池袋は大きく変化しつつあり、所得水準や分布は、今後急速に変わっていく可能性が高い。それは池袋周辺の住宅地が、典型的な遷移地帯であると考えられるからである。

遷移地帯とは都市社会学の用語で、都市の中心部に位置するビジネス街や繁華街から少し離れた場所にあって、中心部の成長とともに飲み込まれていく、移り変わりの激しい地域という意味である。池袋は同じ副都心である新宿や渋谷と比べると、ビジネス街や繁華街の範囲が狭く、駅から数分歩いただけで木造住宅の建ち並ぶ住宅地となっている。とくに池袋駅の西側や北側は、狭小な木造住宅や木賃アパートが密集する、古い住宅街である。この地域で、古い住宅が取り壊されてマンションが建設される動きが、急速に進んでいるのである。

次頁の写真は、あるビルの上階から池袋駅の北側の住宅地を、二〇一五年と六年後の二〇二一年に、同じ構図で撮影したものである。上の写真をみると、小さな木造住宅が密集していたことがわかる。これは山手通りと、川を暗渠にして造られた緑道にはさまれた場所で、家と家の間は細い路地になっており、消防車は入ることができない。古い航空写真をみると、三〇年ほど前にはこの一帯すべてがこうした住宅地だった。しかし通りに面した場所では、次第に家屋が取り壊されてマンションに変わっていった。写真でも、すでに二棟の中層マンションが建っているが、その周囲は山手通り沿いも含めて木造住宅が密集している。しかし六年後に撮影した下の写真をみると、左側の一角がかなり大きなマンションに変わり、さらに右側奥のかなりの範囲で、家屋が取り壊されてマンションが建てられようとしている。こ

池袋の遷移地帯　上／2015年、下／2021年

うして新住民が流入してくれば、住民の構成は大きく変わることになる。

次に文京区に目を向けよう。全体に色が濃いのでわかりにくいかもしれないが、年収一〇〇〇万円以上世帯比率推定値が高いのは、まず都心に近い本郷とその西側の後楽、次にここから本郷通り沿いに、白山《はくさん》を経て駒込に至る帯状の地域、そしてやはり都心に近い部分から春日通り沿いに、茗荷谷《みょうがたに》を経て大塚に至る帯状の地域である。このように高所得世帯の多い地域は、都心に近い地下鉄の後楽園駅あたりを起点として二本の帯状の地域がV字状に広がる形となっている。実は本郷通りと春日通りは、都心に近いところでは低地を通っているが、ここから外周部へ進むにつれて上り坂となり、やがて周囲より標高が高いところを通る、平坦な尾根道となっている。都心と山の手をつなぐ道路といっていい。

これに対して、本郷通りと春日通りにはさまれた地域、そして本郷通りの東側は、年収一〇〇〇万円以上世帯比率推定値が低くなっている。低いといっても、文京区のなかでの話だから一一％から一五％くらいはあり、豊島区や北区なら高い方にはなるのだが、周囲よりは低いということである。本郷通りと春日通りは尾根道だから、南北どちらへ進んでも下り坂となる。後楽園駅を出て春日通りを西へ進み、坂道を登り切ったあたりで通りを外れて南側へ下ると、旧金富町（現・春日二丁目）。かつて永井荷風の生家があり、荷風の父親が坂の下

狭い家が密集する文京区白山３丁目の路地

の低地も含めて土地を買い、家を建てたところである。北側には、徳川家康の生母である於大の方の菩提寺の伝通院があるが、その西には急な下り坂があり、ここを北へ下っていくと印刷・製本関係の小さな工場が点在するエリアとなり、その先には共同印刷の大工場がある（二〇二一年五月現在は建て替え中）。徳川直《すなお》が『太陽のない街』で描いた労働争議の舞台となった工場であり、当時はこのあたりに労働者たちが集まって住んでいた。その先の通りが千川通りで、名前のとおり、かつてここを流れていた千川（別名は谷端川《やばたがわ》、あるいは小石川）を暗渠にした谷道である。通りに面したところは多くがマンションに建て替えられているが、路地を入ると、いまでも小さな印刷工場と木造住宅が密集している。

本郷通りの東側は、やはり本郷通りから坂を下ったところで、根津や千駄木の一部を含み、文京区がその都市計画のなかで「下町隣接地域」と呼んでいる地域である。下町そのものとはいえないが、下町的なイメージのある地域で、都内の観光エリアとして人気が高い。このように文京区にも、港区と同様に、正真正銘の山の手と、下町的な地域とがあるのである。

最後に、北区についてみていこう。北区で年収一〇〇〇万円以上世帯比率推定値が相対的に高い地域は、文京区の山の手住宅地から連続する田端、西ヶ原、そしてここからＪＲ線に沿って都市化が進んだ地域である王子、十条、赤羽といったエリアである。ＪＲ線から少し離れた場所にも推定値が高い地域がいくつかあるが、これらはパークタワー王子リバーグレイス、王子神谷パークハウス、東京メガシティなど、二一世紀に入ってから、大規模なマンションが建設された場所である。これらの例外を除けば、ＪＲ線から離れた場所は概して、高所得世帯が少ない。

これは、住民の職業構成との関係がある。図表３・１でみたように、足立区、葛飾区、江戸川区ではマニュアル職の比率が高いが、北区、とくにその周辺部は、これに次いでマニュアル職の比率が高い地域となっている。サービス産業などで働く低賃金の非正規労働者が激増している今日では、マニュアル職の賃金が低いとは一概にいえず、実際に年収二〇〇万円未満世帯比率推定値をみると、この地域でとくに高いというわけではないのだが、やはり高賃金の専門職・管理職は少ないから、高所得世帯の比率が低くなるのである。

このように、もっぱら地元で買い物をすることの多い、中所得からやや所得の低い世帯の集まる地域を商圏としているからだろう。赤羽や十条は地元商店街が元気である。十条には駅の西側に、約二〇〇店舗から構成される十条銀座商店街があり、近隣の商店街とともに、北区最大の商業地域を形成している。ありとあらゆる商店があり、価格も安い。赤羽駅の東西にも、二〇あまりの商店街からなる大規模な商業地域がある。十条銀座と同様、多様な店があり、価格も安いのだが、特筆すべきは居酒屋が充実していることである。とくに駅に近い赤羽一番街商店街とその周辺には、多数の安くて美味しい居酒屋が集中している。いちばん有名なのは「まるます家」で、地元の人々はもちろんのこと、都内全域どころか全国から居酒屋好きが押しかける。おそらくこのためだろう、周囲に居酒屋が増えている。後継者がいるとは思えない古い商店が、次に行ってみたときには居酒屋に変わっているなどということもある。

これは、このあたりがもともと下町工業地域であり、工場労働者が多かったことと関係がありそうだ。工場労働者は会社の金で飲み食いができるわけではないし、賃金も高くないから高級な店には行かない。自腹で安く美味しく楽しめる店へ行く。だから工場地帯には、安くて美味しい居酒屋がたくさんできた。川本三郎がいうように、「一日、よく働いた工員たちが自分の金で気持ちよく酒を飲む。そうやって、いい居酒屋が作られてゆく」のである（『東京の空の下、今日も町歩き』）。赤羽は、ここを舞台とした漫画が話題になったこともあって知名度が上がり、住みたい街、住みやすい街などのランキングにも顔を出すようになった。工場は廃業や移転が進み、いまでは少なくなってしまった。先にあげた北区の大規模マンションにも、工場跡地に造られたものが多い。しかし工場の街としての歴史は、ここに住む人々にいまも恩恵を与え続けているようである。

## (2) サービス職比率

図表４・３・２は、サービス職に就く人の比率を示したものである。ここで第一に注目されるのは、文京区にはサービス職に就く人が少ないということである。そもそも文京区には、おそらく23区でほぼ唯一といっていいと思われるが、繁華街がない。東京大学のある本郷をはじめ、白山や茗荷谷駅周辺には、ある程度の飲食店の集積がみられるが、繁華街というほどのものではない。そのうえ家賃は安くないから、サービス職に就く人々が住もうとは考えにくいのだろう。

これに対して豊島区と北区には、繁華街を控えた池袋周辺、池袋と鉄道で結ばれた豊島区

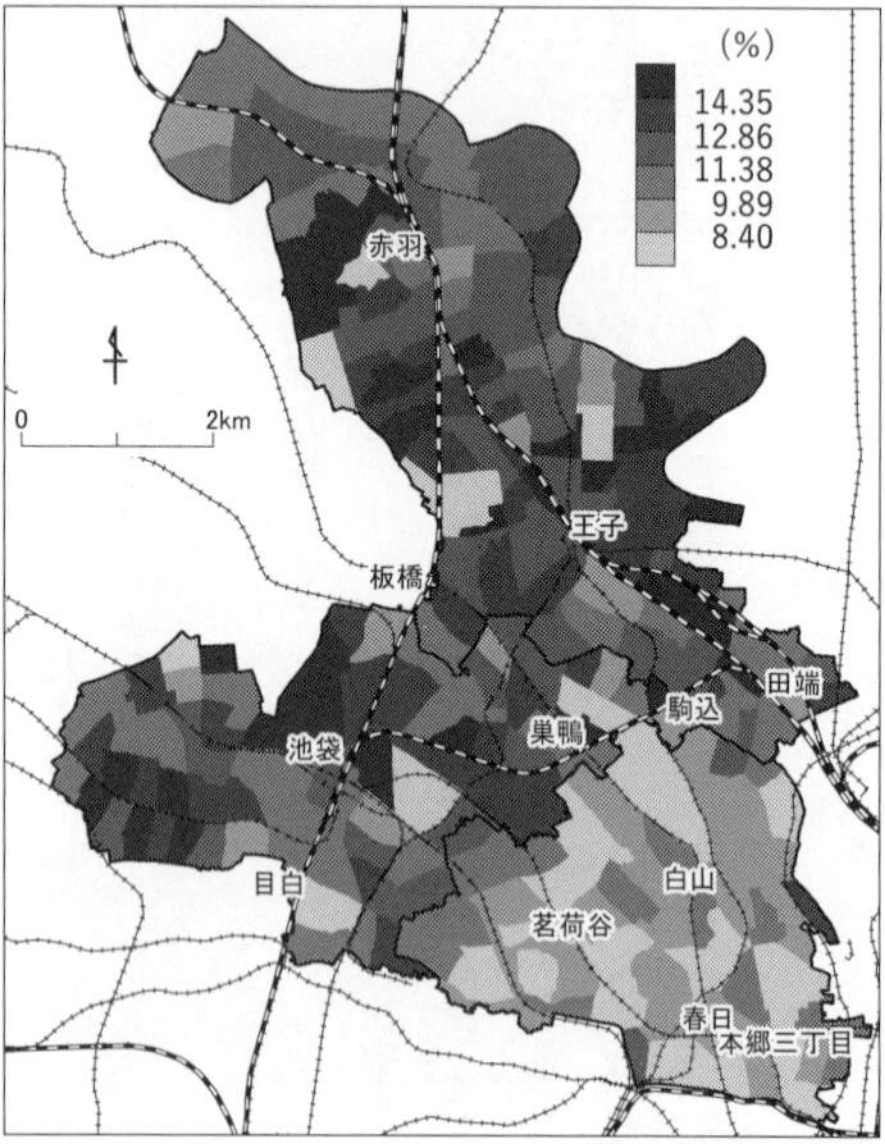


**図表4・3・2　文京区・豊島区・北区のサービス職比率**

の長崎・南長崎、田端から王子、十条を経て赤羽に至るJR線沿線に、サービス職に就く人々が多数居住する地域が広がる。ただしJR線沿線とはいっても、駅の近くの年収一〇〇〇万円以上世帯比率推定値の高い地域と一致しているのではなく、ここから少し離れた場所のようだ。いずれにしても、豊島区・北区と文京区のコントラストは明瞭である。ちなみに同じ地図を23区全体で作成してみると、文京区と同様にサービス職比率が少ないのは、杉並区の南部、世田谷区の内部から大田区北部にかけてなど、高級住宅地とされることの多い一部の地域に限られる。

## （3）単独世帯比率

図表4・3・3は、単独世帯比率を示したものである。文京区で単独世帯比率が高いのは、都心に近い湯島、そして主だった大学の周辺の、本郷、白山、茗荷谷駅周辺などである。ちなみにもっとも比率が高いのは本郷七丁目（九二・七％）だが、これは東京大学医学部附属病院の看護職員等宿舎があるからだ。

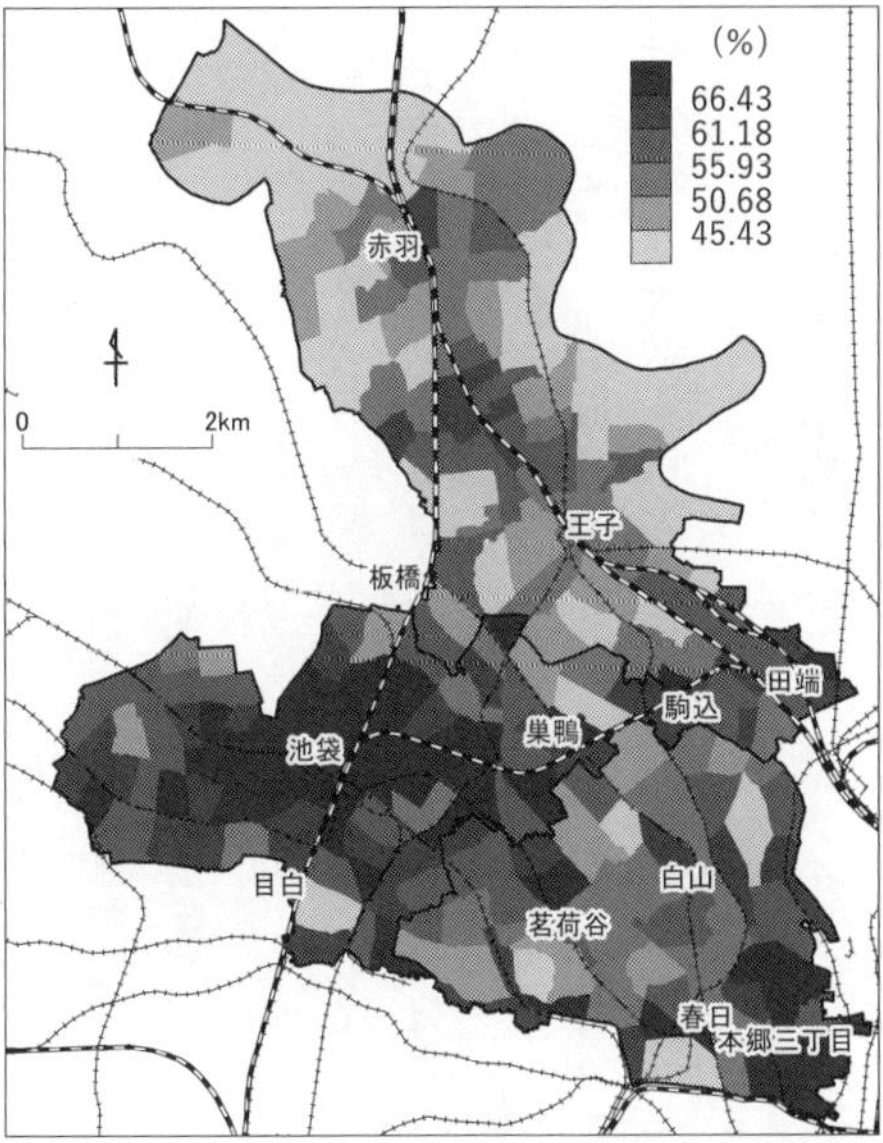


**図表4・3・3　文京区・豊島区・北区の単独世帯比率**

　北区の場合も、単独世帯比率が高い地域は限定される。田端から王子、十条を経て赤羽に至るJR線沿線がそれで、面積的にはあまり大きくない。

これに対して豊島区には、単独世帯比率の高い地域が面的に広がっている。単独世帯比率が五割を下回る地域は、駅からかなり離れた一戸建て住宅地と、年収一〇〇〇万円以上世帯比率推定値の高い目白の一部などにとどまっており、池袋駅の東西とJR線沿いには、単独世帯比率が六〇％台の後半から七〇％以上に達する地域が広がっている。池袋の繁華街は、近隣に住むサービス労働者によって支えられているということだろう。ただし新宿とは違って、自宅で従業する人は少なく、その比率はほとんどの地域では一〇％前後、あるいはそれ以下にすぎない。ただし労働力状態が「不詳」である人の比率は新宿とあまり変わらないくらいに高く、四〇％前後のところが多い。繁華街の外周部に住むサービス職労働者の実態には、不明の部分が多いといわざるをえない。

### (4) 一戸建て世帯比率

図表4・3・4は、一戸建てに住む世帯の比率を示したものである。東京23区全体でみると、一戸建て世帯比率が高いのは外周部で、東側の足立区、葛飾区、江戸川区、西側の練馬区、杉並区、世田谷区などがとくに高くなっている。都心の北側に位置するこの地域は、もともと一戸建て住宅地が多かったものの、都心に近い文京区や副都心を含む豊島区でマンシ

ヨン建設が進んだこと、北区に多くの公共住宅があること、さらに工場跡地でマンション建設が進められたことなどから、地域による違いが大きくなっている。

まず文京区の都心寄り、文京区がその都市計画で「都心地域」と呼んだ湯島、本郷、後楽、春日の一部などは、一戸建て世帯比率が一〇%前後あるいはそれ以下である。次に豊島区のJR山手線沿い、池袋、大塚、巣鴨、駒込あたりも、一戸建て世帯比率が一〇%前後あるいはそれ以下の地域が多い。また北区の桐ヶ丘、赤羽台、王子の一部などには、大規模な公営住宅や旧公団住宅があり、一戸建て世帯比率はほぼ〇%である。

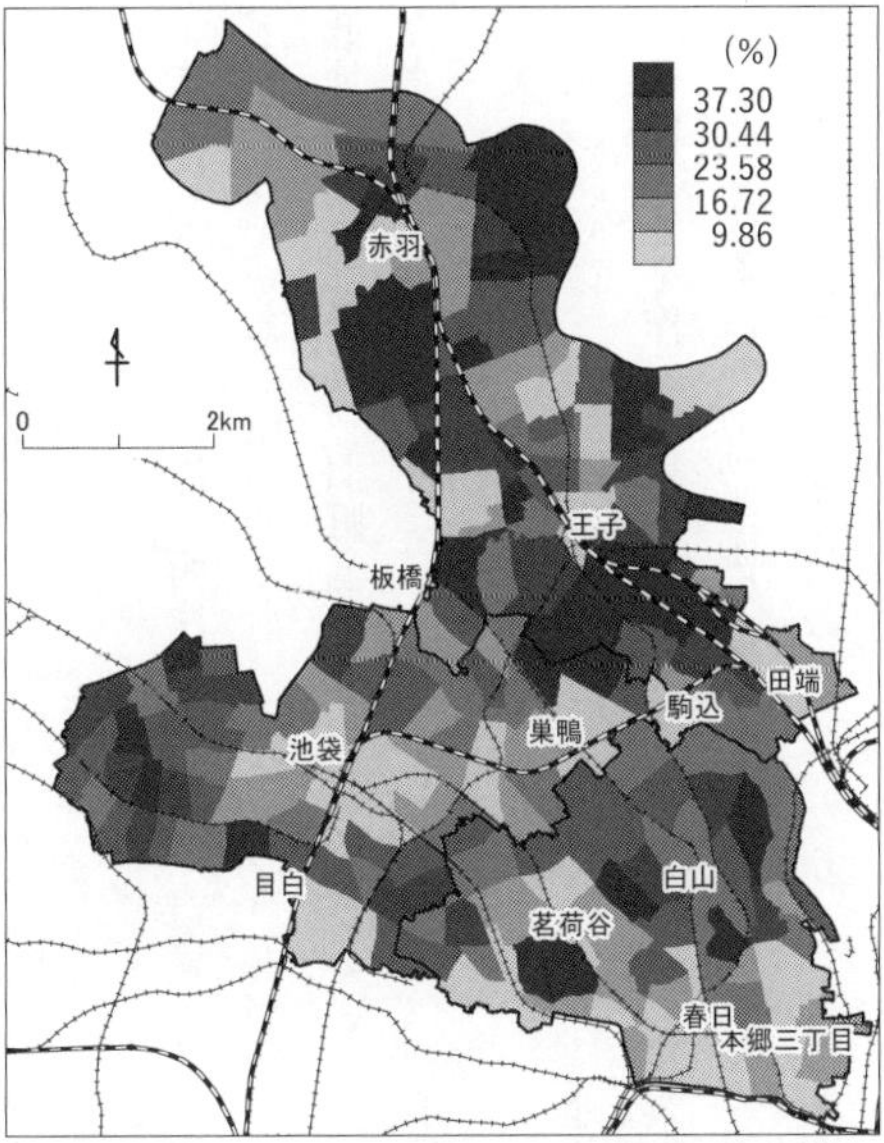

**図表4・3・4　文京区・豊島区・北区の一戸建て世帯比率**

　これに対して一戸建て世帯比

率が高い地域があちこちにあるが、その性格は多様である。特徴的な場所を、いくつかみていこう。

まずは、文京区西片《にしかた》。西片二丁目の一戸建て世帯比率は四三・二％。南側の同一丁目は、下り坂の先にある白山通り沿いにマンションが多いので一九・三％と低い。白山通り沿いの低地以外の部分は、旧町名を駒込西方町《にしかたまち》といい、元は福山藩阿部家の屋敷があった場所である。年収一〇〇〇万円以上世帯比率推定値は、一丁目が一八・六％、二丁目が二〇・二％と高い。

明治維新後、阿部家は広大な敷地の大部分を貸地として、住宅地経営に乗り出した。意図的に住宅地を作るため、銭湯や店舗、下宿屋の営業をも認めず、学者や高官を歓迎して受け入れた（稲葉佳子「阿部様の造った学者町：西片町」）。結果的には帝国大学の近くだったこともあって文化人が数多く住むようになり、学者町とも呼ばれた。阿部家は戦後、土地を手放したが、今日に至るまで西片といえば、都心に近い高級住宅地として知られている。空襲の被害を免れたこともあって、戦前の山の手住宅地の雰囲気を残す数少ない場所ともいわれる。西片一丁目から西へ急坂を降りたあたりは、現在の地名では西片一丁目に含まれるが、かつては丸山福山町といい、樋口一葉が最後の日々を過ごしながら『にごりえ』『たけくらべ』

などを書いたのが、この場所である。

このほか文京区内で高級住宅地として知られているのは、三菱財閥が大正時代に分譲し、大和郷《やまとむら》と呼ばれた本駒込六丁目。現在の一戸建て世帯比率は二〇・七％にすぎないが、広大な邸宅の跡地に建てたと思われる低層のマンションが建ち並んでいて、かつてを偲ばせるものがある。びっくりするような豪邸も、まだいくつもある。

次に豊島区では、池袋駅の西から北にかけて広がる住宅地で、一戸建て世帯比率が高くなっている。とくに豊島区の西端に近い千早三丁目（四八・九％）、長崎三丁目（四一・九％）など。これらの地域は、一階建てまたは二階建ての共同住宅に住む世帯の比率も四割近くに達していて、ほとんど高い建物がない。

同様に池袋本町《ほんちょう》一丁目（三三・七％）、同二丁目（三二・八％）も、一戸建て世帯比率がかなり高い。このあたりは駅からかなり離れるので、先述した遷移地帯にはなりにくいようで、広い道路に面したところ以外は古い住宅がそのまま残っている。世帯年収の低い地域であり、またサービス職比率の高い地域でもある。谷端川《やばたがわ》（先に述べた千川通りの千川と同じ川だが、豊島区内の部分はこう呼ばれている）の流域でもあり、かつては水害と水質汚濁による悪臭などに悩まされたらしいが、現在は暗渠化されて緑道となり、四季折々の花なども楽しめる、

北区滝野川の商店街

潤いのある地域となっている。池袋駅までは遠いが、池袋からそれぞれ一駅目、二駅目のJR板橋駅、東武東上線下板橋駅にも近く、買い物の便もいい。
北区は一戸建て世帯比率の高い地域が多いが、とくに高いのは、北区上十条五丁目（五九・四％）、同西が丘二丁目（五八・六％）など。文京区との区界に位置する北区西ヶ原二－四丁目も四〇％台と高くなっているが、このあたりには、実業家でゲーテ研究家の粉川忠《こがわただし》が私財を投じて設立した東京ゲーテ記念館などというものまであって、山の手住宅地の雰囲気がある。王子駅の南側や板橋駅の東側などにも、都心に近いにもかかわらず一戸建て比率の高い地域がある。たとえば北区滝野川である。かつて女優の倍賞千恵子の生家があり、スターになったあとも長屋暮らしを続けて話題になったことのある町だ。中心を貫く中山道《なかせんどう》や、北部を流れる石《しゃく》神井川《じいがわ》沿いにマンションが多数あるので、全体としては一戸建て世帯比率は三〇－四〇％程度と必ずしも高くはないのだが、中山道から一歩入ると、一戸建ての密集する地域となっている。いまでも古い商店街があり、古き良き昭和の雰囲気を感じる。調べてみると、中古の一戸建てが安いものでは二〇〇〇万円台で手に入るらしい。都心に近い一戸建てに住むのが望みなら、いい選択肢かもしれない。

**文京区・豊島区・北区のまとめ**

- 三区が隣接する地域は町の雰囲気に共通点が多い一方、豊島区は池袋、北区は赤羽という繁華街があり、文京区は繁華街のない山の手エリアである
- 文京区は全体的に所得が高く、豊島区は中程度、北区は低い傾向があるが、マンション開発によって多様性が大きくなっている

## 4・4　台東区・墨田区・江東区

都心の北から東に位置する台東区、墨田区、江東区の三区は、もっとも下町らしい地域といえるだろう。東京一五区の都心に近い部分である旧神田区、旧日本橋区、旧京橋区は、江

戸から続く元来の下町ではあるものの、今日はほとんど都心化してしまっている。これに対して、同じように江戸から続く元来の下町であり、東京一五区に含まれていた旧下谷区、旧浅草区、旧本所区、旧深川区に、東京三五区の隣接する地域だった旧向島区と旧城東区が加わってできたのが、この三区である。台東区は隅田川の西側、墨田区と江東区は東側という点に違いはあるが、十分に連続性が感じられる。

台東区の面積は一〇・一一平方キロメートルで、23区のなかでもっとも狭い。端から端まで歩いても四キロほどだから、軽い散歩コースになる。下町といっても、旧下谷区の西側は上野の台地となっている。その東側は根岸から上野の商業地域を経て御徒町《おかちまち》に至る下町で、旧浅草区と連続する。つまり地形の上では、山の手台地の東端と下町から構成されていることになる。台東区によると、区名の「台」は上野の台地、「東」は上野台の東に位置する浅草を意味しているのだという（台東区のホームページによる）。実際に歩いてみれば、そのコントラストが容易に体感できる。

たとえば日暮里駅の北口から出発する。ＪＲの山手線や京浜東北線、常磐線、東北・上越・北陸新幹線など多数の路線が下を通る大きな跨線橋《こせんきょう》の真ん中から、線路の両側を眺めてみよう。西側は丘になっていて、谷中霊園と数多くの寺社、そして閑静な住宅地がある。

日暮里駅近くの跨線橋からの眺望

これに対して東側は、急な坂を下りた低地に歓楽街が広がり、近くには巨大な再開発ビルが建っている。まさに山の手と下町が、一望できるのである。跨線橋を渡りきって谷中霊園に入り、これを南へと通り抜ければ、上野である。寛永寺《かんえいじ》や博物館群を通り過ぎ、西郷隆盛像の横から階段を下りて上野駅前の浅草通りに入り、少し進んだところからは、旧浅草区である。商店の多い通りを進み、調理器具や飲食店用品が豊富なことで知られる合《かっ》羽橋《ぱばし》商店街を左にみてさらに歩けば、雷門、浅草《せんそう》寺《じ》はすぐ。出発してから距離にして五キロあまり。隅田川に出れば対岸は墨田区で、ビール会社の本社や墨田区役所の向こうに東京スカイツリーがみえる。橋を渡ればスカイツリーまでは一キロほど。かつて浅草は東京最北の観光地で、東京はここで行き止まりという感があったが、スカイツリーができてからは、隅田川を渡って東へと向かう人の流れができた。

スカイツリーのすぐに南側には北十間川《きたじっけんがわ》という運河があり、これがかつての区界で、スカイツリーのある北側が旧向島区、南側が旧本所区。この二つがまとめられて墨田区となった。ただし下町のこのあたりについては、旧本所区と、その南に位置する旧深川区とをあわせて本所深川と呼ぶことがある。旧東京市ができたころ、旧本所区と旧深川区は江戸から続く下町だったが、のちに旧向島区と旧城東区になる地域は農村だった。このため隅田川の東側の下町を、このように総称することになったものだろう。だから江戸時代に作られた市街地図である切絵図には、本所の一部と深川を「本所深川繪圖」として一枚に収めたものがある。司馬遼太郎が全国を旅して書いた紀行文『街道をゆく』の、隅田川の東側を歩いた記録は「本所深川散歩」であり、第2章で取り上げた、今和次郎の調査記録のタイトルも「本所深川貧民窟付近風俗採集」だった。宮部みゆきの時代ミステリー『本所深川ふしぎ草紙』を思い出す人も多いだろう。司馬にいわせれば本所とは、「深川ともども、江戸中期、遅まきに江戸化した」地域である（「本所深川散歩」）。

その後、東京の範囲の拡大とともに、旧向島区と旧城東区は都市化が進み、それぞれ旧本所区、旧深川区とひと続きになった。だから東京スカイツリーのこのあたりから、北へ旧向島区へと進んでも、東へ進んで旧城東区へ至っても、南に下って旧深川区に入っても、運河が区界の目印になるだけで、街の雰囲気がそのたびに変わるようなことはない。どこへ行っても、起伏のない平地に同じような街並みが広がっている。ほぼ全域が東京大空襲で消失したので、かつての下町情緒を残す街並みは少ないが、神社仏閣に国技館、各地の祭礼、伝統産業など、下町を感じさせる文化は健在である。

しかし、さらに南へ進んだ東京湾岸は、まったく別である。現江東区で江戸時代に陸地だったのは、ほぼ、東京メトロ東西線が地中を通り、門前仲町《もんぜんなかちょう》、木場《きば》、東陽町《とうようちょう》などの駅がある永代通りまでで、その先は海岸の湿地や干潟、そして海だった。江戸時代から埋め立ては進められていたが、明治以降に埋め立てが急速に進み、海岸線が現在までに数キロにもわたって沖へと前進した。このため、一八八三年に一一・四平方キロメートルだった江東区の面積は、一九二三年には一八・四平方キロメートル、一九七〇年には二八・九平方キロメートル、そして二〇一九年には四〇・二平方キロメートルと、大幅に拡大しているのである（『江東区データブック』による）。しかし埋め立て地のかなりの部分に、コンテナ埠頭や物流基地、展示場などの大型施設が立地しており、ほとんど住民がいない。このためこれらの地域は、社会地図上では欠損値となっている。

また、この地域の空間構造をみるときに注意しなければならないのは、広大な面積を占めるにもかかわらず人口が少なく、しかも住民の社会的構成が非常に偏っている、いくつかの地域の存在である。今回、社会地図を作成するにあたっては、人口が二〇人に満たない場合は欠損値とみなし、地図上に表示しないこととしている。ところが台東区と江東区には、人口が二〇人を上回っているが、住民の社会的構成が特殊で、かつ人口がまばらで面積が広大という地域がいくつかある。具体的には、台東区上野公園、江東区青海二丁目、同有明《ありあけ》三丁目である。台東区上野公園は、面積は広大だが、ほとんど全域を博物館、大学、寺社が占めている。江東区青海二丁目は、第3章でもみたように東京国際交流館があって、住民の大半が留学生と外国人研究者である。また江東区有明三丁目は、住民の大部分が公益財団がん研究会有明病院の職員である。これらをそのまま社会地図に含めると、社会地図上に特殊な性質をもつ広大な地域が現われることになり、誤解を招く。このため、これらの地域は人口が二〇人を超えているものの、地図上では欠損値扱いにすることとした。

もちろんこれらの地域も、産業の集積地として重要であることはいうまでもない。たとえば江東区青海（一－四丁目）には、東京国際交流館の住人と関係者以外の住民はほとんどいないと思われるが、他方では東京ビッグサイトや各種の流通拠点、ショッピングモールなどがあり、二〇一四年の経済センサスによれば、四八七の事業所で一万四〇二五人もの人々が働いている。しかし本書は、あくまでも住民の社会的構成に論点を絞ることにしたい。

### (1) 自宅従業者比率

図表4・4・1は自宅従業者比率、つまり就業者のうち、自宅で従業している人の比率である。ここに含まれるのは、自宅と一体化、または併設された商店、事務所、作業場などで従業している人で、自営業者または家族従業者が中心だが、住み込みの労働者や、建設現場などに出かけていって働く独立自営の大工や左官なども、ここに含まれる。図表1・1でみたように、台東区と墨田区はもともと旧中間階級の比率が高く、現在でもある程度の水準を保っている。現代では住宅地から商業地の商店などへ通勤する旧中間階級が増えているので、旧中間階級と自宅従業者はぴったり重なるわけではないが、一致度は高いとみていいだろう。

一見してわかるとおり、自宅従業者比率が高いのは台東区のほぼ全域、そして墨田区の台東区に近い部分である。自宅従業者比率がもっとも高いのは、台東区上野四丁目（四〇・〇％）、同六丁目（三九・二％）で、いずれも上野駅近くのアメ横商店街とその周辺だが、人口は非常に少ない。人口がかなり多く、これに次いで自宅従業者比率が高いのは、台東区東上野三丁目（二七・八％）、同寿《ことぶき》二丁目（二七・〇％）、同浅草二丁目（二五・一％）、同谷中一丁目（二六・一％）など。

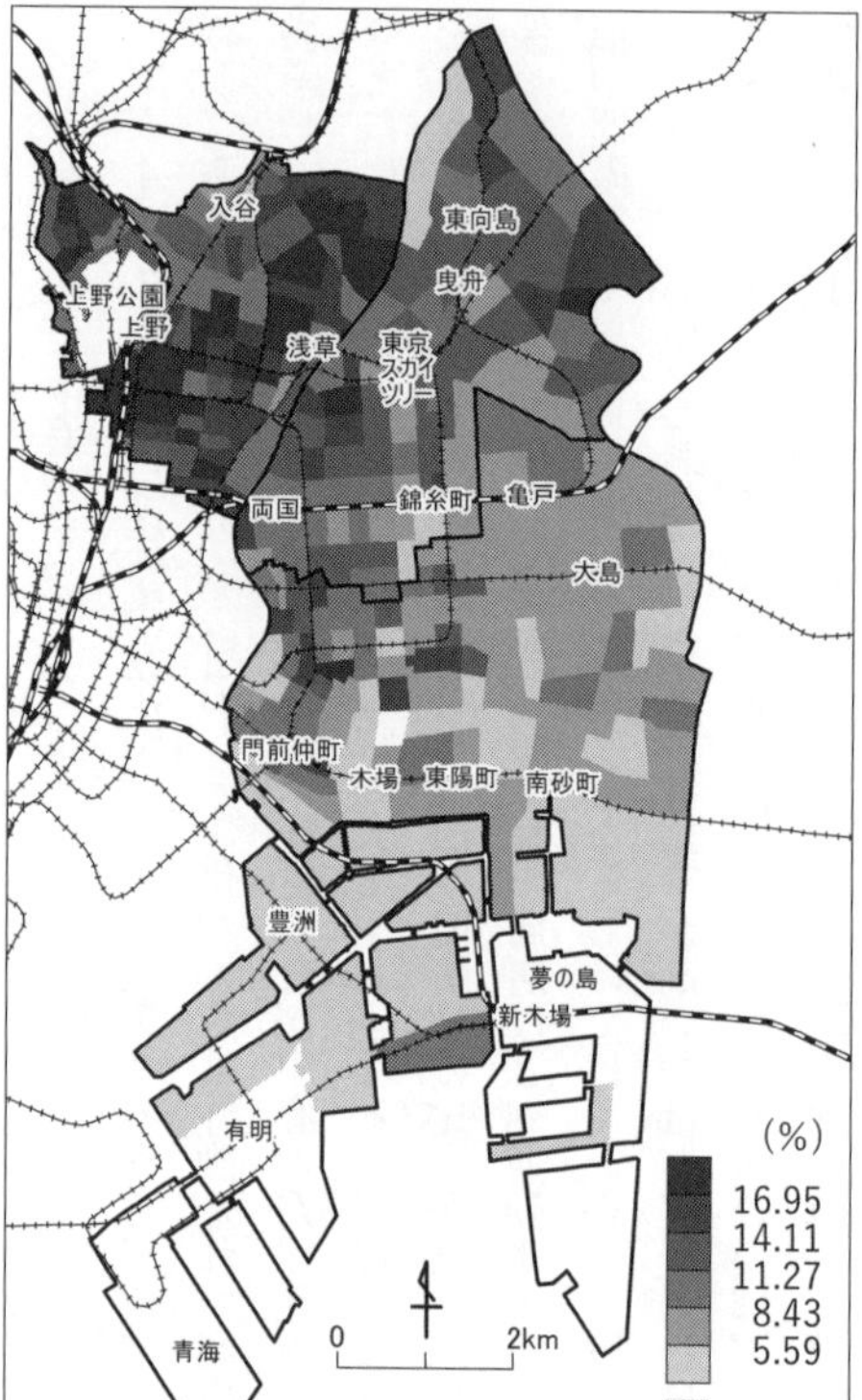


**図表4・4・1　台東区・墨田区・江東区の自宅従業者比率**

台東区東上野の古い長屋

東上野三丁目は、上野駅近くの浅草通り沿いである。ここには下谷神社を中心に、東京大空襲の被害を奇跡的に免れた木造家屋がいくつかあり、戦前の雰囲気を残している。浅草通りをはさんだ反対側の東上野四丁目と五丁目も戦災を免れたが、ビルへの建て替えが進んでいる。寿二丁目は同じく浅草通り沿いで、仏具店が密集する商店街が、隣接する台東区元浅草から連なっている。浅草二丁目は浅草の中心部で、浅草寺と浅草神社、そして花屋敷と浅草六区に隣接する商店街、飲食店街である。また谷中一丁目は、上野に隣接しており、寺社の密集地である。墨田区では、浅草から吾妻《あづま》橋《ばし》を渡ってすぐの東駒形《ひがしこまがた》に、自宅従業者比率が二〇％前後の地域が点在している。江東区では、深川不動に近い門前仲町二丁目と富岡《とみおか》一丁目、そして清澄《きよすみ》庭園に近い三好《みよし》一丁目と二丁目などで二〇％から一八％程度の比率を示している。総じていえば、伝統的な下町文化を色濃く残す地域には、自宅従業者が多いということになりそうだ。墨田区北部、隅田川と荒川にはさまれたあたりに、自宅従業者比率が一五％前後の地域がいくつかあるが、これらは町工場の多い地域である。

### (2) マニュアル職比率

図表4・4・2は、マニュアル職比率を示したものである。図表3・1をみればわかるように、この地域はマニュアル職比率の高い23区東部と、マニュアル職比率の低い都心の中間に位置していることもあり、場所によってマニュアル職比率が大きく異なる。大まかにいえばマニュアル職比率が高いのは、墨田区内の旧向島区地域、とくに北部と東部、江東区内の旧城東区地域、とくに東西線と都営新宿線にはさまれたエリア、そして東京湾岸のいくつかの地域である。ほぼ工場だけで人口が少ない地域などは除外して、主だった地域をみていこう。

台東区の西北部、町名でいえば清川《きよかわ》一丁目と二丁目、橋場《はしば》一丁目と二丁目は、マニュアル職比率が三〇％から四〇％と高くなっている。ここはかつて「山谷《さんや》地区」と呼ばれた地域で、簡易宿泊所が多く、現在でも日雇労働者が住んでいる。簡易宿泊所は今日までに、年金生活者や生活保護受給者などが暮らす「福祉の町」の性格を強める一方で、就職活動の学生や外国人旅行者の利用も増え、以前とは様変わりしているといわれる。それでもマニュアル労働

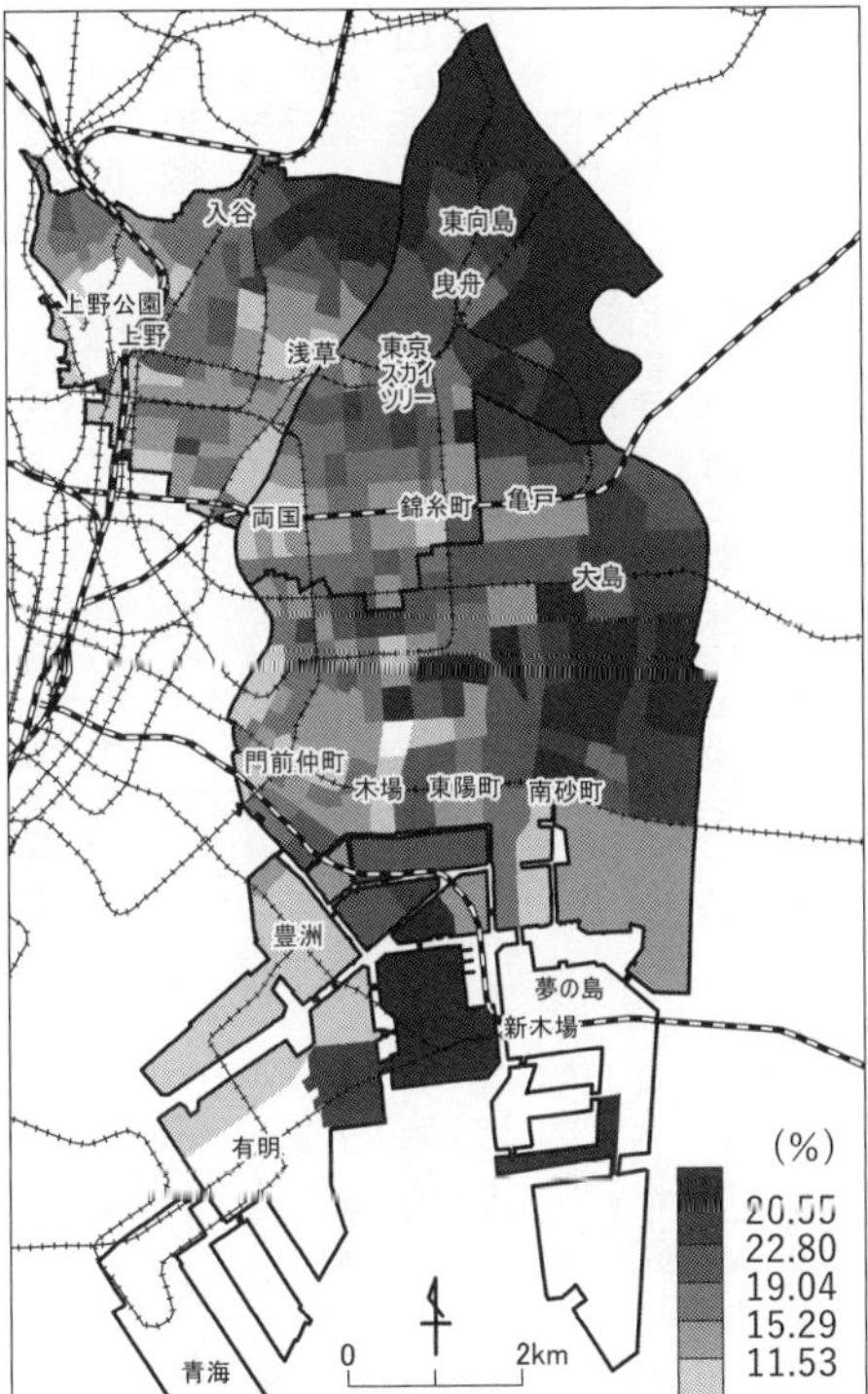


**図表4・4・2　台東区・墨田区・江東区のマニュアル職比率**

者の集積地という性格は、ある程度まで残っているようである。

墨田区内でとくにマニュアル職比率が高いのは、隅田川と荒川にはさまれた北部の、三角形の地域である。東側の隅田川べりから二－三〇〇メートル離れたところを南北に墨堤《ぼくてい》通りという大通りが貫いており、この東西で、街のようすは大きく異なる。西側は、かつて鐘《かね》淵《ふち》紡績（のちのカネボウ）や久保田鉄工所（現・クボタ）などの工場があったが、現在は都営住宅をはじめとする大規模な集合住宅と公園、公共施設などとなっている。町丁目でいえば、大部分が墨田区堤通《つつみどおり》二丁目で、そのマニュアル職比率は三九・六％。集合住宅の住人だから、自宅従業者は少ないが、三九・二％は墨田区内で働いている。

東側は、明治期までは大半が水田だったが、関東大震災後に宅地化が進んだ。細く曲がりくねった道路が不規則な網の目をなしているが、そのようすは、ほとんど江戸時代のままである。とくにマニュアル職比率が高いのは墨田区八広《やひろ》、同東墨田、同立花《たちばな》などで、一部を除いて人口が多いので、マニュアル労働者の一大集積地になっているということができる。しかも自宅従業者が一〇－一五％、墨田区内の自宅以外の場所で働く人の比率が三割前後に達するなど、地元で働く人が多い。八広一丁目から六丁目までを例にとると、二〇一五年の国勢調査による人口は二万一一五二人だが、二〇一四年の経済センサスによると、この範囲に

墨田区八広の工場　後方に東京スカイツリーの先端部分がみえる

製造業の事業所が実に四二九もあり、ここで二三一九人が働いている。とくに多いのは、金属製品製造業（一二三事業所、六四八人）、ゴム製品製造業（四二事業所、三一三人）、プラスチック製品製造業（四〇事業所、三〇九人）など。職住一致の町工場を多数含んだ、住工混在地域といえる。

この地域で忘れてはならないのは、向島橘《たちばな》銀座商店街（愛称・下町人情キラキラ橘商店街）である。八広の工場街から南に約一キロ、明治通りから南に入ったところの古い商店街で、狭い通りの両側に、食料品店や総菜店、雑貨店などがひしめいている。空襲の被害を奇跡的に免れたことから、左右の路地を入ると、戦前に建てられた長屋や町家が、現在でも数多くみられる。その中心は京島三丁目で、第2章で紹介したように映画「下町の太陽」では、倍賞千恵子の演ずる主人公が一家で住む長屋が、この商店街から路地を入ったところにあるという設定だった。かつて周辺に住む工場労働者とその家族が主な顧客だったが、工場の激減により一時期は多くの店が閉店した。しかし現在は各種の団体や学校などと連携しながら、地域コミュニティの核となる地域密着型商店街をめざす取り組みで注目されている。

次に、江東区に目を向けよう。地図でいうと東西線の南砂駅と都営新宿線の大島駅の間が、砂町《すなまち》（町名は北砂、南砂、東砂）である。かつてこのエリアは、木造住宅が密集するなかに、機械製造、金属加工、鉄道車両製造などを営むいくつかの大工場が点在する地域だったが、今日までに工場の多くは閉鎖あるいは移転して、跡地は大規模団地となっている。大規模な都営住宅が北砂一丁目、東砂二丁目と七丁目、南砂三丁目にあり、マニュアル職比率がとくに高いのは、これらの地域である。国勢調査と経済センサスによると、砂町の人口は一一万人を超えているが、ここに立地する製造業の事業所は三一三、従業員は二五二一人と、あまり多くない。住工混在地域の性格をある程度までとどめているが、墨田区北部とは異なり、通勤者が大部分である。

最後は、江東区の湾岸部である。近年、湾岸部の都心寄りの埋め立て地には高層マンションが次々に建設されていて、のちにみるようにＩＴや金融関係などで働く高所得者が多く居住するようになっているが、都心から少し離れた江東区辰巳《たつみ》や同東雲《しののめ》には、一九六〇年代から建設が始まった古い都営住宅があり、多くのマニュアル労働者が居住しているものとみられる。古くからの居住者が多く、とくに辰巳三丁目は二〇年以上居住している人が四五・五％を占める。

## (3)　ＩＴＥＲＦ比率

ＩＴＥＲＦというのは、とくに今回の分析のために用いる造語で、情報技術（ＩＴ）、エネルギー（Ｅ）、研究開発（Ｒ）、金融（Ｆ）をつなげている。高学歴・高所得の労働者が多い産業をひとまとめにしたもので、通常の産業分類では、情報通信業、電気・ガス・熱供給・水道業、学術研究・専門技術サービス業、金融・保険業のことである。これらの産業で仕事に就いている人の比率がＩＴＥＲＦ比率で、これを示したのが図表４・４・３である。

ＩＴＥＲＦ比率の分布は、ほぼマニュアル職比率の分布と逆の傾向を示している。都心に近い旧本所区と旧深川区、そして江東区湾岸部の都心寄りで高く、旧向島区と旧城東区、そして江東区湾岸部の都心から離れた部分で低い。とくに高いのは、江東区豊洲《とよす》三丁目（四

図表4・4・3　**台東区・墨田区・江東区のITERF比率**

〇・八%)、同二丁目(三八・九%)、同六丁目(三八・二%)、同有明一丁目(三六・五%)などの湾岸部、交通至便で隅田川沿いにマンション開発が行なわれた江東区佐賀二丁目(三九・一%)、同清澄一丁目(三四・七%)、台東区柳橋二丁目(二九・七%)など、同じく駅のすぐ近くでマンション開発が行なわれた江東区木場六丁目（三四・四％）、同白河四丁目（三三・四％）、墨田区江東橋二丁目（二八・五％）などである。江東区新砂三丁目（二八・七％）は、旧城東区を一部に含む埋め立て地で都心から遠いが、東西線の南砂駅の近くに、比較的新しい大型マンションが何棟かある。

総じていえるのは、ＩＴＥＲＦ比率が高い地域は、都心から近い、あるいは交通が便利という条件の下で、開発によって作られた地域だということである。こうした開発行為によって、下町の中心部ともいうべき旧本所区と旧深川区、そして湾岸部に、高学歴で高所得の人々が住む地域が、人為的に作られたのである。たとえば江東区豊洲（一－六丁目）をみると、人口は三万三一九五人だが、二〇年以上前からの居住者はわずか五パーセントにすぎない。一万四五四三人の有職者がいるが、うちＩＴＥＲＦで働く人は四四四六人で、有職者の三割以上を占める。豊洲のマンション開発は、それだけで東京23区の空間構造を大きく変えたといっていい。ただしＪＲ総武線沿線だけは少し傾向が異なり、旧城東区の亀戸、さらにはその東にまで、ＩＴＥＲＦ比率がやや高い地域が広がっている。

## (4) 居住期間五年未満世帯比率

図表4・4・4は、居住期間が五年未満である人の比率を示したものである。比率がもっとも大きいのは江東区豊洲六丁目で、住民の九六・九%までが、住み始めて五年未満、しかもほとんどは一年未満である。二〇一四年に入居を開始したスカイズ・タワー&ガーデンの住人だろう。同じく江東区の湾岸部では、有明一丁目、東雲一丁目、豊洲三丁目などで四割を超えている。

全体に、比率が高い地域の分布はITERF比率との一致度が高く、この地域に新しく移り住んできた人々の中心がITERFであることを物語っているが、よくみるとITERF比率に比べて、さらに都心に近い地域への偏りが大きく、また比率の高い地域がJR総武線沿線と東京メトロ東西線沿線の、比較的都心に近い部分、具体的には両国・錦糸町《きんしちょう》と、門前仲町・木場あたりに集中しているようである。つまりこの地域で、新住民が増加しているということである。

実際に歩いてみると、こうした変化を体感することができる。住む人の移り変わりが、街の風景を変化させていることが、よくわかるのである。

実は門前仲町は、私が東京に出てきて初めて住んだ街である。いまはどうかわからないが、東京の大学に入学した学生が門前仲町に住むというのは、当時は珍しかった。友人たちはたいてい、中野や杉並、世田谷などに住んでいた。私が住んだ木造アパートは、門前仲町の駅を降り、深川不動の参道を通り抜けて裏手に回り、粗末な家と町工場や倉庫ばかりの道を一

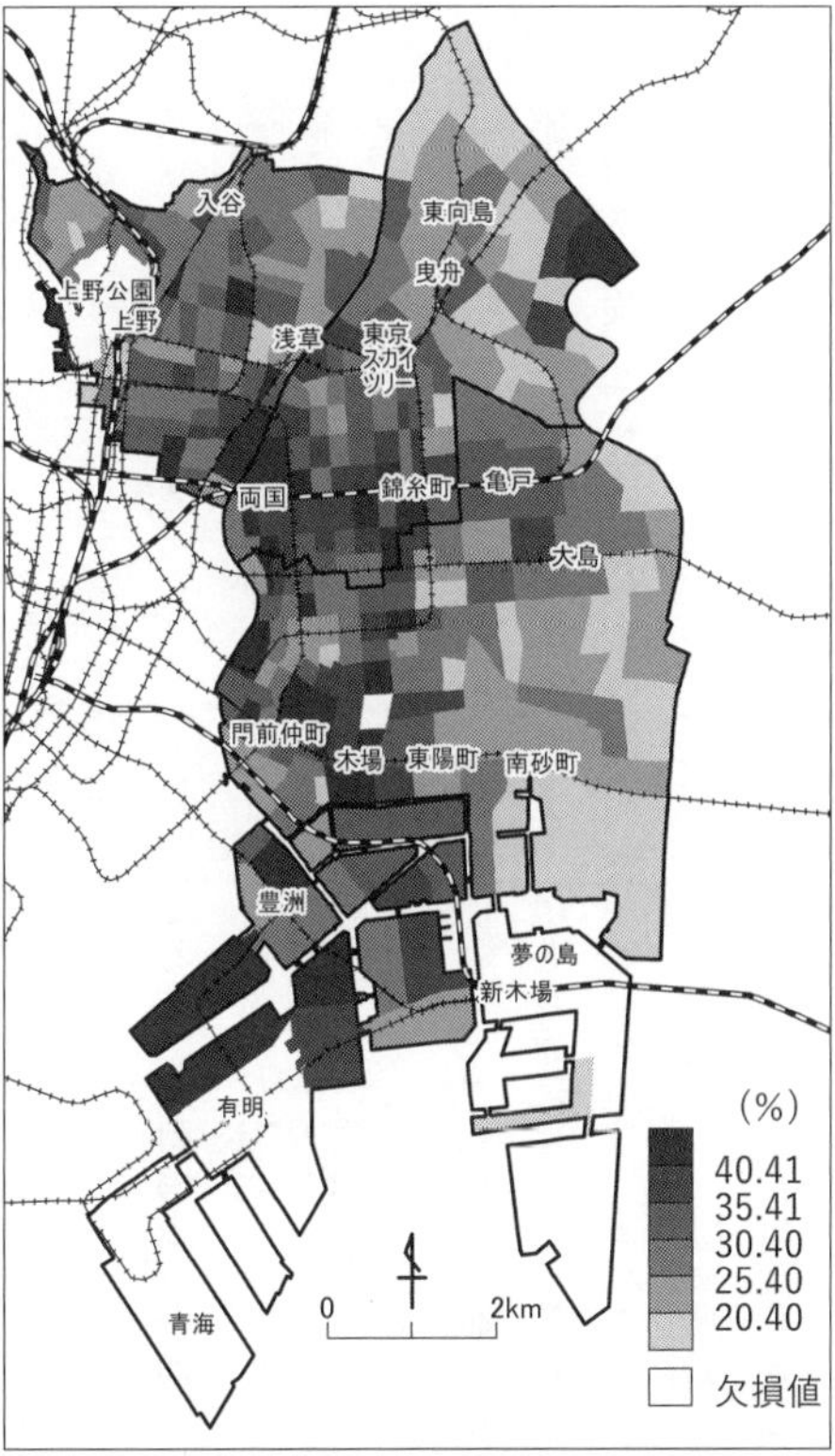


**図表4・4・4　台東区・墨田区・江東区の居住期間5年未満世帯比率**

〇分ほど歩いて、運河を渡った先にあった。四〇年以上前の当時、すでに築二〇年は経っていようかという建物で、一階は工場。横の入り口から階段を上がると下足置き場があり、ここでスリッパに履き替え、ギシギシ音を立てる古い木製の廊下を通って自室に向かうというしくみだった。家賃はわずか一万三千円。私の部屋にはキッチンがなかったが、キッチンのある部屋には粗末な身なりの親子などが住んでいた。日曜になると、隣にあった大家の家の広間から、新興宗教の儀式の音が鳴り響いた。

住んだのは一年半ほどだったが、観光名所といわれる深川不動や富岡八幡《とみおかはちまん》と、江戸をかすかに感じさせる運河、そして粗末な家と工場と倉庫ばかりの味気ない街並みというコントラストの印象は強烈で、その後も何年に一度かは足を運び、アパートがどうなっているのか確かめることにしていた。周囲の家は次々に建て替えられ、狭い敷地のままにきれいになったり、長屋がマンションになったりしたが、このアパートには変化がなかった。

ところが三年ほど前、この古いアパートが驚くような変身を遂げたのである。外からは中が見通せない作業場だったはずの一階が、明るいカフェや雑貨店になっていて、若者たちが行列を作っている。薄暗い入り口はリニューアルして、二階の商店やギャラリーの看板が掛かっている。上がってみると、たしかに見覚えのある廊下だが、おしゃれに塗装されて、入

門前仲町に近い江東区平野にある fukadaso

居しているのは靴や雑貨のセレクトショップ、美容サロン、貸しギャラリーなど。四〇年前は深田荘という名前だったはずだが、現在は複合施設「ｆｕｋａｄａｓｏ」なのだとか。少なくとも四〇年前には、こんな店を好むような住民などいなかったはずだ。

門前仲町界隈では、こんな変化があちこちで起こっている。住宅が密集していたはずの場所にマンションが建つ。古くからある商店や居酒屋が姿を消し、おしゃれなカフェ、ビストロ、クラフトビールの店などが増える。商店街は、住民構成の変化を敏感に反映するのである。しかし他方では、昔ながらの下町大衆酒場や定食屋などもまだまだ健在。古い店に新しい店が加わって、新旧住民がどちらも楽しめる町へと、好ましい変貌を遂げているようだ。

## (5) 一世帯あたり平均世帯人員

世帯収入に関する推定値の分布は、これまでみてきたマニュアル職比率、ＩＴＥＲＦ比率とほぼ対応している。つまりマニュアル職比率が高い地域は平均世帯年収推定値と年収一〇〇〇万円以上世帯比率推定値が低く、ＩＴＥＲＦ比率が高い地域ではどちらも高い。そして所得に関するこれらの推定値が高いのは、旧本所区・旧深川区、そして都心に近い湾岸の埋め立て地である。そして図表４・４・４でみたように、これらの地域には近年になって流入してきた人が多い。こうして都心に近い下町では、新中間階級が増加するとともに所得水準が上昇するという、住民構成の変化が起こったのである。これは第1章で触れた、ジェントリフィケーションと呼ばれる変化である。

しかしジェントリフィケーションの形態は、地域によって異なるようだ。流入する新しい階級の性質に、違いがみられるからである。図表４・４・５は、一世帯あたりの平均世帯人員を示したものである。一世帯あたり人員が多いのは、旧向島区、旧城東区、そして都心に近い湾岸地域である。マニュアル職比率やＩＴＥＲＦ比率、そして所得に関する指標では正反対だった旧向島区・旧城東区と都心に近い湾岸地域が、ここでは世帯人員が多いという共通性を示している。これに対して、湾岸部を除く旧本所区と旧深川区では世帯人員が少ない。

とくにＪＲ総武線、東京メトロ東西線と都営新宿線の沿線ではこの傾向が顕著で、地図からも色の薄い帯状の地域の存在をはっきり認めることができる。

つまり都心に近いこれらの地域では、いずれもジェントリフィケーションが進行している

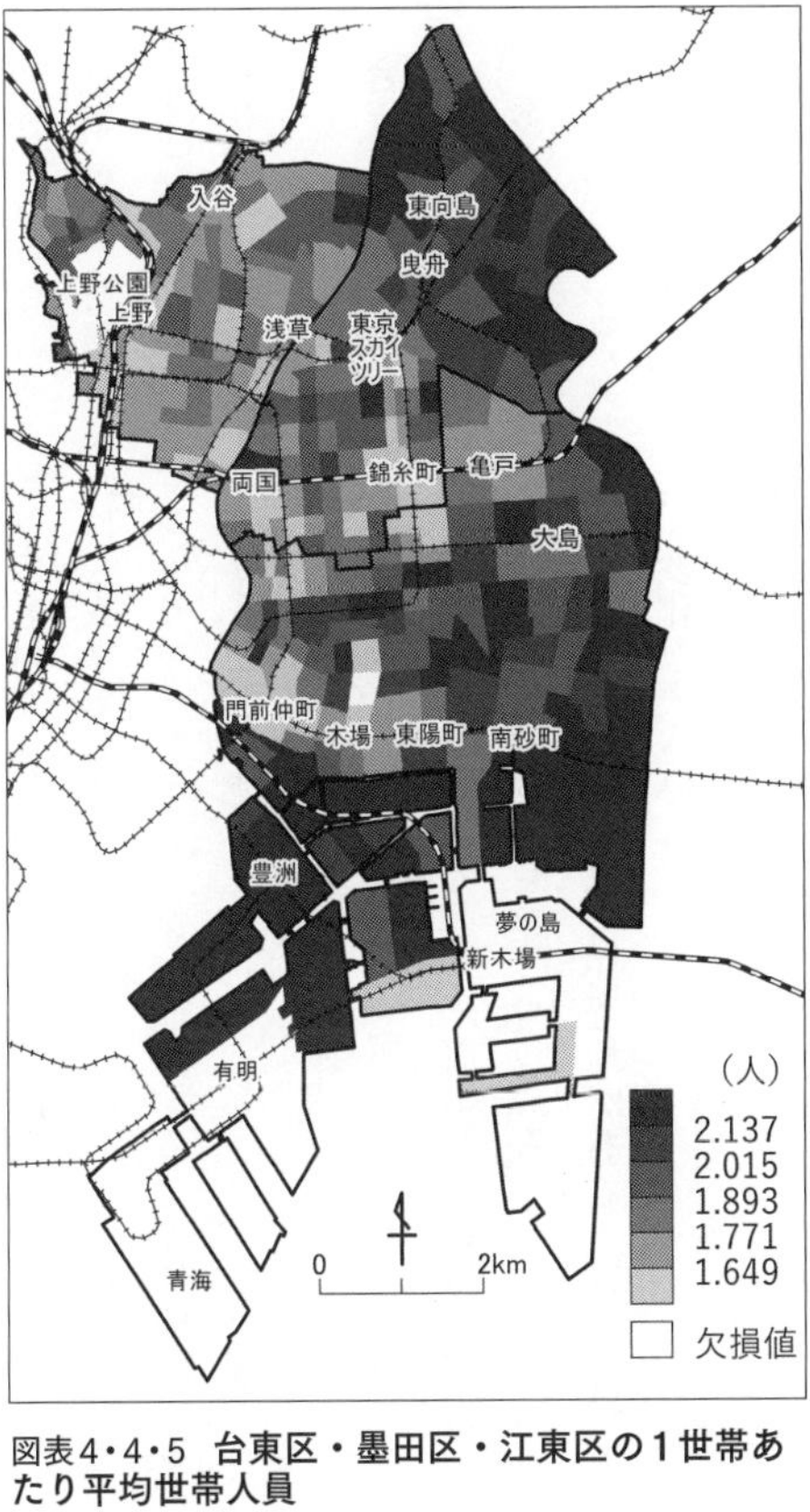


**図表4・4・5　台東区・墨田区・江東区の１世帯あたり平均世帯人員**

のだが、ファミリータイプの高層マンションが多い湾岸部では一家揃っての流入が、旧市街の鉄道沿線では単身または少人数での流入が主流らしいのである。世帯類型による棲み分けをともないながら、ジェントリフィケーションが進行するこの地域は、東京23区の空間構造の変化の中心に位置するということができよう。

**台東区・墨田区・江東区のまとめ**

- 台東区・墨田区は江戸時代から続くもっとも下町らしい地域で、古くから旧中間階級が多いが、新しい住民との好ましい変貌も遂げつつある
- 江東区はマニュアル職に従事する古い都営住宅地がある一方、湾岸エリアには高層マンションエリアが増え、変化が大きい

## 4・5　品川区・大田区

品川というと都心のイメージが強いのだが、それはおそらく、品川駅のある港区の港南や高輪あたりのイメージであって、品川区ではない。本当の品川区が始まるのは、品川駅の西

口から第一京浜を南に下り、左側の踏切を渡ったあたりから。ここが今日に残る旧東海道の起点で、地名でいえば品川区北品川。品川駅から南へ下ったのに北品川というのが妙だが、これというのも品川駅が港区にあるからで、東海道の最初の宿場だった旧品川宿は、ここからである。

周囲を眺めると、西側は小高い丘になっており、東側は埋め立て地。かつては海を左手にみる海岸沿いの街道だった。旧東海道は、現在は道幅の狭い長大な商店街となっており、京浜急行の駅でいうと、北品川駅から始まって、新馬場《しんばんば》駅、青物横丁駅と続く。ここまでがかつての宿場町だが、ここを過ぎても旧街道の雰囲気を残す商店街が、ときおり途切れながらも鮫洲《さめず》駅、立会川《たちあいがわ》駅と続く。旧街道を感じさせるのは、なにより道幅の狭さによる。それというのも、近代になって道路や線路がすべて西側の丘の近くに作られた

旧東海道の雰囲気を残す品川区北品川の商店街

からで、このため「ここだけエアポケットのように、江戸のスケール感そのままの街並みが奇跡的に残され」る結果となったのである（陣内秀信『東京』）。立会川駅を通り過ぎたところを流れるのが立会川で、ここにかかる橋を渡ってさらに七〇〇メートルほど行ったところには東京都史跡の鈴ケ森《すずがもり》刑場跡があり、いまも磔《はりつけ》台や火炙《ひあぶり》台が残されている。先に渡った橋は浜川橋、別名を泪橋《なみだばし》というが、処刑される罪人の家族がここで秘かに見送りに来て、涙ながらの別れを惜しんだことから、こう呼ばれたのだという。そのすぐ先が大田区で、京急線の大森海岸駅はすぐ近くである。

このあたりの旧東海道を歩いている限り、都心を感じさせるものは何もない。品川駅の西側の品川区五反田《ごたんだ》や同大崎あたりには都心らしい景観もみられるが、品川区のなかでは都心に近いごく一部である。東京三五区の旧品川区と旧荏原区が、戦後ひとつとなって成立したが、旧品川区が低地部分、旧荏原区が台地部分とほぼ正確に対応している。

大田区は広大で、面積は六一・八六平方キロメートルと、23区でもっとも広い。ただし、このうち一五平方キロメートルほどが羽田空港だから、実質的には世田谷区や足立区の方が広いといっていいが、人口は七三・四万人で、世田谷区、練馬区に次いで多い。旧大森区と旧蒲田区がまとめられて成立し、区名は一文字ずつとったものである。旧大森区は台地部分と低地部分からなるが、旧蒲田区は全域が低地である。

品川区、大田区とも、台地部分と低地部分を含み、このことが地形の複雑さとともに、空間構造の複雑さをもたらしている。なお以下の社会地図では、面積が広いにもかかわらず人口が五〇人程度と少ない品川区八潮《やしお》三丁目は欠損値扱いとした。

### (1) 人口の分布

この二つの区は、いずれも広大な埋め立て地を含むので、まずは人口の分布を確認しておきたい。図表４・５・１は、単純に町丁目ごとの人口をみたものである。一見してわかるように、埋め立て地は人口がきわめて少ない。人口の集積がみられるのは、比較的古い埋め立て地で住宅地の多い品川区東品川と同東大井、そして品川八潮パークタウンがある品川区八潮五丁目だけ。他はＪＲの車両基地やコンテナターミナル、倉庫や工場、そして羽田空港となっており、ほぼ人が住んでいない。この点、臨海部の埋め立て地でタワーマンション建設が進み人口が急増している中央区や江東区とは、事情がかなり異なる。

各町丁目は面積が異なるので、人口を実数で示したこの地図だけでは詳しい人口の分布は判断できないのだが、臨海部を除けば、どちらの区にも面積が極端に広かったり狭かったり

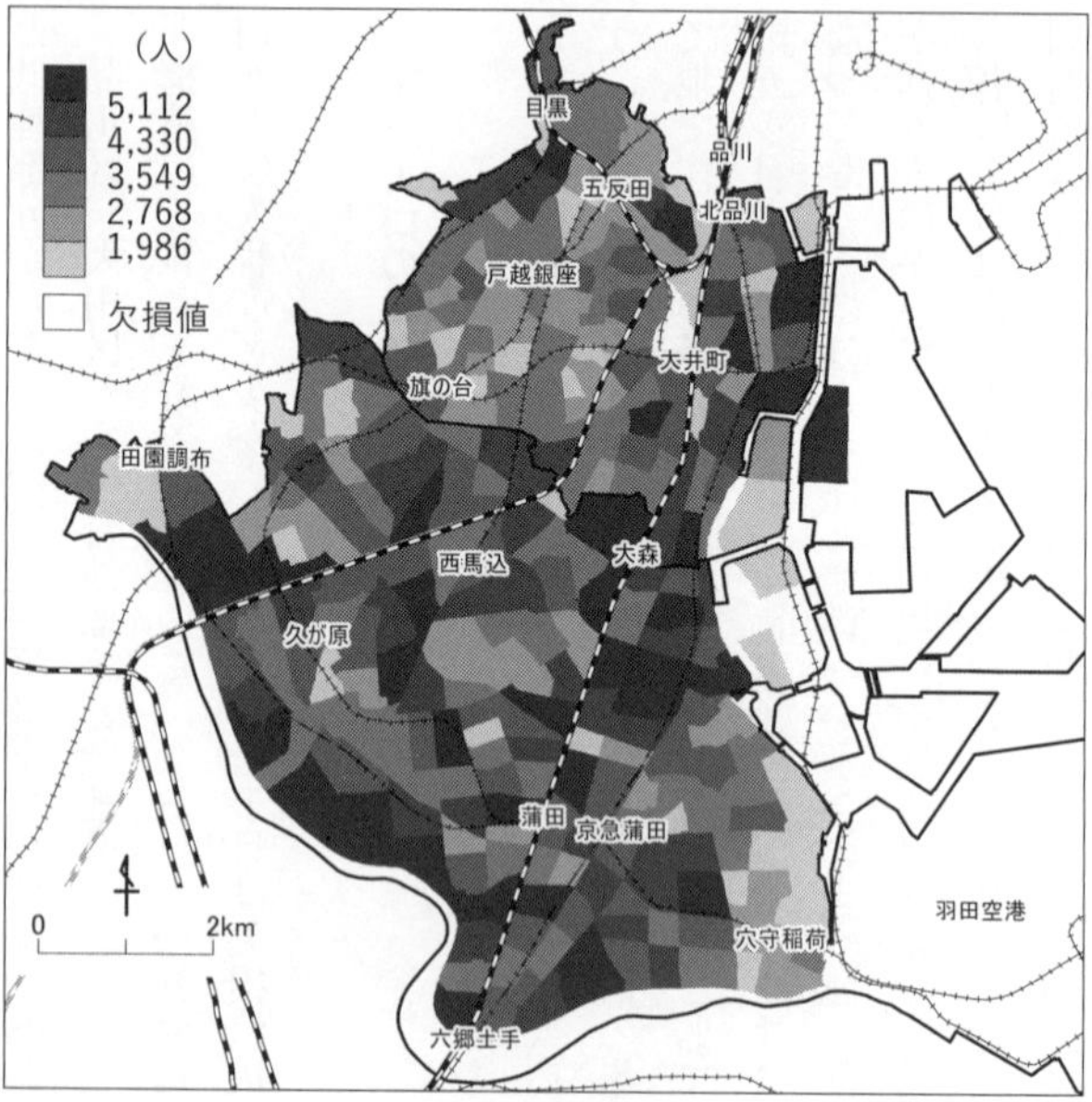


図表4・5・1　**品川区・大田区の人口総数**

する町丁目がないので、だいたいの傾向はわかる。人口が多いのは、都心に近い品川区五反田や同北品川、ＪＲ東海道線と京急線沿線の大田区山王、同大森西、同蒲田、同西六郷《ろくごう》、同仲六郷、多摩川沿いの大田区下丸子《しもまるこ》、同矢口、同多摩川、そして東急東横線の田園調布駅と多摩川駅の東側の大田区田園調布一丁目、同田園調布本町《ほんちょう》などである。

　これに対して高級住宅地として知られる地域は人口が少なく、たとえば田園調布三丁目には一六九〇人、同四丁目には一九一

田園調布駅東口の商店街　復元された旧駅舎の向こうは邸宅街

九人しか人が住んでいない。東急池上線沿線の品川区旗の台、大田区南雪谷《ゆきがや》、同久《く》が原《はら》なども、面積の割に人口が少ない。これらはいずれも、台地に位置する一戸建て中心の住宅地である。一般に田園調布の名で知られている、駅を中心に同心円状と放射状の道路が走る高級住宅地は、駅の西側の大田区田園調布三丁目が大部分で、線路をはさんだ東側の田園調布二丁目とはまったく景観が異なる。たとえば一戸建てに住む世帯の比率は、三丁目が九三・九％であるのに対して、二丁目は四九・六％である。実はここにも地形が関係している。三丁目は標高が四〇メートル前後であるのに対して、二丁目は二五－三〇メートルと、一〇メートル以上低いのである。

写真は、田園調布駅の東側の商店街から、田園調布駅の方向をみたものである。突き当たりにある三角屋根の建物は旧駅舎を復元したもので、東西方向の自由通路の中央に位置している。並んでいるのはコンビニエンスストア、ドラッグストア、クリーニング店、チェーン居酒屋など、ごく普通の商店で、とくに変わったところはない。しかし駅に向かう、かなり傾斜のある上り坂を進み、自由通路を抜けて西側に出ると、放射状の道路に沿って邸宅が建ち並ぶ邸宅街となる。東側の田園調布二丁目、そしてここから環状八号線を渡ったところにある世田谷区東玉川や同奥沢《おくさわ》などは、東京23区全体からみれば十分に高級住宅地といえるが、そのコントラストは印象的である。

安住《あずみ》敦《あつし》に「しぐるるや駅に西口東口」という句がある。句には「田園調布」という添え書きがある。作者自身によると、出口をはっきりさせずに人と駅で待ち合わせ、自分は東口に出たのに、相手は西口に出てしまい迷惑をかけてしまったとき、ふと口をつくようにしてできた句だという(『自選自解 安住敦句集』)。しかし私にはどうしても、田園調布駅の東口に出る人々と西口に出る人々の違いを描いた句のように読めてしまう。

## (2) 一一階建て以上の建物に住む世帯の比率

図表4・5・2は、図表4・1・2と同様に、一一階建て以上の高層住宅に住む世帯の比

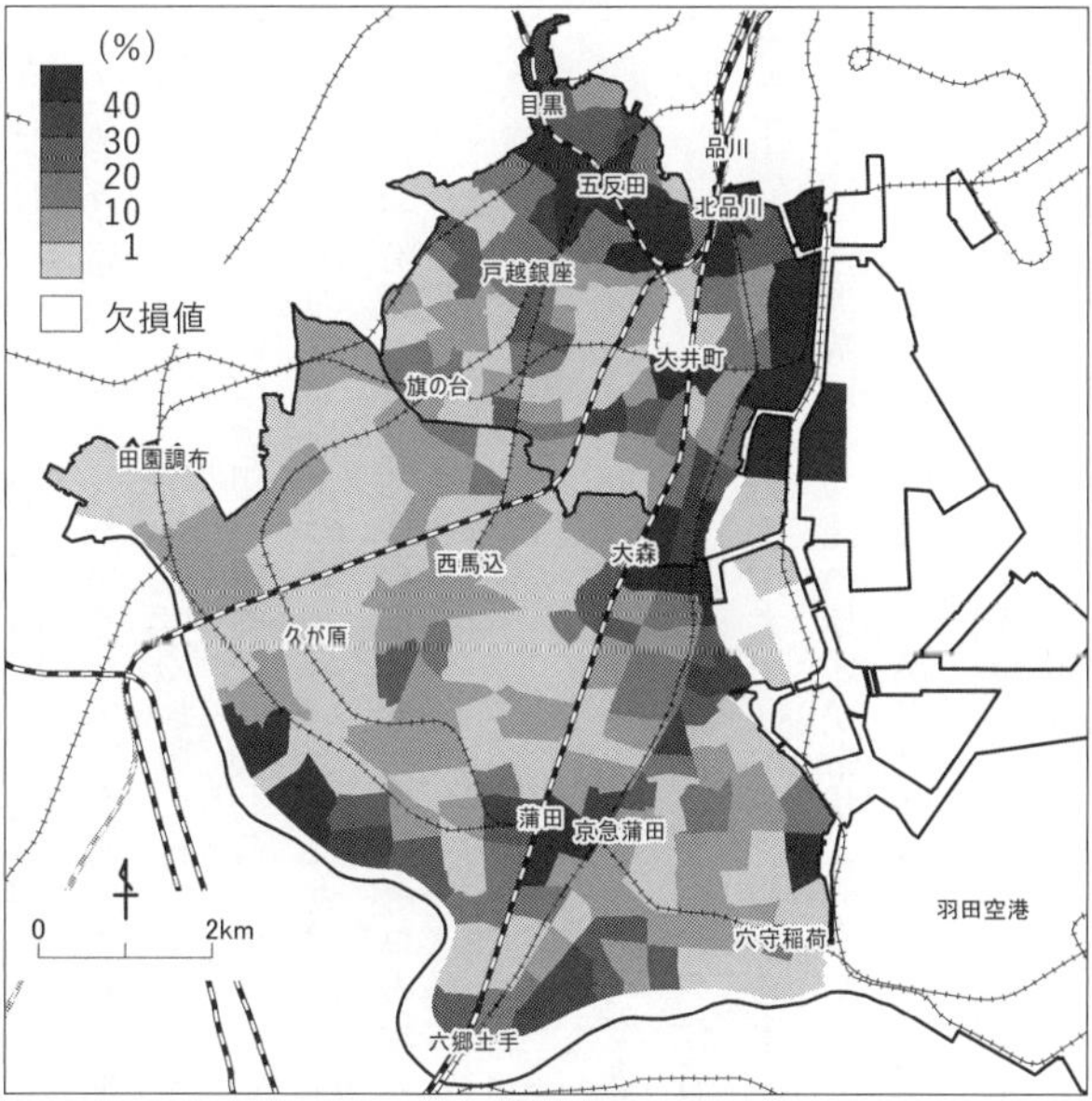


**図表4・6・2　品川区・大田区の11階建て以上の建物に住む世帯の比率**

率を示したものである。都心三区では九〇%や八〇%などに区分点を設定したが、この地域では都心の湾岸地域のようにタワーマンションが林立しているというわけではないので、比率の刻みは四〇%以上を最高とし、以下一〇%までを一〇%刻みとし、いちばん下の段階は、一一階以上世帯がほとんどない地域を確認するため一%未満とした。一見してわかるように、高層住宅に住む世帯の比率が高い地域は、品川区大崎、同西五反田などの都心に近い地域、品川区東品川、同八潮など臨海部の埋め立て地の一部、大田区下丸子など多摩川流域の一部、そして大井町・大森・蒲田など主要駅の周辺に限られている。範囲を比率が一〇－二〇％程度の地域にまで広げても、京浜急行線と東海道線の沿線、そして交通の便のいい戸越銀座駅周辺が加わるにすぎない。品川区と大田区の大半の地域は、低層建築が主流の住宅地なのである。とくに大田区北部の東急田園都市線沿線や同池上線沿線には、一一階建て以上に住む世帯の比率がゼロの地域が広がっている。

### （3）単独世帯比率

図表4・5・3は、単独世帯比率を示したものである。すでに図表3・4で確認したことだが、この二区の場合でも単独世帯比率が高いのは各鉄道の沿線となっている。とくにこの地域を南北に貫く東海道線、大田区南部を西から東へと走る東急田園都市線と同池上線の沿線には、単独世帯比率の高い地域が帯状に分厚く広がっている。またＪＲ各線、東急各線、都営地下鉄浅草線が縦横に走る品川区はほぼ全域で、単独世帯比率が高くなっている。単独世帯比率が低いのは、第一に田園調布から久が原、西馬込《まごめ》、大森にかけて広がる一戸建て中心の住宅地、第二に高層住宅が建ち並ぶ多摩川沿岸、そして第三に大田区南部の蒲田と羽田

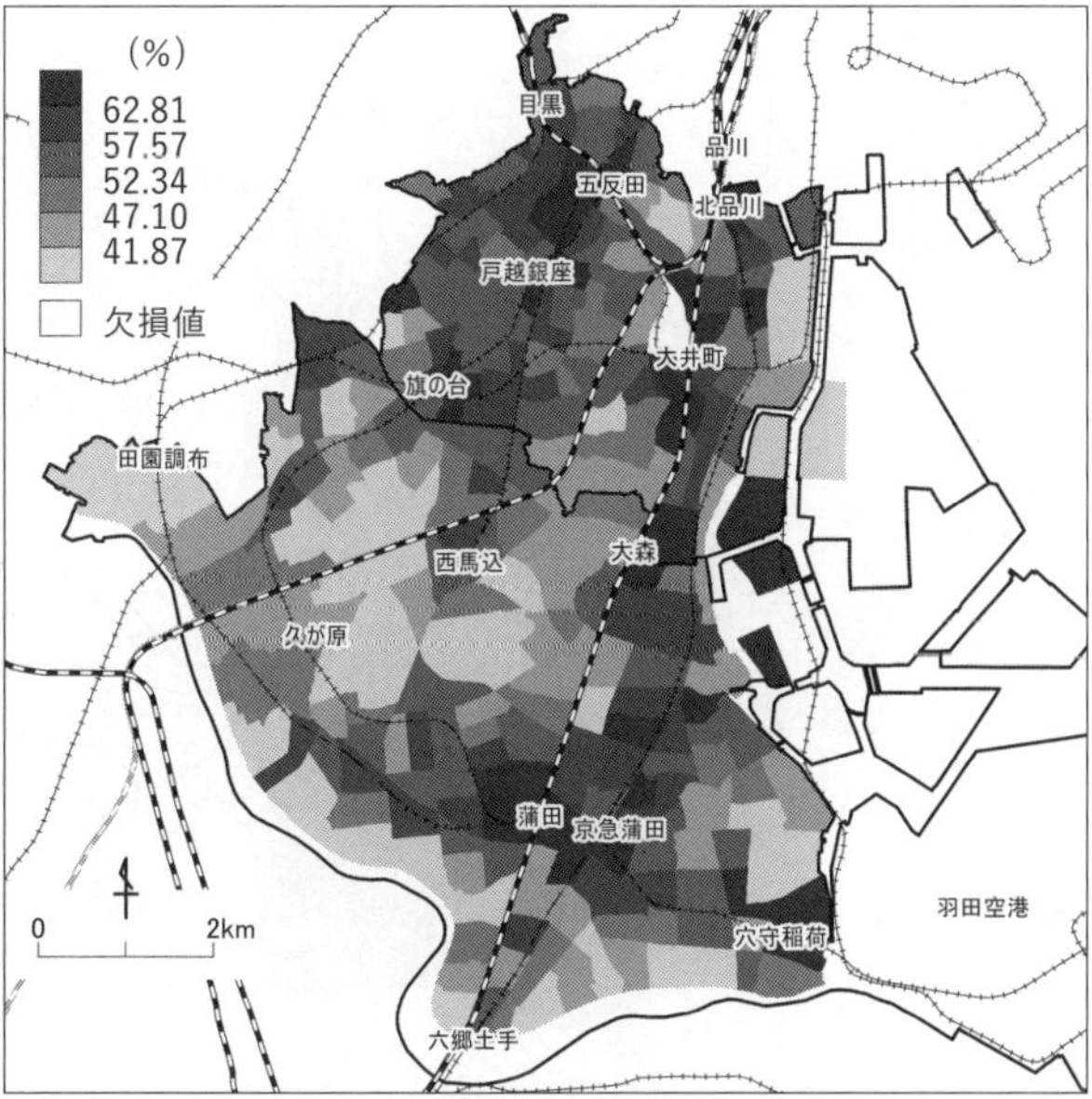


図表4・5・3　品川区・大田区の単独世帯比率

空港にはさまれた一帯である。

これら三つの地域は、単独世帯比率が低いという共通点はあるものの、以下でみるように地域の特徴はまったく異なっている。

### (4)マニュアル職比率

図表４・５・４は、就業者のうちマニュアル職につく人の比率である（湾岸の埋め立て地に比率の高い地域がいくつかあるが、いずれも工場は多いものの人口がきわめて少ないので、考慮しないことにする）。分布はきわめて特徴的である。二つの区全体で

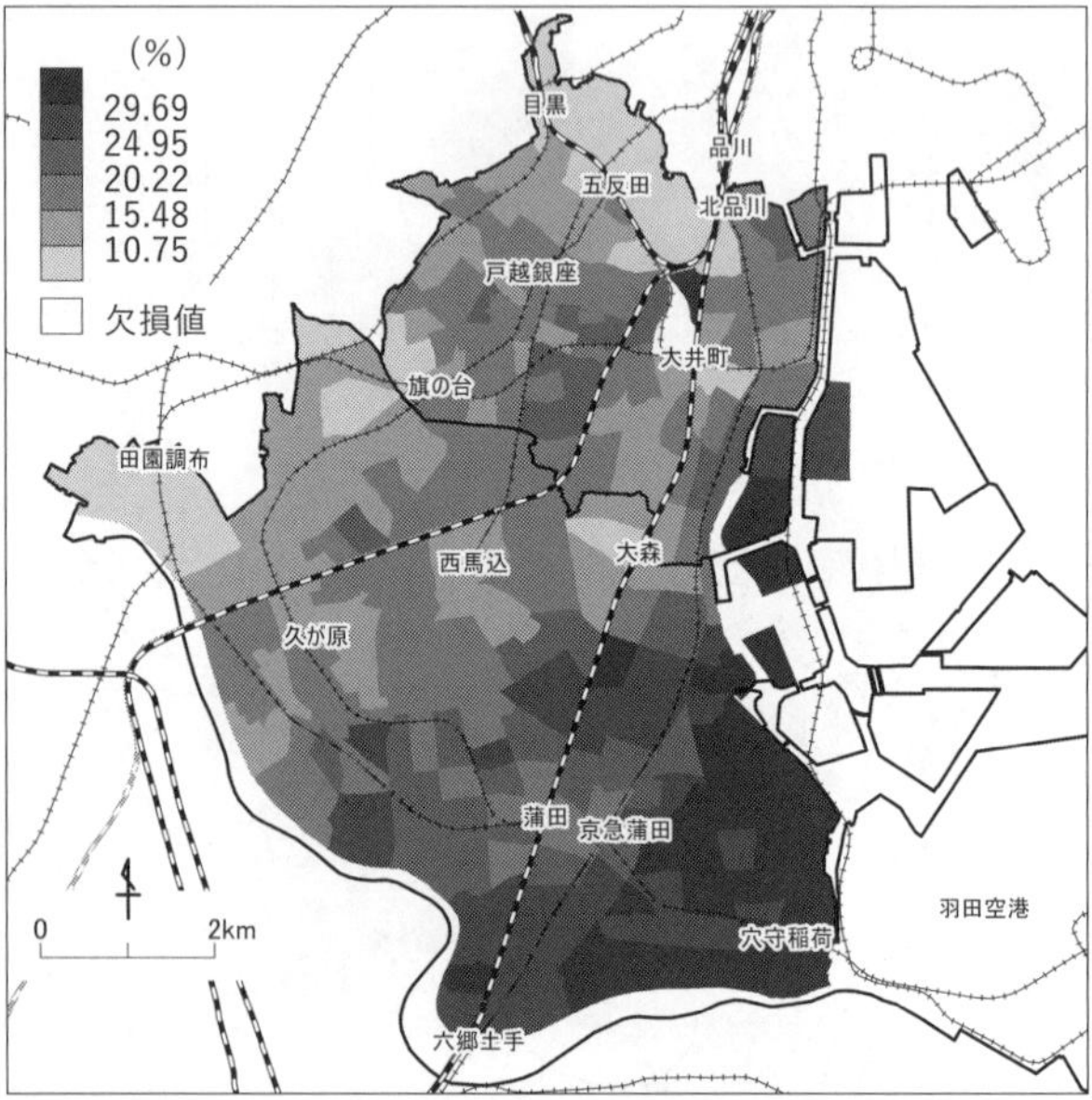


図表4・5・4　**品川区・大田区のマニュアル職比率**

みればマニュアル職比率は低いのだが、大田区南部の東海道線の東側に、大田区大森東、同大森南、同東糀《こうじ》谷《や》、同羽田など、マニュアル職比率が四〇％前後、あるいはそれ以上の地域が集中しているのである。もっとも高いのは、東糀谷六丁目の五四・二％。ここには都営住宅があるので、やや特殊事情といえるかもしれないが、周辺には東糀谷五丁目（四一・五％）、大森南二丁目（四五・四％）、大森南四丁目（四五・六％）など、四割を超える地域が多い。少し範囲を広げてみても、京急線の東側は大部分の地域で三〇%を超えている。

　広く知られているように、この一帯は町工場が密集する地域である。ここに町工場が集積するようになったのは関東大震災以降のことで、とくに日本が戦時体制に近づくにつれて工場が急増し、蒲田地区の工場数は一九三〇年から三七年の間に七倍以上に増加している（『東京百年史　第五巻』）。現在では工場数が大幅に減少しているが、それでも二〇一六年の経済センサスによると、大田区には工場が四二二九あり、従業員四人以上の事業所で二万一八六九人が働き、製造品出荷額は四八七七億円で、これらはいずれも東京23区で最大となっている。工場の約七〇%は従業員数が九人以下である（大田区ホームページによる）。社会地図は示していないが、このマニュアル職比率の高い一帯では大田区内に勤める人（自宅の場合と自宅外の場合の合計）の比率がきわめて高く、大森南や東糀谷の一部では六〇%を超えている。職住一致、もしくは職住近接の工場労働者が多いのが、この地域の特徴となっているのである。日本国内で製造業の衰退が進むようになって久しいが、それでもこの地域に、これだけ「ものづくり」の拠点が維持されているというのは、たいへん頼もしい。

## (5) 年収一〇〇〇万円以上世帯比率推定値

図表4・5・5は、年収一〇〇〇万円以上世帯比率の推定値を示したものである。すでに述べたことを繰り返すが、この種の統計的推定では、比率が平均より極端に高い地域については、推定の精度が低くなり、推定値が平均値に近い方向へと引き寄せられる傾向がある。このため、富裕層の比率が非常に高いと考えられる地域でも、推定値はたかだか二〇－三〇%程度にしかならない点に注意しておきたい。具体的にいえば、田園調布の超高級住宅地で、年収一〇〇〇万円以上の世帯の比率が二〇%台にとどまるはずはないのだが、推定値は二〇%台である。しかし比率が高い地域と低い地域の識別はほぼ正確にされているはずなので、あくまでも地域間の差異に注目してみていきたい。

年収一〇〇〇万円以上世帯比率の推定値の分布は、きわめて特徴的である。まず、北側で高く、南側で低い。とりわけ、大田区の旧大森区部分と旧蒲田区部分のコントラストははっきりしている。とくに高いのは、大田区田園調布三丁目(二六・二%)、同五丁目(二三・七%)、大田区南千束《せんぞく》二丁目(二一・八%)など。品川区は全体的に高いが、それでも都心に近い部分がとくに高く、南西部の住宅地はそれほど高くない。都心近くでとくに高いのは、目黒駅のある品川区上大崎二丁目(二四・一%)、五反田駅に近い同東五反田五丁目(二二・

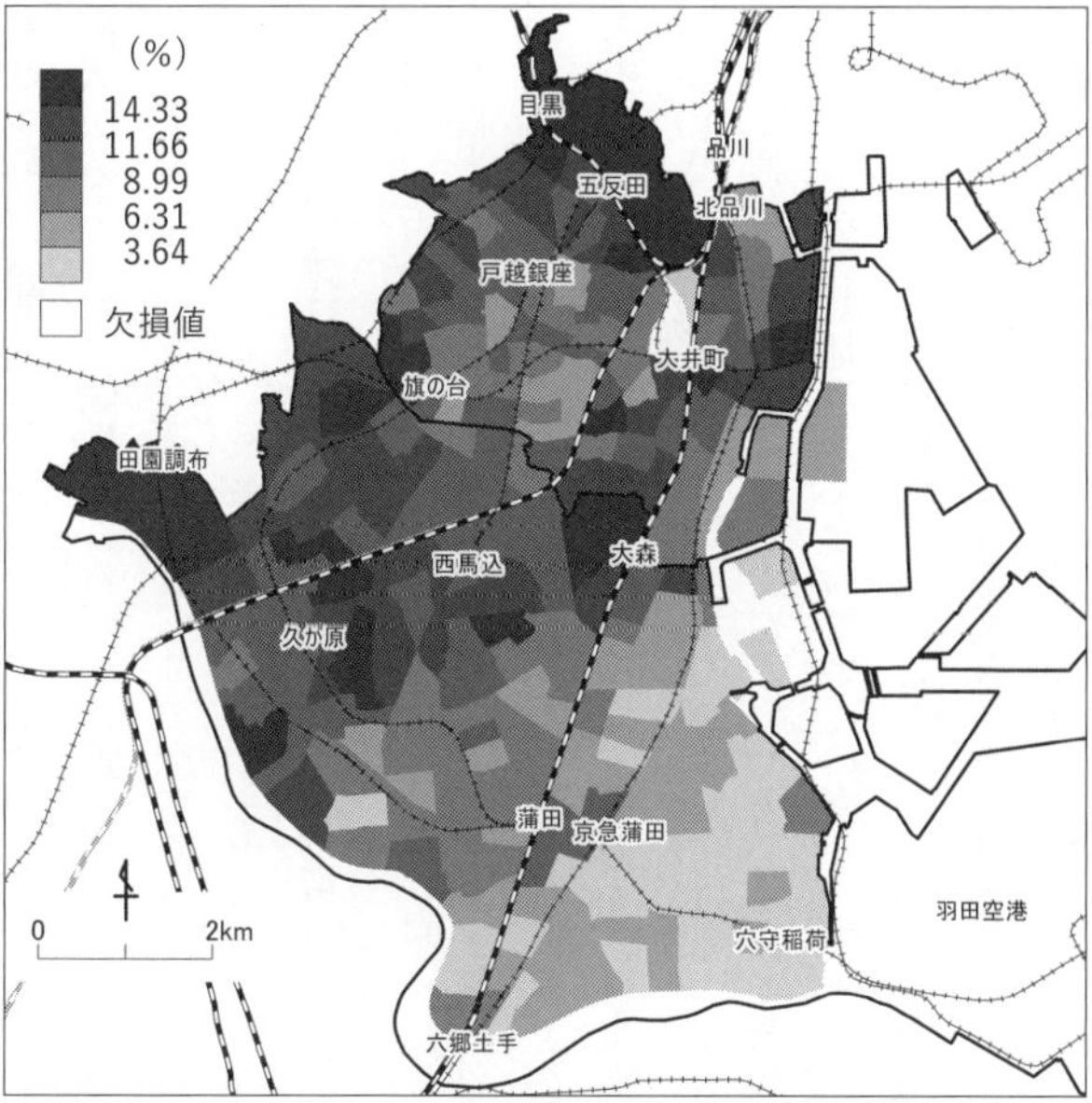


図表4・5・5　品川区・大田区の年収1000万円以上世帯比率推定値

二%）、大崎駅に近い同大崎二丁目（二三・九%）などである。

大田区の南半分は、全体的に推定値が低くなっている。図表4・5・4と見くらべると、マニュアル職比率の高い地域でとくに低くなる傾向があるが、東海道線の西側の、マニュアル職比率が低い地域でも、ほとんど一〇%未満にとどまっている。しかしここから北上すると、推定値はどんどん高くなり、東急池上線を越えた南千束あたりでピークに達するのである。

実際にこのあたりを歩いてみ

ると、町の雰囲気の急勾配の変化に驚かされる。南千束のすぐ近くには、東急池上線の洗足《せんぞく》池《いけ》駅がある。大学院生のころ、この近くの都立病院附属の看護専門学校で非常勤講師のアルバイトをしていた。週に一度、この駅で降りて少し南に歩いた場所まで往復していたのだが、ある日思い立って、授業のあとそのまま南へ歩いてみた。思えばこれが、その後三〇年以上にわたって続けてきた、「格差を体感する街歩き」の最初だった。このルートの最近のようすは、次のようである。

病院と看護学校は閑静な住宅地のなかにあって、洗足池の駅から徒歩で一〇分ほど。ここから南へ進んでも、しばらくは閑静な住宅地が続くのだが、五分ほど歩いたところからはどの方向へ進んでも急な下り坂となり、その先には東海道新幹線のガードがみえる。もっとも傾斜のきつい道路は、六〇メートルほどの間に一四メートルも下っており、わざわざ「急坂です。通行には充分ご注意ください」という立て看板まである。坂を下っていくうちに、道の両側の家の敷地は狭くなっていくのだが、下りきってガードをくぐり抜けると、雰囲気が一変する。基本的には住宅地といっていいが、正面には運送業者の営業所があってトラックがずらりと並び、周辺には輸送機械を修理する工場や、自動車整備工場などもある。さらに南へ進めば、呑川《のみかわ》沿いの低地となり、川に沿って歩いた先はＪＲ蒲田駅で、さらに進んで京急線の蒲田駅を過ぎると、工場の多い地域となる。もっとも大田区のこのあたりは地形が入り組んでおり、東海道新幹線の線路も台地を通ったり低地を通ったりしている。だから、どの地域でもこれが境界線になるというわけではないのだが、新幹線が坂の直下を通るこのルートでは、あたかも線路が国境であるかのようにみえて、その印象は鮮烈である。

ただし大田区のジニ係数は〇・三二六で、全体としてみれば格差が大きい地域とはいえない。それは、貧困層も富裕層もさほど多くないからである。図表4・0・1から、年収が二〇〇万円未満でも一〇〇〇万円以上でもない中間の世帯の比率を計算すると七四・二%で、台東区、江戸川区などに次いで六番目に高い。しかもこの比率の町丁目ごとの推定値をみていくと、比率が低いのは田園調布、北千束、南千束など北部の高級住宅地が大部分で、その他の地域ではほとんどが七五%を上回っている。つまり大田区は、山の手と下町が共

大田区東雪谷の急坂

存し、一部には超高級住宅地もあるとはいえ、全体としては中間層の多い地域なのである。おそらくその原因のひとつは、中所得層の重要な経済基盤である製造業が盛んなことだろう。

**品川区・大田区のまとめ**

- 江戸時代の旧街道の雰囲気を残す地域で、二区とも台地・低地部分を含む
- 品川区は全体的に所得が高く、特に都心に近い部分でその傾向が強い
- 大田区は、田園調布など一部に超高級住宅地があるが、町工場が多く「ものづくり」の拠点となっており、全体として中間層が多い

## 4・6　渋谷区・目黒区

渋谷区と目黒区をひとまとめに扱うのは、自然なことのように思われる。地理的に隣接しており、山手線に乗れば、渋谷、恵比寿、目黒と、駅はひと続きである（もっとも目黒駅の住所は品川区だが）。所得水準も高く、図表1・1でみたように、この二つの区は二〇〇五年以降、都心三区とともに上位五区を占めている。渋谷、恵比寿、目黒、中目黒、自由が丘な

ど、不動産会社などが公表する「住みたい町ランキング」などの上位の常連がひしめく地域でもある。東側に隣接する港区とともにこの三区は、高度経済成長期以降の東京において、高い地域イメージをもつ地域の代表格といっていいだろう。面積はどちらも一五平方キロメートル程度と狭く、人口は合計してもようやく五〇万人を超える程度だが、その存在感は大きい。いずれも、東京三五区が成立したときに東京市へと組み込まれた地域で、それ以前は豊多摩郡の千駄ヶ谷《せんだがや》町、渋谷町、代々幡《よよはた》町《まち》、荏原郡の目黒町と碑衾町《ひぶすままち》だった。

どちらの区も、一九七五年から一九八〇年にかけては、所得水準が高かったとはいえ、世田谷区や杉並区とほぼ同水準で、山の手住宅地のひとつという位置にあった。しかしその後の所得水準の伸びは著しく、渋谷区は港区と千代田区とともにベスト３の位置を確実にしており、目黒区は同様に所得水準を高めてきた文京区とともに、中央区と並ぶ二番手グループに位置するようになった。その意味で、都心との一体性を強めてきたといえるだろう。しかし、目黒区で山手線内に位置する地域はごくわずかだし、渋谷区でも山手線内に位置する面積は三割程度にすぎない。いずれも山手線外に、繁華街ではない広大な住宅地があるから、その内部は多様である。

地形的にみると、ほぼ全域が山の手台地の上に位置するが、渋谷区では渋谷川、目黒区で

映画「東京五人男」より　焼け野原の渋谷

は目黒川が深い谷を形成していて、それぞれ港区と品川区の下町的な地域とつながっている。高層ビルが建ち並ぶ渋谷駅周辺では、町を歩いていても谷のある地形全体を見渡すのは難しいが、一九四五年の終戦直後に渋谷で撮影された映画「東京五人男」（斎藤寅次郎監督）では、焼け野原となった渋谷の豊かな起伏をみることができる。二つの川がもっとも近づくのは恵比寿のあたりだが、恵比寿三丁目に住んでいた作家の立松《たてまつ》和平《わへい》は、この界隈について、徒歩一〇分ほどで渋谷区から港区、品川区、目黒区を通って渋谷区に戻ってくることができ、「陽当たりのよい台地に古くからのお屋敷があり、盆地の部分には小さなアパートや住宅がびっしりと軒を連らねている」という、「東京の縮図」だと書いている（「恵比寿　ビールの霊験」）。

なお以下の社会地図では、人口が一六〇人と少なく、代々木《よよぎ》公園と明治神宮があって広大な面積を占める代々木神園町《かみぞのちょう》は欠損値とした。

**（1）一戸建て世帯比率**

図表4・6・1は、一戸建てに住む世帯の比率をみたものである。全体に、渋谷区は一戸建て比率が低く、目黒区は高い。渋谷区で一戸建てが多いといえるのは、神宮前《じんぐうまえ》五丁目と広尾二丁目で、どの駅からも遠い住宅地である。目黒区は全体に一戸建てが多いが、とくに多いのは南部の祐天寺《ゆうてんじ》駅、都立大学駅、自由が丘駅、大岡山駅などを最寄りとする、駅から少し離れた場所である。逆に少ないのは、第一に目黒川周辺、第二に学芸大学駅の周辺と南側の鷹番《たかばん》一－三丁目、中央町、目黒本町《ほんちょう》二丁目、碑文谷《ひもんや》二丁目など。目黒川周辺は高層住宅が多く、学芸大学駅周辺は、次の項でみるように、三－五階建ての住宅に住む世帯が多い地域である。目黒区駒場三丁目も一戸建て比率が高いが、ここは東京大学駒場キャンパスのある場所で、大学のキャンパスと、東側の山手通り、西側の目黒区立駒場公園のそれぞれ間にはさまれた、開発が困難と思われる細長い土地に、一戸建てが密集している。

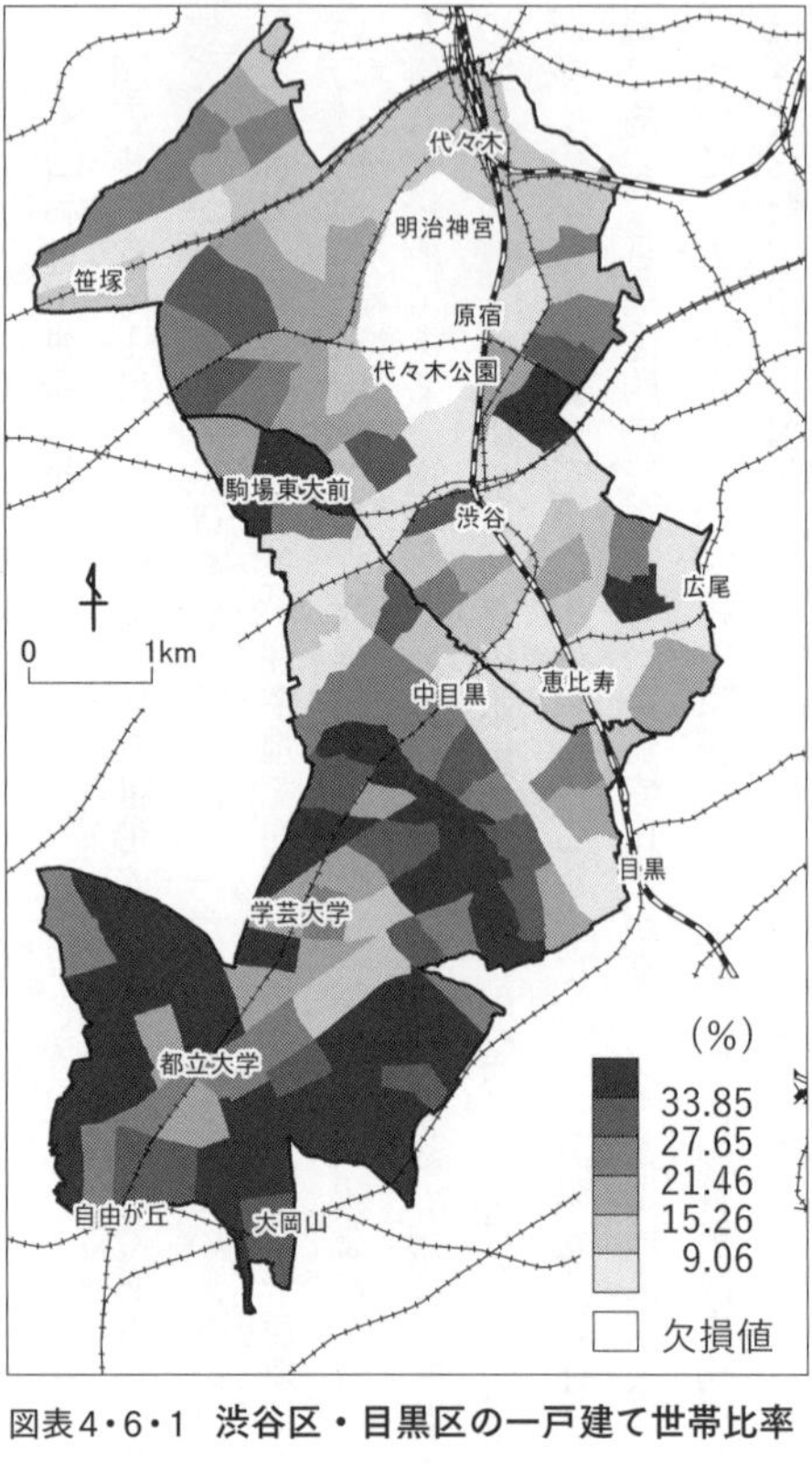

図表4・6・1　渋谷区・目黒区の一戸建て世帯比率

## （2）三－五階建て住宅に住む世帯の比率

図表４・６・２は、三－五階建ての共同住宅、つまり低層マンションに住む世帯の比率で

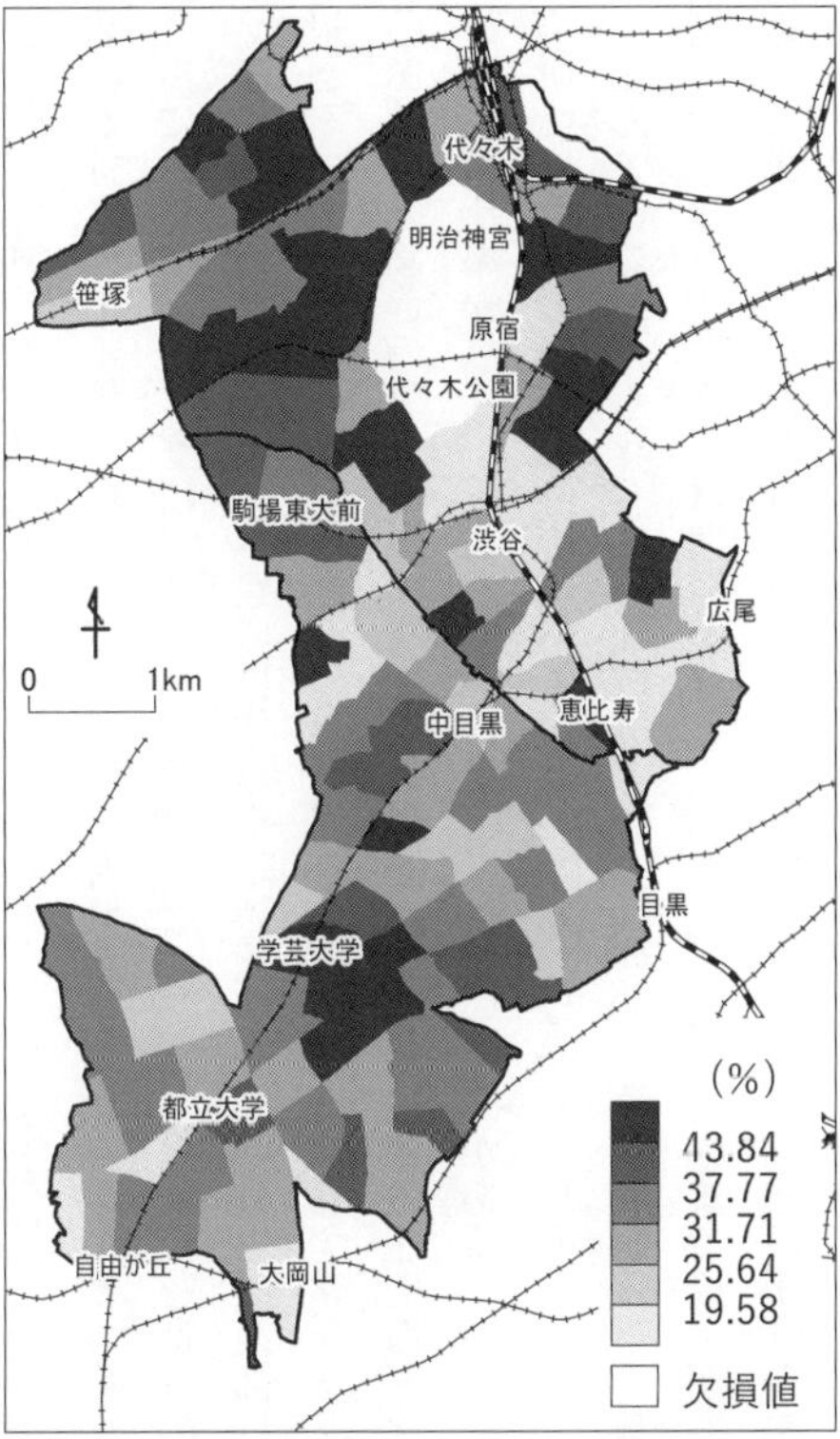


**図表4・6・2　渋谷区・目黒区の3－5階建て住宅に住む世帯の比率**

ある。まず目をひくのは、原宿駅と代々木公園・明治神宮の周辺の、竹下通りの商店街のある神宮前一丁目を除く地域で、低層マンションに住む世帯が多くなっていることである。実際にこのあたりを歩いてみると、原宿駅や代々木公園駅、代々木上原駅などから徒歩圏内に、瀟洒《しょうしゃ》な低層マンションが並んでいる。図表4・6・1と見くらべると、渋谷駅から恵比寿駅にかけての山手線沿いには、一戸建てと低層マンションがどちらも少ないことがわかるが、容易に予想できるように、この地域では高層マンションに住む世帯の比率が高くなっている。

先に触れたように、一戸建てに住む世帯の比率が高い目黒区南部にあって、学芸大学駅周辺とその南側はこの比率が低かったが、このあたりは低層マンションに住む世帯の比率が五〇%前後と高い。また住民の属性を目黒区南部のその他の住宅地と比べると、未婚率が高く、単独世帯比率が高く、子どものいる世帯は少ない傾向がある。高層マンションが建てられる場所ではないので、単身の、あるいは結婚したばかりの比較的若い人々が、低層マンションに住んでいるのだろう。この地域は、駅の近傍では戦前期から市街地化が進んでいたが、南側に少し離れた碑文谷《ひもんや》は開発が遅れ、高度成長期の途中まで農地が多かった。一戸建て住宅地が形成されていたわけではなかったので、マンション建設が進みやすかったのだろう。

### (3) 平均世帯年収推定値

図表4・6・3は、平均世帯年収の推定値を示したものである。所得水準の高い地域だけに、平均値が六〇六・五万円、平均値から標準偏差を引いたいちばん下の区分点でも五三

○・七万円と高い。地図では白っぽい部分があちこちにみられるが、これらはあくまでも渋谷区と目黒区のなかで相対的に所得が低いことを意味するのであり、貧困層が多いことを意味するというわけではない。低所得世帯の分布については最後に取り上げることにして、こ

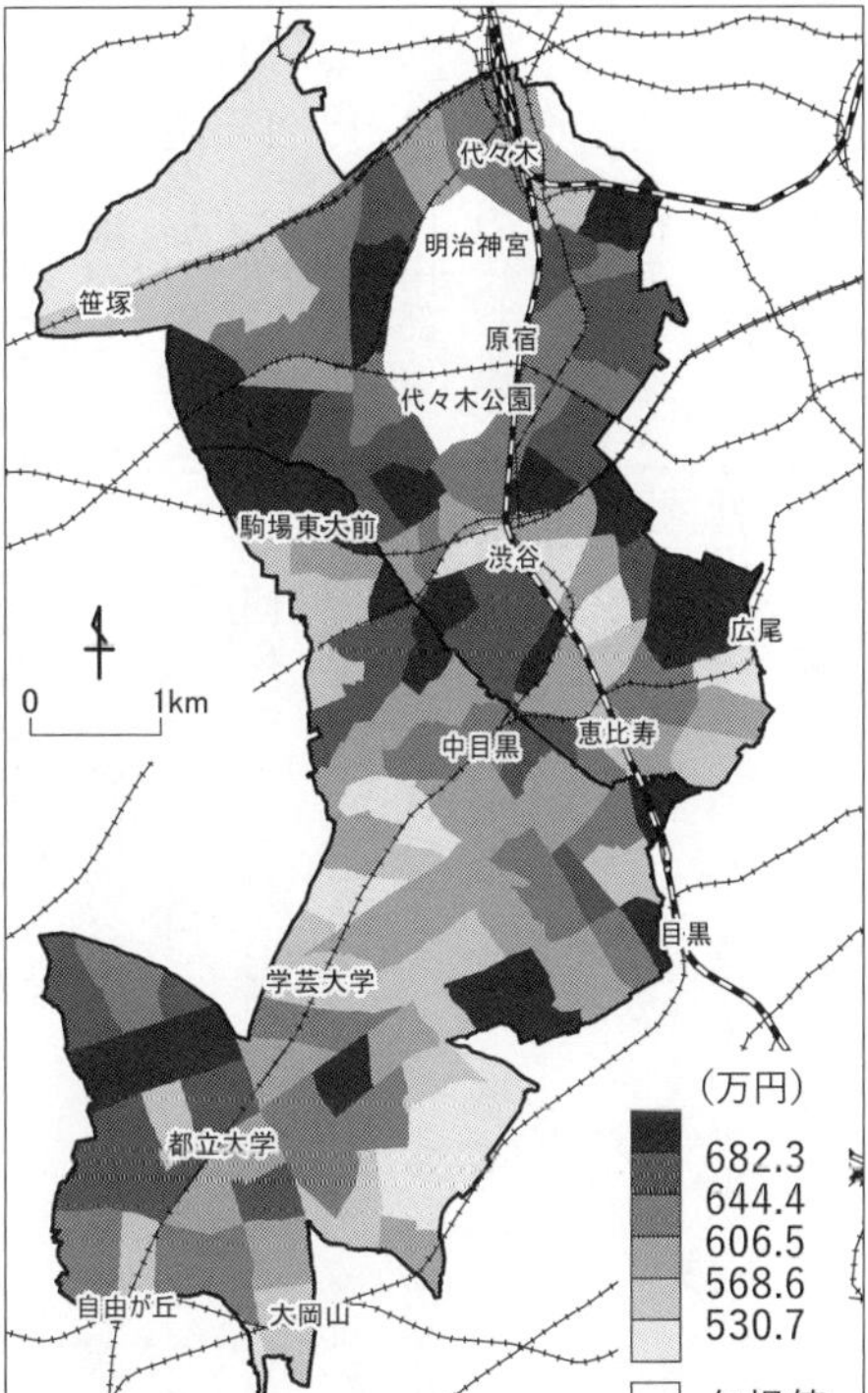


**図表4・6・3　渋谷区・目黒区の平均世帯年収推定値**

こでは主に、とくに豊かな地域に目を向けよう。

所得水準がとくに高いのは、渋谷区渋谷四丁目（八〇四・六万円）、同広尾四丁目（七五四・四万円）、同広尾三丁目（七四六・六万円）、同上原二丁目（七四五・六万円）、同千駄ヶ谷一丁目（七四二・五万円）、同松濤《しょうとう》一丁目（七四〇・〇万円）、目黒区青葉台二丁目（七四八・八万円）、同八雲四丁目（七三七・三万円）など。渋谷区周縁部の低層マンションの多い地域と、目黒区南部の一戸建ての多い地域である。このように所得水準の高い二つの区だが、高所得世帯の住む住宅の種類は異なる。

### （4）女性のノンマニュアル職比率

図表4・6・4は女性のノンマニュアル職比率、つまり職種の判明する有職女性のうち、専門職・管理職・事務職が占める比率である。第4章−1で、港区の青山から白金高輪にかけて「ホワイトカラー女性地区」、つまり単身で生活する高学歴のキャリアウーマンが多い地域があることを紹介したが、同様の地域が渋谷区にも点在している。この地図にみられる女性のノンマニュアル職比率が高い地域が、ほぼこれに対応している。とくに比率が高いのは、渋谷区渋谷一丁目（七八・四％）、同神宮前一丁目（七六・二％）、同上原二丁目（七五・

〇%）、目黒区中目黒二丁目（七四・八%）、同碑文谷二丁目（七三・〇%）と三丁目（七三・七%）、同自由が丘二丁目（七一・八%）などである。渋谷区広尾四丁目（八二・六%）と目黒区西端の東ヶ丘二丁目（七六・六%）も高いが、これらは病院の宿舎に住む女性看護師が

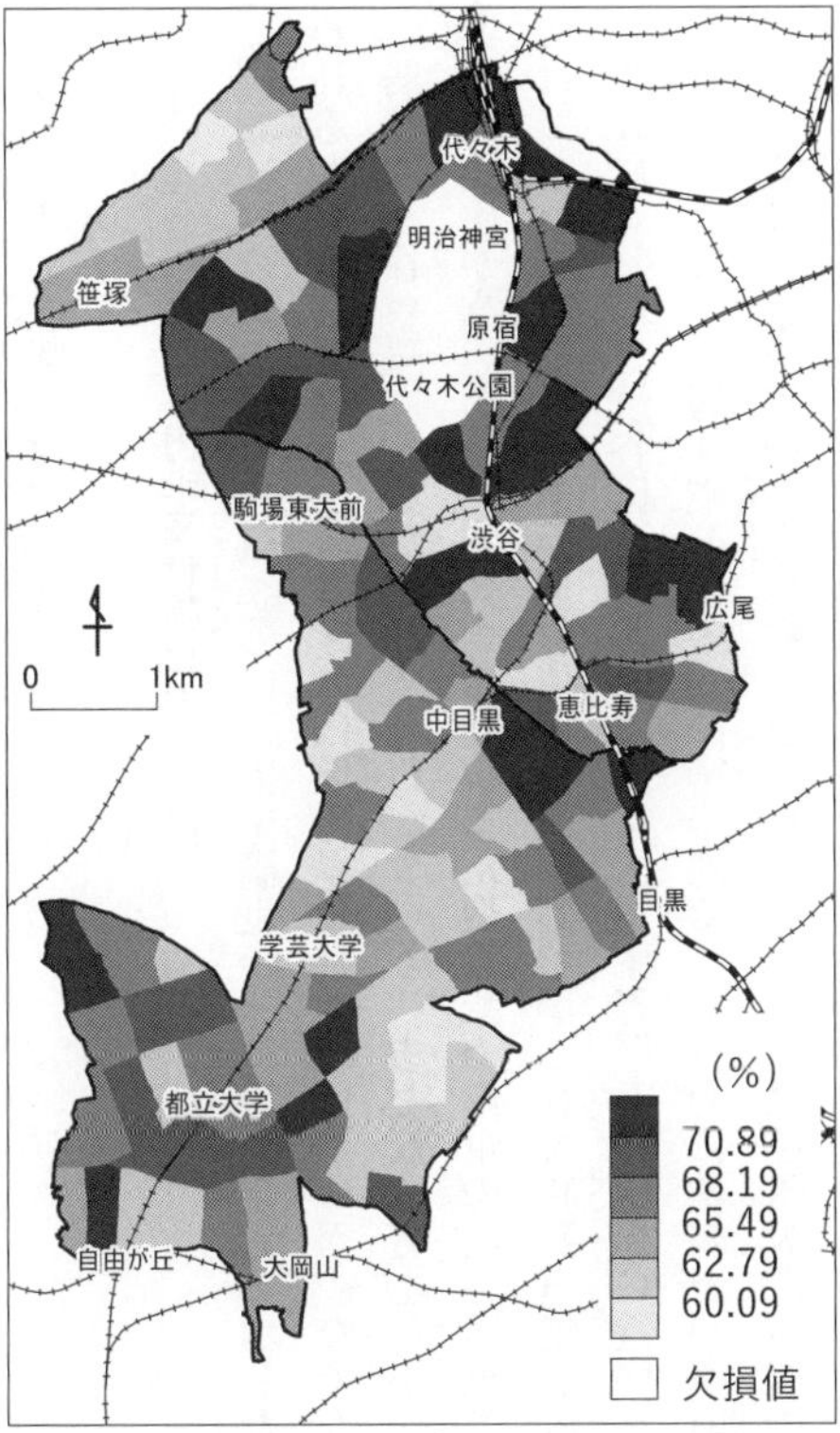


図表4・6・4　**渋谷区・目黒区の女性のノンマニュアル職比率**

多いことによるものだろう。

### (5) 年収二〇〇万円未満世帯比率推定値

図表4・6・5は、年収二〇〇万円未満世帯比率の推定値を示したものである。意外に思われるかもしれないが、渋谷区には低所得世帯の多い地域が少なくない。ただし渋谷駅に近い渋谷区渋谷や同道玄坂などは、人口が少なく、また飲食店主や小売店主と思われる自宅従業者の比率が高いので、特殊だろう。また渋谷駅の南東の渋谷区東二丁目と、同広尾五丁目には、かなり規模の大きい都営住宅があるので、これも特殊事情と考えてよい。

これに対して、渋谷区の最北部で新宿区や中野区との区界に近い渋谷区本町《ほんまち》、同幡ヶ谷《はたがや》、同笹塚《ささづか》などは、低層住宅の多い人口密集地で、実質的に貧困層が多い地域と考えていい。最寄りの駅は、京王線の初台《はつだい》、幡ヶ谷、笹塚、あるいは都営大江戸線の西新宿五丁目など。場所としては渋谷よりは新宿や中野に近く、東京都庁から西に歩いて十数分の場所である。都営住宅もあるが、町の人口そのものがそれぞれ約一万六〇〇〇人、約二万七〇〇〇人、約一万七〇〇〇人と多いので、これだけでは推定値の高さは説明できない。とくに渋谷区本町の都営住宅はわずか四八戸なので、影響は無視できる。

私がこの地域の存在に気づいたのは、五年前のことである。私は当時、国勢調査の小地域統計やメッシュ統計を用いて、東京の空間構造について分析を始めていたが、そのあまりに複雑な空間構造を把握しきれず、研究が進まずにいた。職業や産業、学歴、家族構成など、

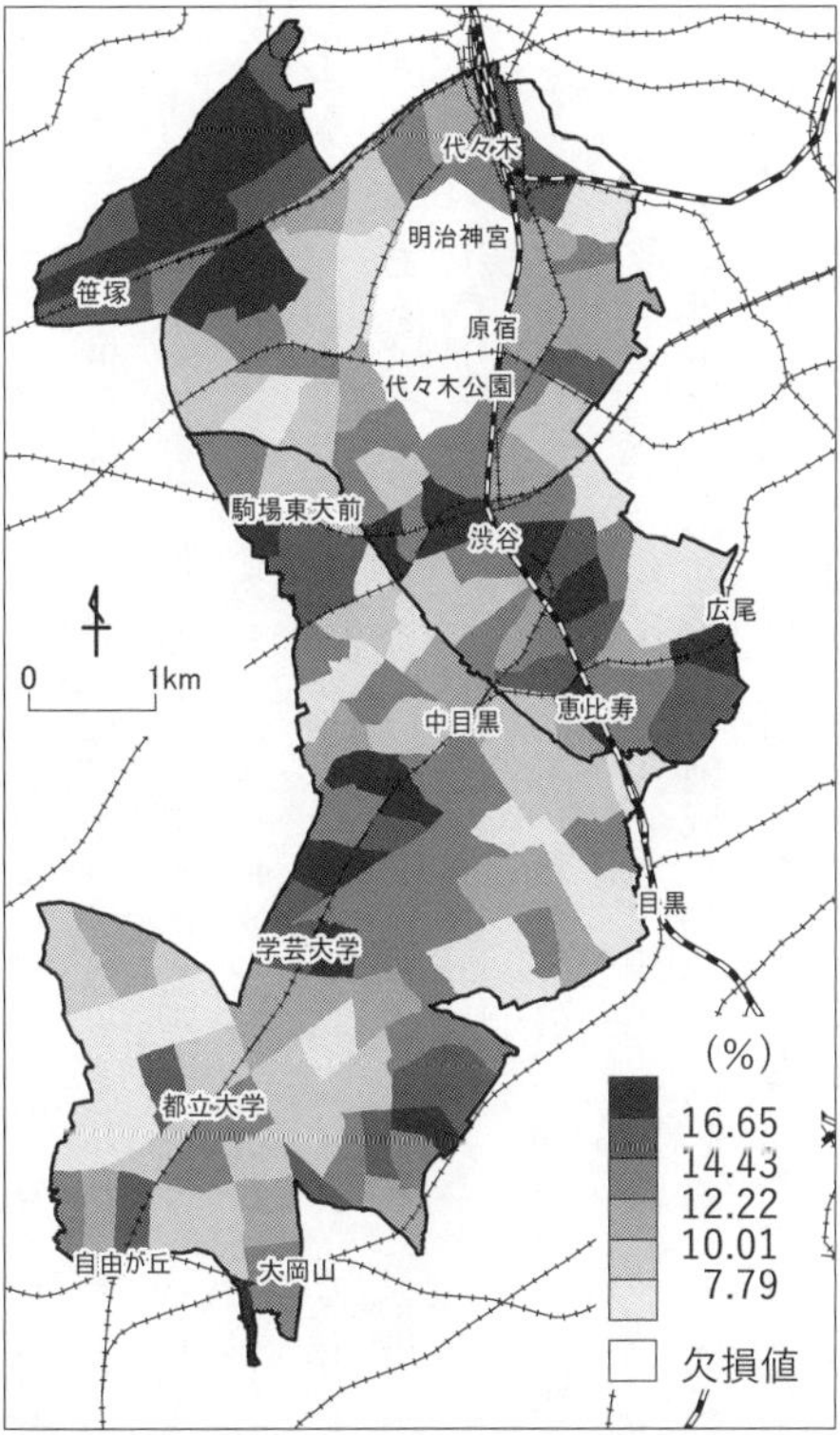


**図表4・6・5　渋谷区・目黒区の年収200万円未満世帯比率推定値**

さまざまな指標を使って社会地図を描けば、それぞれに空間構造が現われる。しかし、指標を変えれば空間構造は変わり、どれが基本の構造なのか判然としない。そこで思いついたのが、所得に関する指標の推定値を使って地図を描くという、本書の方法である。

これは、さまざまな指標のもつ情報を合成して、所得が高いか低いか、高所得世帯が多いか少ないか、低所得世帯が多いか少ないかという、一次元的な指標にまとめ上げてしまうということである。やってみると、口絵1や2に示したように、東京の空間構造がくっきりと表われ、これで分析が飛躍的に進んだと感じられた。

ところが、よくわからない点がある。新宿や渋谷、池袋など、副都心のターミナル駅から歩いてでも行けるような場所、あるいは横浜中心部の繁華街の裏手のような場所に、年収二〇〇万円未満世帯比率推定値の高い地域が点在しているのである。都営住宅があるなど、すぐに理由がわかる地域もあるにはあったが、大部分はそうではなかった。そもそも初台や笹塚などといえば、住所が渋谷区、しかも新宿に近い交通至便な場所で、家賃の高い人気の住宅地ではなかったのか。そこで私は、実際にこれらの場所へ行ってみることにしたのである。

それは驚きの経験だった。初台の駅で降り、華やかな公演が繰り広げられる東京オペラシティを横目に細い道を入ると、狭い一戸建て、木賃アパート、低層のワンルームマンションなどが密集している。人がすれ違うこともできないような、雑草の生い茂る狭い路地の奥に、木造の家屋が並んでいる。土地は低く、甲州街道と並行して走る都道は高架となり、車がはるか上を通り過ぎていく。都市社会学の用語では、第４章－３で紹介した遷移地帯ということになるのだろうけれど、どちらかといえば遷移し損ねた、遷移から取り残された地域だろう。近くには、幡ヶ谷六号通り商店街、笹塚駅に近い十号通商店街など、一般的な渋谷区イメージからは遠い個人商店中心の庶民的な商店街がある。

渋谷区本町の住宅街

なぜ渋谷区のこのあたりに、時代から取り残されたようなこんな地域が形成されたのか。これには歴史的背景がある。都市社会学者の武田尚子によると、この地域はもともと神田上水と玉川上水にはさまれた低湿地で、明治半ばまでは水田があった。そしてのちに、豊かな水を工業用水とする工場が立地するようになった。そして周辺の土地は、狭小区画に細

渋谷区の幡ヶ谷六号通り商店街

分されて、住宅と工場が混在する地域になったのである。そして東京オペラシティのように、一部の地域は再開発が進んで「遷移エリア」となったのに対して、そうでない地域は「非遷移エリア」として残されたというのである（武田尚子「東京圏における格差拡大と貧困地域の形成過程」）。

そういえば第4章－3で取り上げた池袋駅の近くの所得水準の低い地域も、川沿いの低湿地だった。こうした地域が再開発されず、つまり遷移せずに残っていることが、所得が低くても都心に近い場所に住むことのできる可能性を残し、都心周辺が富裕層の住宅と富裕層向け商業施設に純化されることがなく、多様性を確保した空間であり続けることを可能にしたといえるだろう。

公営住宅の役割も大きいようにも思われる。先述のように渋谷区広尾は、所得水準の高い地域である。丘の上には広尾ガーデンヒルズと聖心女子大学があり、隣接する南麻布は外国

渋谷区の広尾散歩通り

人が多く住む高級住宅地となっている。しかし地下鉄の出口と聖心女子大学をつなぐ駅前商店街の広尾散歩通りは、魚屋、八百屋、惣菜屋、銭湯などが並ぶ、いたって庶民的な商店街である。近年ではおしゃれな店も増えたが、基本は変わらない。それというのもすぐ近くに、戸数が六九六戸と大規模な都営の広尾五丁目アパートがあるからだろう。エコノミストの増田悦佐《えつすけ》もいうように、このアパートの存在が広尾の高級住宅地への純化を妨げ、「高級住宅地と庶民的な商店街が共存する」という「平和な光景」を生み出したのである（増田悦佐『東京「進化」論』）。これは広尾にとって、幸福なことといえるだろう。

個人的には、渋谷区に住みたいと思ったことは一度もない。しかし、こういう地域の存在を知ると、渋谷区も捨てたものではないという気になってくる。

**渋谷区・目黒区のまとめ**

- ほぼ全域が山の手台地にあり、都心三区に続いて所得水準が高い
- 渋谷区の一部に高層マンションがある一方、全体に低層住宅が多い
- 都心に近いエリアで再開発が進む一方、貧困地域も残る
- 富裕層向け商業施設に純化されることなく、多様性を確保した空間を維持している

## 4・7　杉並区・世田谷区

杉並区と世田谷区をひとまとめに扱うのも、自然な感じがする。いずれも東京23区の西端に位置する、現代的な意味での山の手住宅地の典型である。大田区のように蒲田周辺の下町を含んでいたり、目黒区のように一部が都心化していたりということもない。しかも世田谷区は九一・七万人、杉並区も五七・四万人と人口が多いから、山の手住宅地の住人といえば、このどちらかの住人である可能性が高い。

いずれも、一九三二年に東京三五区として東京市に組み込まれた地域である。杉並区は豊多摩郡の和田堀町《わだぼりまち》、杉並町、井荻町《いおぎまち》、高井戸町《たかいどまち》がまとめられた。世田谷区は一九三二年に荏原郡の駒沢町、世田ヶ谷町、玉川村、松沢村がまとめられたあと、一九三六年に北多摩郡の千歳村《ちとせむら》と砧村《きぬたむら》が編入された。杉並区は全域が山の手台地に位置するが、傾斜があるので西端と東端で一五メートルほどの標高差があるほか、杉並区内の善福寺《ぜんぷくじ》池を源流とする善福寺川、隣接する三鷹市に源流をもつ神田川が、浅い谷を形成している。世田谷区は大部分が山の手台地に位置し、北部の三鷹市との境界あたりでは標高が五〇メートルを超えるが、南部の一部は多摩川沿いの低地となっているほか、烏山川《からすやまがわ》と北沢川《きたざわがわ》（いずれも大部分が暗渠化されて、上は緑道となっている）の流域は浅い谷となっており、二つが合流して目黒川となる世田谷区池尻《いけじり》あたりでは、標高が一五メートル程度にまで低くなる。

この二区が住宅地となったのは関東大震災後のことで、震災前の一九二〇年には、世田谷区にあたる地域の人口は三万九九五二人、杉並区に至ってはわずか一万八〇九九人だった。これが一九二五年にはそれぞれ八万七九六五人、六万五九八一人と急増し、一九三五年にはそれぞれ、二一万七〇一人、一九万二一七人に達した。しかし都心に近い地域や駅の周辺を除けば、まだまだ農地が多かった。

宅地化にともなう風景の変化は、さまざまな文学作品にも描かれている。国木田独歩《くにきだどっぽ》は『武蔵野』（一八九八年、初発表時は「今の武蔵野」）で、武蔵野の範囲について、池袋に近い雑司ヶ谷から、板橋、川越、所沢、立川、登戸《のぼりと》を経て、丸子、下目黒に至る範囲を「西半面」とし、これに東の半面として亀戸から小松川、堀切《ほりきり》を経て千住に至る範囲としているが、作品で描かれているのは主に現代の世田谷区、杉並区から武蔵野市あたりと思われる。そのあたりの、林と畑、そして低地の水田が入り交じる風景を、独歩は次のように描いた。これが宅地化される前の、原風景だろう。

武蔵野には決して禿山はない。しかし大洋のうねりの様に高低起伏して居る。それも外見には一面の平原の様で、寧ろ高台の処々が低く窪んで小さな浅い谷をなして居るといった方が適当であらう。此谷の底は大概水田である。畑は重に高台にある、高台は林と畑とで様々の区劃をなして居る。

一八九〇年から一九二〇年までの間に、成立時に世田谷区に組み入れられた四町村の人口は一万六七二〇人から三万一九八五人に、杉並区に組み入れられた四町の人口は一万三〇九七人から一万八〇九九人に増えただけだったから、こうした風景はおそらく一九二〇年あたりまで、さほど変わらなかっただろう。

関東大震災直後の一九二六年に、牛込区から、後に杉並区に組み込まれる井荻村へ転居してきたのは、作家の井伏鱒二である。そのころ文学青年の間では、電車で渋谷、新宿、池袋へ出るのに便利な郊外に転居するのが流行になっていて、兄から経済的援助を受けられる見込みのあった鱒二は、この風潮に乗ったのだった。とはいえ、この地域に転居するのは文学者に限ったことではなかった。「関東大震災がきっかけで、東京も広くなっていると思うようになった。ことに中央線は、高円寺、阿佐ヶ谷、西荻窪など、御大典記念として小刻みに駅が出来たので、市民の散らばって行く速度が出た」のである。

家を建てたのは、荻窪《おぎくぼ》駅の近く。大正初期にはクヌギ林で、地表にはススキや山ユリ、ツリガネ草などが生えていたが、転居を決めたときには一面の麦畑になっていた。地所を探しに来た鱒二は、麦畑で農作業をしていた男に「おっさん、この土地を貸してくれないか」と声をかける。男は「貸してもいいよ。坪七銭だ。去年なら、坪三銭五厘だがね」と答えた。転入者が増えて、地代が高騰していたのだ（井伏鱒二『荻窪風土記』）。

この少しあと、永井荷風は「つゆのあとさき」で、セダンな建物が建ち並ぶ住宅地となり

「つゆのあとさき」に登場する世田谷区の住宅地　中央奥が豪徳寺の林

つつある世田ヶ谷町のようすを、次のように鮮やかに描いた。作品中でこの地に住んでいるのは、流行作家の父親であり、帝国大学で三〇年にわたって漢文を教えた老学徒である。

府下世田ヶ谷町松蔭神社の鳥居前で道路が丁字形に分れてゐる。分れた路を一二町ほど行くと、茶畠を前にして勝園寺といふ扁額をかゝげた朱塗の門が立つてゐる。路はその辺から阪になり、遥かに豪徳寺裏手の杉林と竹藪とを田と畠との彼方に見渡す眺望。世田ヶ谷の町中でもまづこの辺が昔のまゝの郊外らしく思はれる最幽静な処であらう。寺の門前には茶畠を隔てゝ西洋風の住宅がセメントの門墻をつらねてゐるが、阪を下ると茅葺屋根の農家が四五軒、いづれも同じやうな藪垣を結ひめぐらしてゐる……。

世田谷区はその後も急速に宅地化が進み、区域面積に占める宅地の比率は、一九二五年の六・〇％から、一九三五年には八・四％、一九四五年には二〇・一％と増加していった（長谷川徳之輔『東京の宅地形成史』）。ちなみに二〇一六年時点の宅地比率は六八・〇％である（東京都都市整備局都市づくり政策部土地利用計画課「東京の土地利用」）。しかし現在でも世田谷区には、多摩川流域の低地や、京王線と小田急線にはさまれたどの駅からも遠い交通の不便な場所を中心にかなりの農地が残っている。世田谷区経済産業部都市農業課によると、二〇二〇年の農地面積は八一・三ヘクタールだというから、世田谷区の総面積の約一・四％ということになる（世田谷区経済産業部都市農業課『せたがや農業通信・令和3年度』）。二〇一五年の国勢調査では、農林漁業従事者が一一六〇人だった。ちなみに杉並区は四六五人である。

なお以下の地図では、東京都立松沢病院があって、専門的・技術的職業従事者比率が九七％を超える世田谷区上北沢二丁目は、異常値となるため除外した。

## （1）一・二階建ての共同住宅に住む世帯の比率

この二区について詳しくみる前に、図表4・7・1をご覧いただきたい。これは一階建てまたは二階建ての共同住宅に住む世帯の比率を、東京23区全体についてみたものである。二〇一八年の「住宅・土地統計調査」によると、東京23区の一・二階建て共同住宅六九万一五〇〇戸のうち四三万二〇〇〇戸は木造（防火木造を含む）、また五三万一九〇〇戸は借家だから、この地図はほぼ低層賃貸アパートに住む世帯の分布を示していると考えてよく、しかも木造賃貸アパートに住む世帯の比率の分布に近いと考えていいだろう。

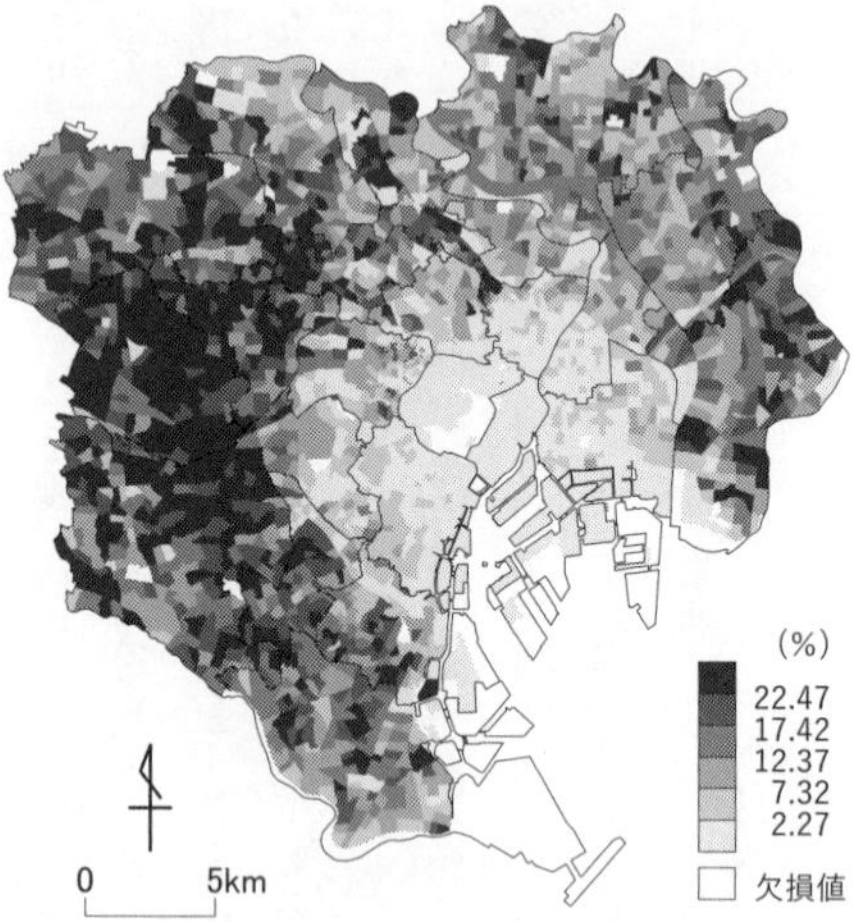


**図表4・7・1　東京23区の1・2階建て共同住宅に住む世帯の比率**

一見してわかるように、豊島区の西部、中野区と杉並区のほぼ全域、そして世田谷区の北

杉並区高円寺の２階建てアパート密集地域

東部に、比率の高い地域が密集していることがわかる。道路との関係でいえば、山手通り（環状六号線）と環状八号線にはさまれた地域にあたる。なかでも第４章－２で触れた妙正寺川流域、西武新宿線沿線から中央線沿線にかけての広い地域で、比率が高くなっている。これに対して世田谷区では、比率が高いのは京王線沿線の北沢や桜上水《さくらじょうすい》、そして多摩川に近い低地の一部だけとなっている。同じ山の手住宅地の中心である杉並区と世田谷区だが、この点は大きな違いとなっている。

### (2)　単独世帯比率

図表４・７・２は単独世帯比率を示したものである。これまでもみてきたように、単独世帯は鉄道沿線で高くなる傾向があり、この二区について

もそれはあてはまるが、中央線沿線はこの傾向が極端である。とくに高円寺《こうえんじ》北二丁目（七五・四%）、同三丁目（七三・八%）、高円寺南二丁目（七一・四%%）、同三丁目（七〇・

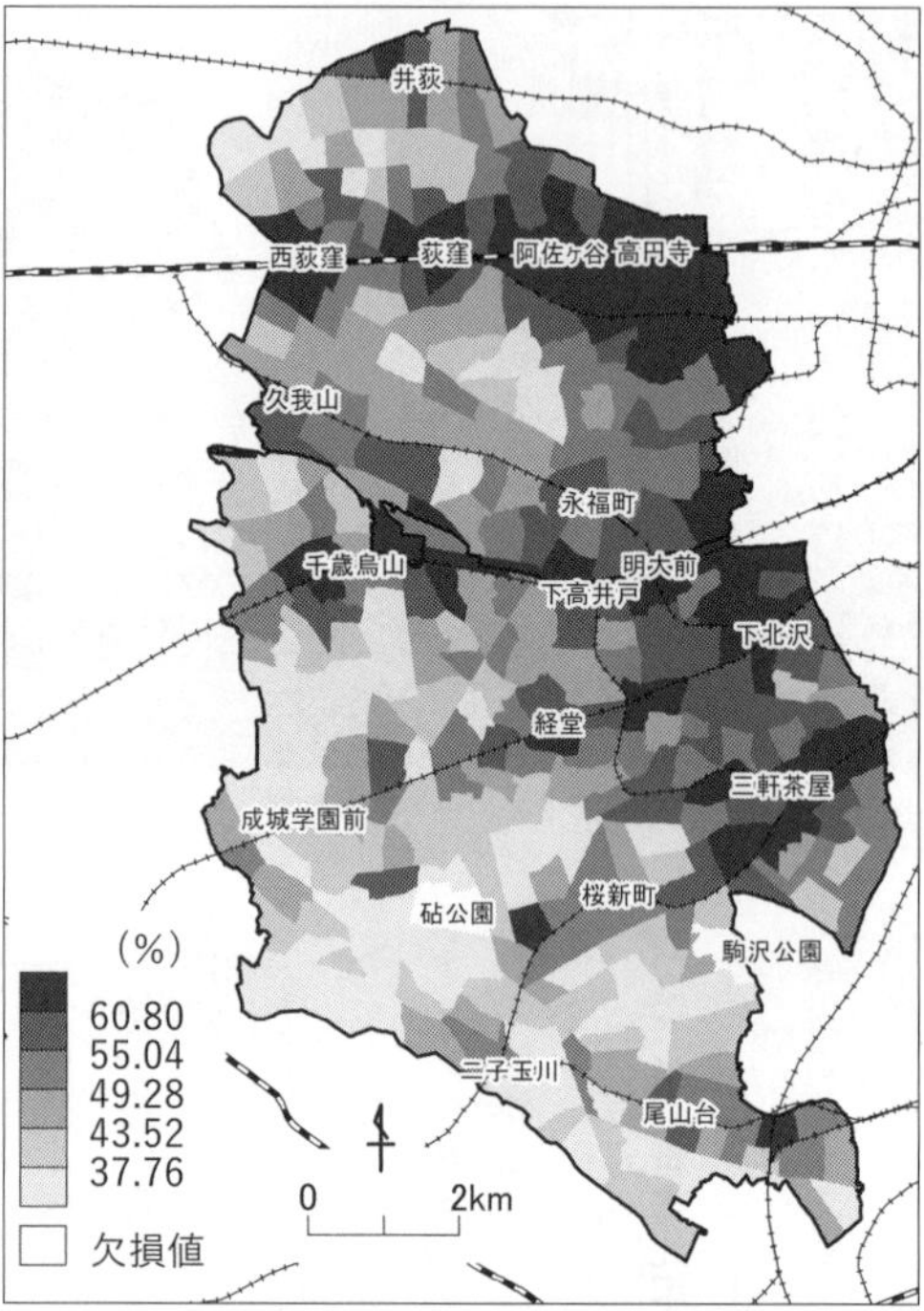


**図表4・7・2　世田谷区・杉並区の単独世帯比率**

一％）、同四丁目（七一・二％）、阿佐谷《あさがや》南二丁目（七一・八％）など、七割を超えている。中央線の南側を荻窪と都心を結ぶ東京メトロ丸ノ内線が通っていることが、単独世帯比率が高い地域の面的な広がりをもたらしているようだ。これらの地域はいずれも未婚率が高く、まさに一人暮らしの町ということができる。

これに対して世田谷区では、京王井《い》の頭《かしら》線と小田急線、京王線がそれぞれ交わる下北沢《しもきたざわ》駅と明大前駅周辺に、単独世帯比率の高い地域が面的に近い形で広がる傾向をみせてはいるものの、杉並区に比べれば広がりは限られる。これというのも、先にみたように単独世帯に向いた低層アパートが多くないからだろう。

### (3)　管理職比率

図表4・7・3は、管理的職業従事者比率を示したものである。中央線沿線は、南荻窪の一部や、最寄り駅が吉祥寺《きちじょうじ》になる善福寺の一部を除けば、概して管理職比率が高くない。これというのも、単身者中心の若い町だからだろう。杉並区内で管理職比率が高いのは、井の頭線沿線の永福、浜田山、高井戸東などである。これに対して世田谷区には、管理職比率の高い地域が多い。とくに高いのは、下北沢駅近くの井の頭線の南側に位置する代田《だいた》や代沢《だいざわ》、

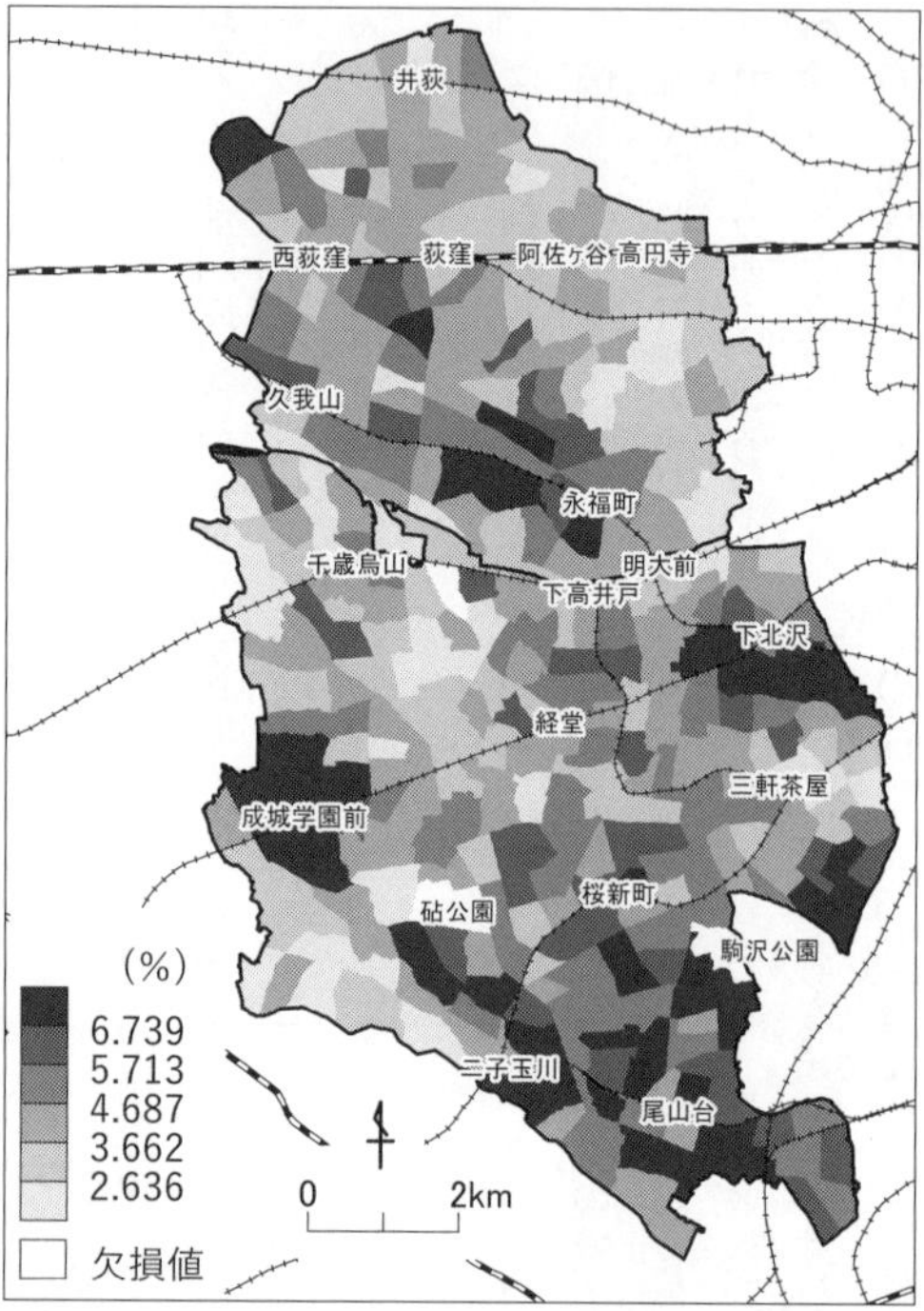


図表4・7・3　世田谷区・杉並区の管理職比率

そして成城学園駅の北側と南側、少し間をおいて東南方向へ岡本、瀬田《せた》、多摩川、上野毛《かみのげ》、等々力《とどろき》、尾山台《おやまだい》、奥沢、玉川田園調布と連なる帯状の地域である。最寄りの駅は、成城だけは小田急線だが、それ以外は東急線である。これらはいずれも、低地に隣接する台地というところに共通点がある。代田と代沢は、北沢川に近い低地に発展した下北沢の繁華街から坂を上った台地の上である。そして成城から玉川田園調布へ連なる住宅地は、国分寺崖線の縁に沿った台地の上の眺望のいい場所である。とくに管理職比率が高いのは成城と玉川田園調布で、成城五丁目（一四・二％）、同六丁目（一三・七％）、玉川田園調布二丁目（一三・七％）など。この地域は標高も四〇メートル前後と、他の地域より高くなっている。

### (4) 専門職・技術職比率

図表4・7・4は、専門的・技術的職業従事者比率を示したものである。世田谷区では、専門職・技術職比率の高い地域は、管理職比率の高い地域とほぼ一致しているが、やや広がりを欠く。管理職比率が高かった成城から玉川田園調布にかけての帯状の地域をみると、成城五丁目（三三・九％）、同六丁目（三二・五％）、同二丁目（三二・一％）、玉川田園調布二丁目（三三・七％）などは高いものの、他は二〇％台後半にとどまるところが多い。専門職よりは管理職の多さに特徴づけられる地域といっていいだろう。これに対して杉並区は、やや傾向が異なる。管理職比率が高かった井の頭線沿線では比率が高くなく、管理職比率があま

り高くなかった中央線沿線の、荻窪駅と西荻窪駅に近い荻窪、南荻窪、西荻南などで高くなっている。これらの地域の周辺でも、専門職・技術職比率が相対的に高い地域が多く、阿佐

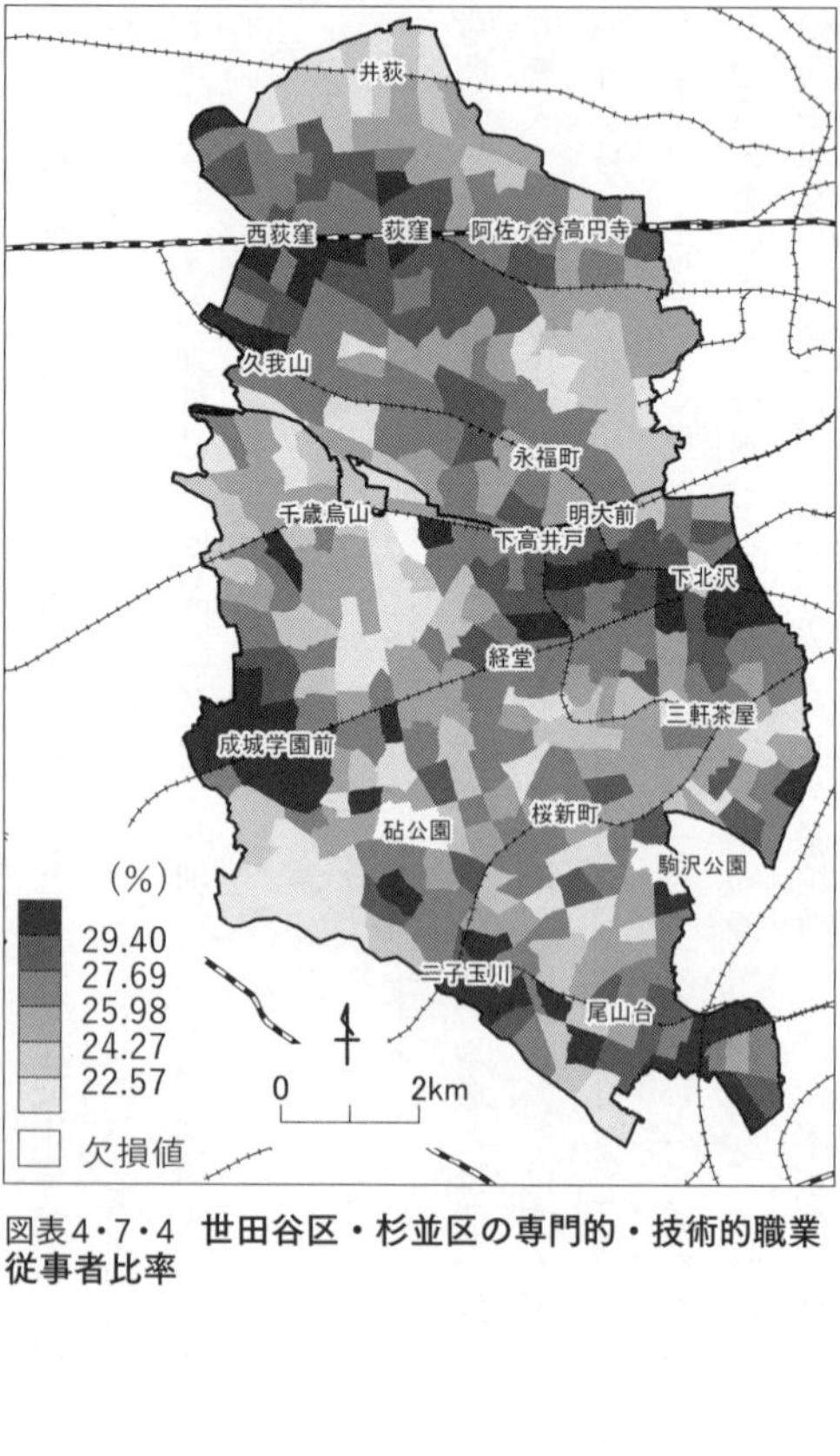


図表4・7・4　世田谷区・杉並区の専門的・技術的職業従事者比率

ヶ谷駅の南側から西荻窪駅周辺の武蔵野市との境界あたりまで面的な広がりをみせている。いずれも東京23区のなかでは専門職・管理職比率が高い二区だが、杉並区は、より専門職に特化しているとみていいだろう。ブルデューのいう二つの資本に関連させるなら、世田谷区民が経済資本に特化しがちであるのに対して、杉並区民は文化資本の比重が高いということもできるだろう。

### （５）平均世帯年収推定値

図表４・７・５は、平均世帯年収の推定値を示したものである。平均世帯年収推定値の高い地域は、図表４・７・３に示した管理職比率の高い地域とほぼ一致しているが、世田谷区南部の成城から玉川田園調布にかけての地域では、管理職比率の高い地域を中心に、さらに北側へと広がって、広大な高所得地域が形成されていることがわかる。下北沢駅周辺は管理職比率が高かったが、平均世帯年収推定値はあまり高くない。これは所得の高くない若い単身者が多く住んでいることによるものだろう。若い単身者の町である阿佐ヶ谷駅と高円寺駅の周辺は、所得水準の高くない地域となっていることもわかる。千歳烏山駅から南東へ少し離れたところに、推定値が高い地域があるが、これは蘆花《ろか》恒春園《こうしゅんえん》のある辺りの、緑の多い

閑静な住宅地である。

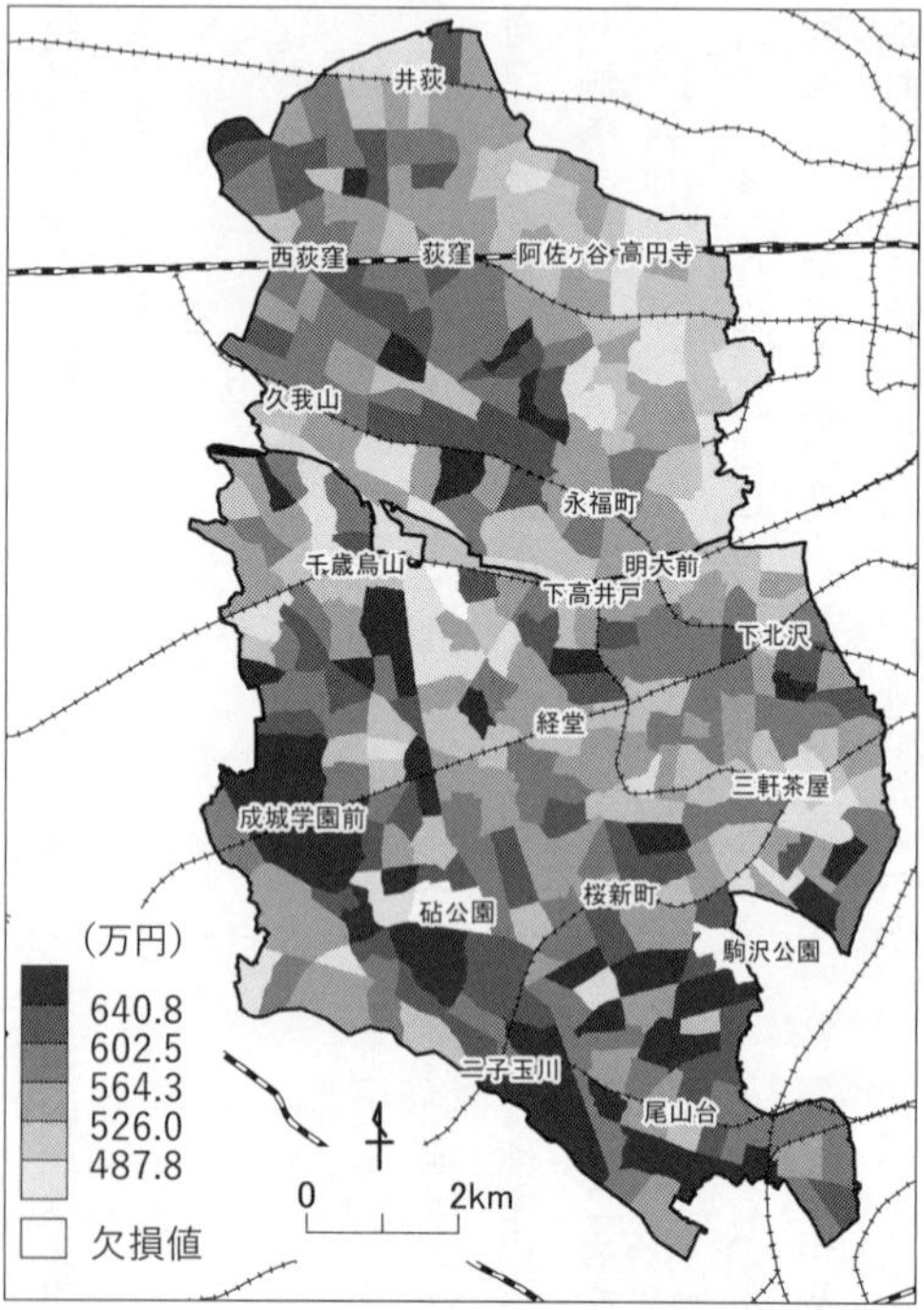


図表4・7・5 **世田谷区・杉並区の平均世帯年収推定値**

### （6）年収二〇〇万円未満世帯比率推定値

図表４・７・６は、年収二〇〇万円未満世帯比率の推定値を示したものである。分布は当

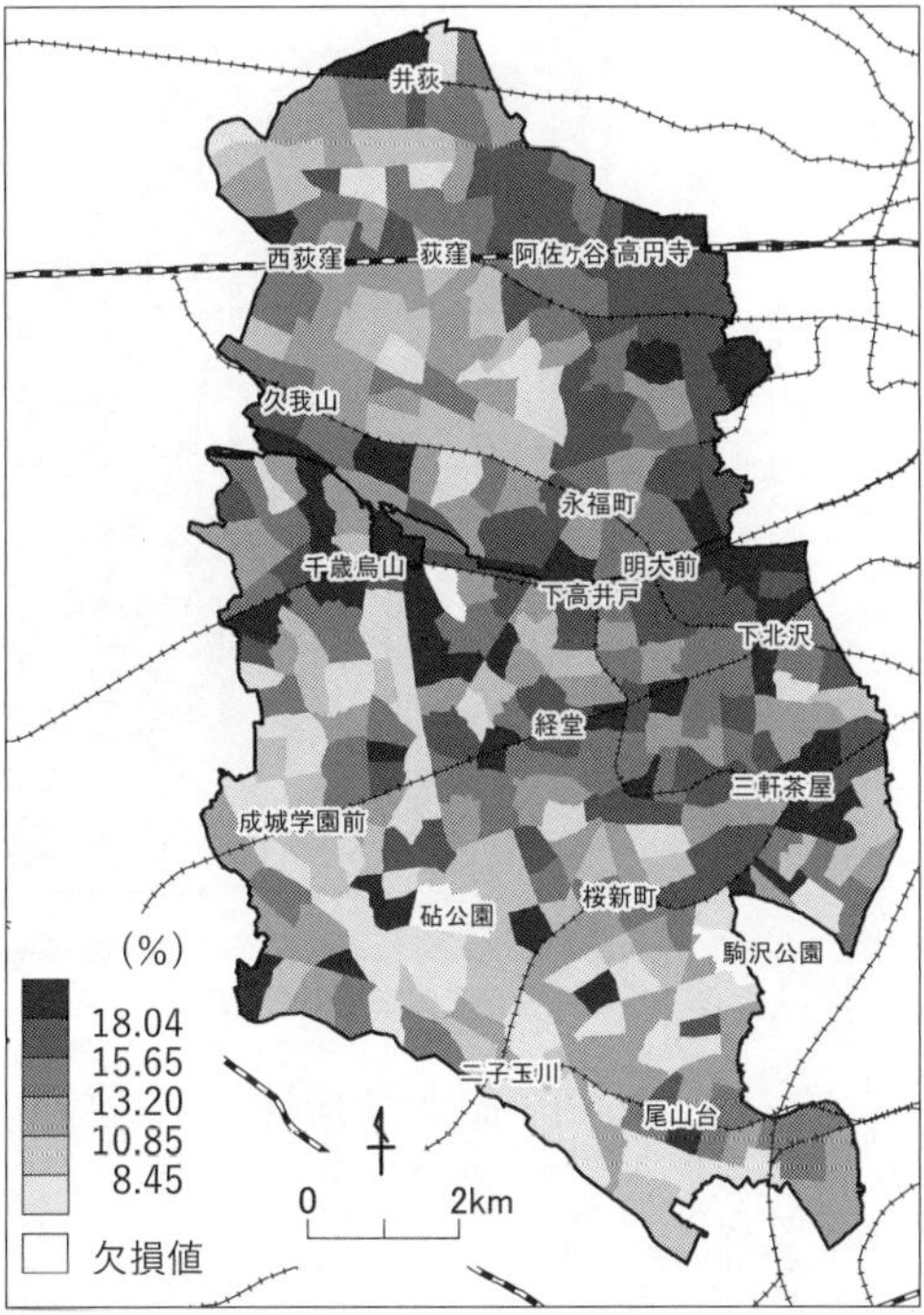


**図表4・7・6　世田谷区・杉並区の年収200万円未満世帯比率推定値**

世田谷区三軒茶屋の飲食店街

然、図表4・7・5を反転させたような形となっている。推定値が高いのは、まず阿佐ヶ谷駅と高円寺駅の周辺とその南側で、地図の色分けでいちばん上と二番目とにあたる地域が面的な広がりをみせている。低層アパートと単独世帯の多い地域である。同様に下北沢駅周辺とその北側、明大前駅や下高井戸駅付近にも、推定値の高い地域が広がっている。

しかしよくみると、高級住宅地のイメージの強い世田谷区の北西部から始まって南東方向に、推定値の比較的高い広大な地域が広がっていることに気がつく。千歳烏山駅周辺から地名をつないでいくと、南烏山、八幡山《はちまんやま》、船橋、桜上水、経堂《きょうどう》、宮坂《みやさか》、世田谷、太子堂《たいしどう》、三《さん》軒茶屋《げんぢゃや》と連なる、やや不定形ながらもほぼ帯状の地域を形成している。駅名でいえば、千歳烏山、千歳船橋、経堂、豪徳寺《ごうとくじ》、松陰《しょういん》神社前、三軒茶屋ということになるが、このあたりは、北沢川や烏山川が暗渠化された緑道に沿った谷にあたる低地で、いずれも庶民的な商店街があり、山の手のなかの下町といった趣のある地域である。そういえば、若者たちが集まる町である下北沢も、丘の上の住宅地に囲まれた下町のような場所だった。

地価は安いとはいえないが、都心やその周辺に比べれば家賃やマンションの価格はそれほど高くはなく、商店街を物色すれば何でも安く買えるので、住みやすい地域だと思う。高円寺や阿佐ヶ谷にも、下町を思わせる庶民的な商店街と家賃の安いアパートがある。比較的低所得でも快適に住めるから、若者が集まるのだろう。山の手のなかに、庶民的で住みやすい下町がある。それが杉並区や世田谷区に、単なる山の手住宅地にとどまらない魅力を与えているのである。

**杉並区・世田谷区のまとめ**

- 23区の西端に位置する現代的な意味での山の手住宅地の典型
- 世田谷区は専門職・管理職に従事する経済資本に特化した区民が多く、杉並区はより専門職に特化した文化資本の比重が高い区民が多い
- 経堂、松陰神社前、三軒茶屋、高円寺、阿佐ヶ谷など、山の手のなかの下町といった趣のある地域もある

## 4・8　板橋区・練馬区

板橋区と練馬区は、もともとはひとつの区だった。一九三二年に北豊島郡の九つの町村が、東京三五区のひとつである板橋区として東京市に編入されたが、このときの区域は、現在の板橋区と練馬区をあわせたものだった。一九三〇年の時点で東京一五区の人口は約二〇七万人、平均すると約一四万人で、最大は浅草区の約二四万人だった。東京三五区の成立にあたっては、それぞれの人口は一四万人から二〇万人を「大体基準とす」るとされたが、現在の板橋区と練馬区にあたる地域の人口は、それぞれ七万二〇八〇人と四万一五〇六人、合計一一万三五八六人だったから、基準を満たしていない。しかしその面積は八〇・三平方キロメートルと広大で、すでに旧東京一五区の総面積八一・二平方キロメートルに匹敵するほど広かったから、こうするしかなかったのだろう（『東京府史　行政篇第４巻』、『東京百年史　第五巻』、『練馬区史　現勢編』）。

しかし現在の練馬区にあたる地域には、板橋区の成立した当初から、分離独立を求める動きがあった。戦後の一九四七年三月、東京三五区はいったん二二区へまとめられ、板橋区はそのままとなったが、分離独立運動は戦後の民主化のなかでさらに浸透し、旧板橋区議会の決議を経て同年八月、独立が認められて練馬区が成立したのである。

分離独立を求める理由は、主に利便性の問題だった。現在の板橋区の東南部は、早くから商工業地域として栄えており、必然的に区役所はここに設けられた。しかし練馬から区役所へは、直接に行く交通手段がない。このため鉄道を乗り継いで何時間もかけ、「税金納めに行くのに税金より交通費の方が余計かか」るというような状況だったという。これに加えて、土地柄の違いがあった。板橋が工業地域であるのに対して、練馬は農業地域である。練馬の地域リーダーたちは、「板橋は工業が主であり練馬は農業を中心として、それに適正に住宅を配した田園都市にしようというのが目標」であり、めざしている地域像が根本から違うと考えた。これを受けて東京都は、両者の人的構成や、交通・都市計画上の特性が異なること、「生活共栄圏」が相互に独立していることなどを理由にあげて、分離が必要と認めたのだった（『練馬区史　現勢編』）。

当時すでに板橋区の人口は約二九万人で、世田谷区と大田区に次いで多く、しかも現在の板橋区と練馬区の人口を合計すると、さいたま市に匹敵する一三一万人にもなってしまうから、分離させたのは正しい判断だった。また両区には最初から、大きな違いがあった。口絵

3をみればわかるように、板橋区が二〇メートルの等高線の上下にまたがり、山の手と下町の境界に位置するのに対して、練馬区は全域が山の手台地の上にある。そして一九一五年に武蔵野鉄道（現在の西武池袋線）が開通してから、すでに練馬の一部は新中間階級の住宅地として発展する兆しをみせていた。作家の高田宏らは、戦前の『文部省職員録』を用いて、東京帝国大学教授の居住地の分布の変化を明らかにしている。これによると明治中期の帝大教授の多くは、本郷・小石川・神田・日本橋など都心部の山の手と下町に住んでいたが、大正時代になるとほとんどが山の手に住むようになり、しかもその範囲が東京西部の中央線沿線へと広がっていく。そして昭和になると、南は成城・田園調布、北は練馬と、現代的な意味での山の手全体に広がるのである。その分布図をみると、不思議なことに帝大教授の住所は、練馬区を横切って西から東へ流れる石神井川の南側にほぼ限定されていて、板橋区に接する北側はほぼ皆無である（岩淵潤子・ハイライフ研究所山の手文化研究会編『東京山の手大研究』）。

実際に板橋区から練馬区に向かって歩いてみると、ここに下町と山の手の境界があることを実感することができる。都営地下鉄三田線に乗って北へ向かうと、板橋区中心部のやや東寄りにある志村坂上《しむらさかうえ》駅を過ぎたところで電車は地上に出る。つまり電車は、武蔵野台地を抜け出して低地に出たのである。地上に出てまもなく、左側に断崖がみえてくる。緑で覆われ、ところどころにマンションがあるが、切り立った崖である。これが、山の手台地の東北端である。次の志村三丁目駅で電車を降りて改札を出たら右へ進み、しばらく歩くと、断崖に沿って走る首都高速道路五号線に出る。

周囲を歩けば、武蔵野台地の上と下の違いが実感できる。首都高の東北方向の低地は、最近ではずいぶんマンションが増えたが、多数の倉庫や工場が荒川あたりまで点在していて、潤いのない街並みが広がる。これに対して南西側の急坂を登ると、しばらくは坂の多い複雑な地形が続き、一部には雑木林も残るが、これを超えると練馬区になり、さらに二〇分も歩けば、落ち着いた住宅地が姿を現わしてくる。下町から山の手への、かなり急勾配のグラデーションである。そしてこの地形の違いが、社会地図にもくっきり表われるのである。

山の手台地の北端の断崖

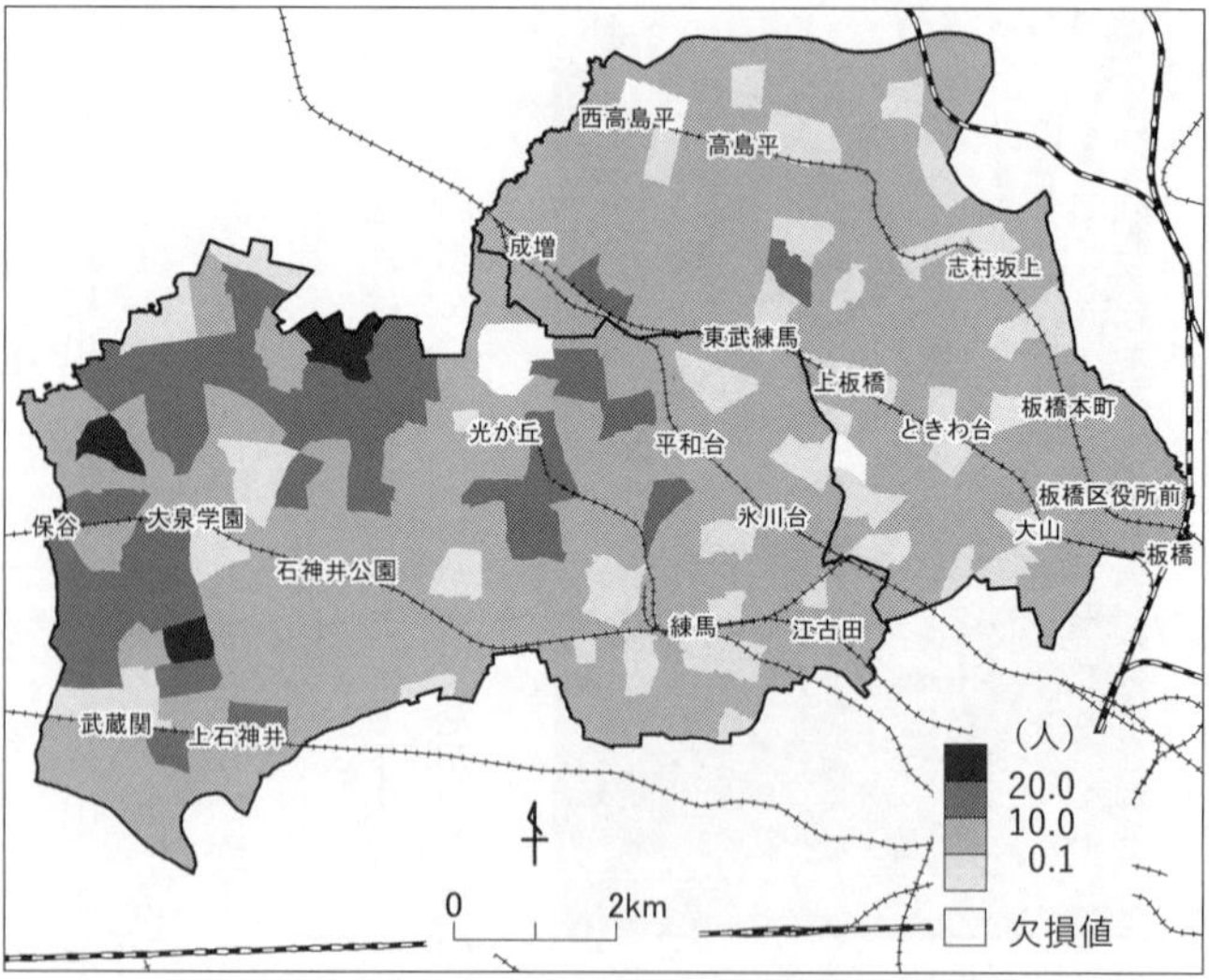


図表4・8・1　板橋区・練馬区の農林漁業従事者数

### (1) 農林漁業従事者数

練馬区といえば、都市農業のイメージが強い。練馬区によると二〇一八年の農地面積は二〇三ヘクタールで、東京23区の農地の四割を超える（練馬区都市農業担当部都市農業課「ねりまの農業」）。区の総面積の四・二％を農地が占めていることになる。二〇一五年の国勢調査による農林漁業従事者数は一一一人である。図表4・8・1は農林漁業従事者数を示したものである。区分点は一〇人と〇・一人とした。つまり、黒い部分は一〇人以上の農林漁業従事者がいる町丁目、濃いめのグレ

練馬区にある民間経営の体験農園

ーの部分は一人から九人の農林漁業従事者がいる町丁目、薄いグレーの部分は農林漁業従事者が一人もいない町丁目である。ただし農林漁業従事者だから、遠洋漁業の漁船関係者などが含まれている可能性はある。

　少なくとも一人の農林漁業従事者がいる町丁目は板橋区と練馬区の全域に広がっているが、一〇人以上いる町丁目は、板橋区では板橋区西台と同赤塚に二ヶ所あるだけ。これに対して練馬区では、一〇人以上の町丁目が多数あり、とくに大泉町《おおいずみまち》一丁目（四一人）、西大泉二丁目（二六人）、石神井台五丁目（二〇人）などが多い。一〇人以上の町丁目は北西部の鉄道の線路から離れた地域や、最西端の西東京市との境界部分に多いが、練馬区早宮四丁目（一七人）、同田柄二丁目（一五人）、

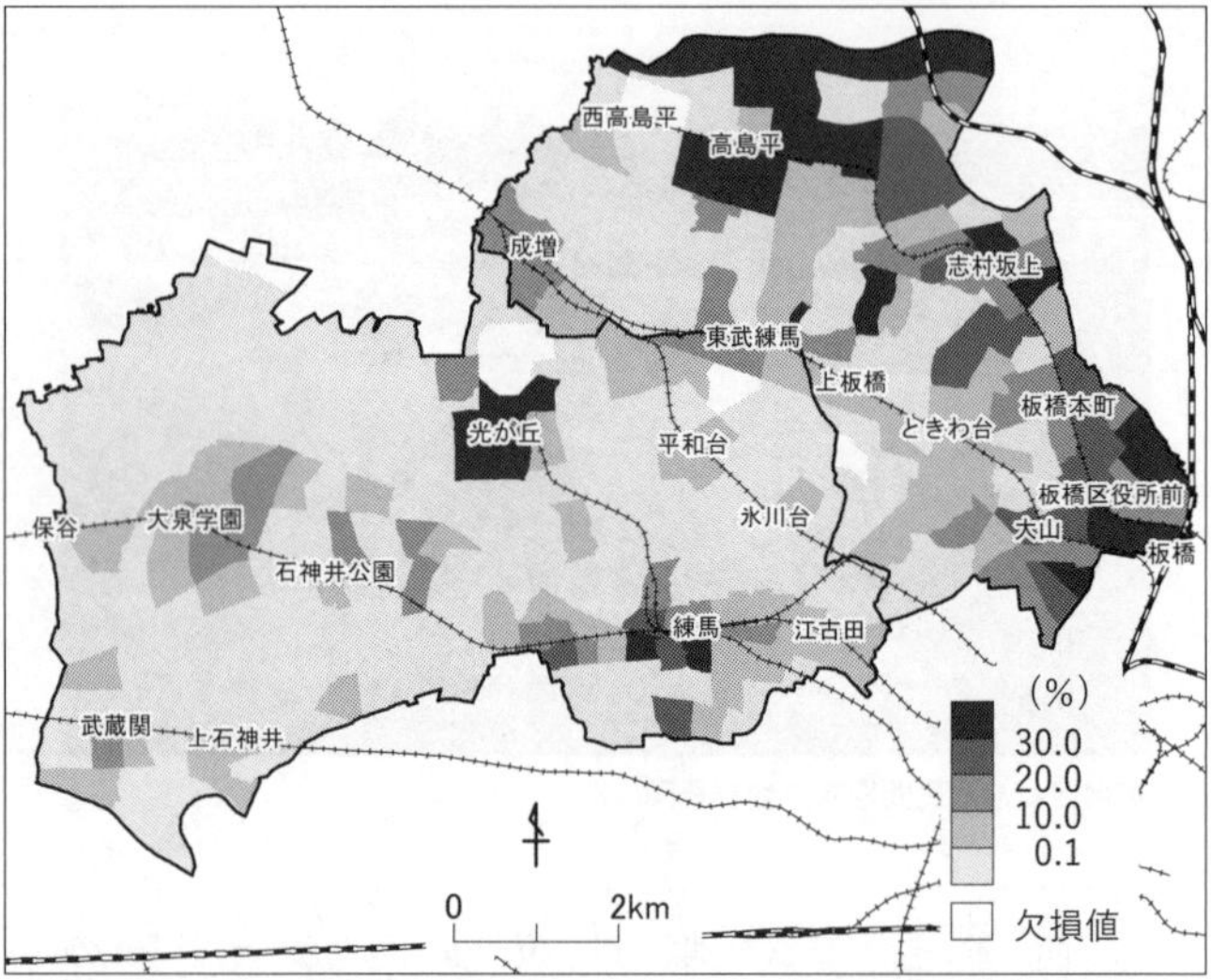


図表4・8・2　板橋区・練馬区の11階建て以上の住宅に住む世帯の比率

同四丁目（一六人）など、比較的都心に近い交通の便利な場所にも点在している。これらの地域にはいくつもの農産物直売所があり、農業に親しむイベントも多数行なわれている。

### （2）一一階建て以上の住宅に住む世帯の比率

図表4・8・2は、一一階建て以上の住宅に住む世帯の比率である。区分点は三〇％、二〇％、一〇％、〇・一％とした。もっとも薄いグレーの部分は、一一階建て以上の住宅が存在しない地域と考えてよい。練馬区には、光が丘パークタウンのあ

る光が丘と、区役所などの施設が集中する中心部の練馬駅周辺以外では、一一階建て以上の住宅が非常に少なくなっている。これに対して板橋区には、高島平《たかしまだいら》団地のある板橋区高島平とその周辺、そして都心に近いＪＲ板橋駅から、中山道と都営地下鉄三田線に沿って北へ延びる地域に、高層住宅の多い地域があることがわかる。これに対して練馬区に隣接した山の手台地の上には、比率の低い地域が広がっている。山の手台地の上と下で、住宅地の景観が大きく異なることがうかがえる。志村坂上駅と上板橋駅の中間に、比率の高い地域が周囲から孤立して存在しているが、これは山の手台地の東端の傾斜地にあった工場跡地に、民間のディベロッパーが建設した高層団地のある場所である。

### (3)　単独世帯比率

図表４・８・３は、単独世帯比率を示したものである。これまでも確認してきたように、単独世帯比率は鉄道の沿線で高くなる傾向がある。この傾向は板橋区では顕著で、都営三田線と東武東上《とうじょう》線、地下鉄有楽町線の沿線で単独世帯比率が高くなっている。しかし練馬区では、こうした傾向はあまり顕著ではない。たしかに西武池袋線や都営大江戸線沿線の都心に近い江古田《えこだ》駅、練馬駅周辺などでは単独世帯比率が高くなっているが、その先になると単

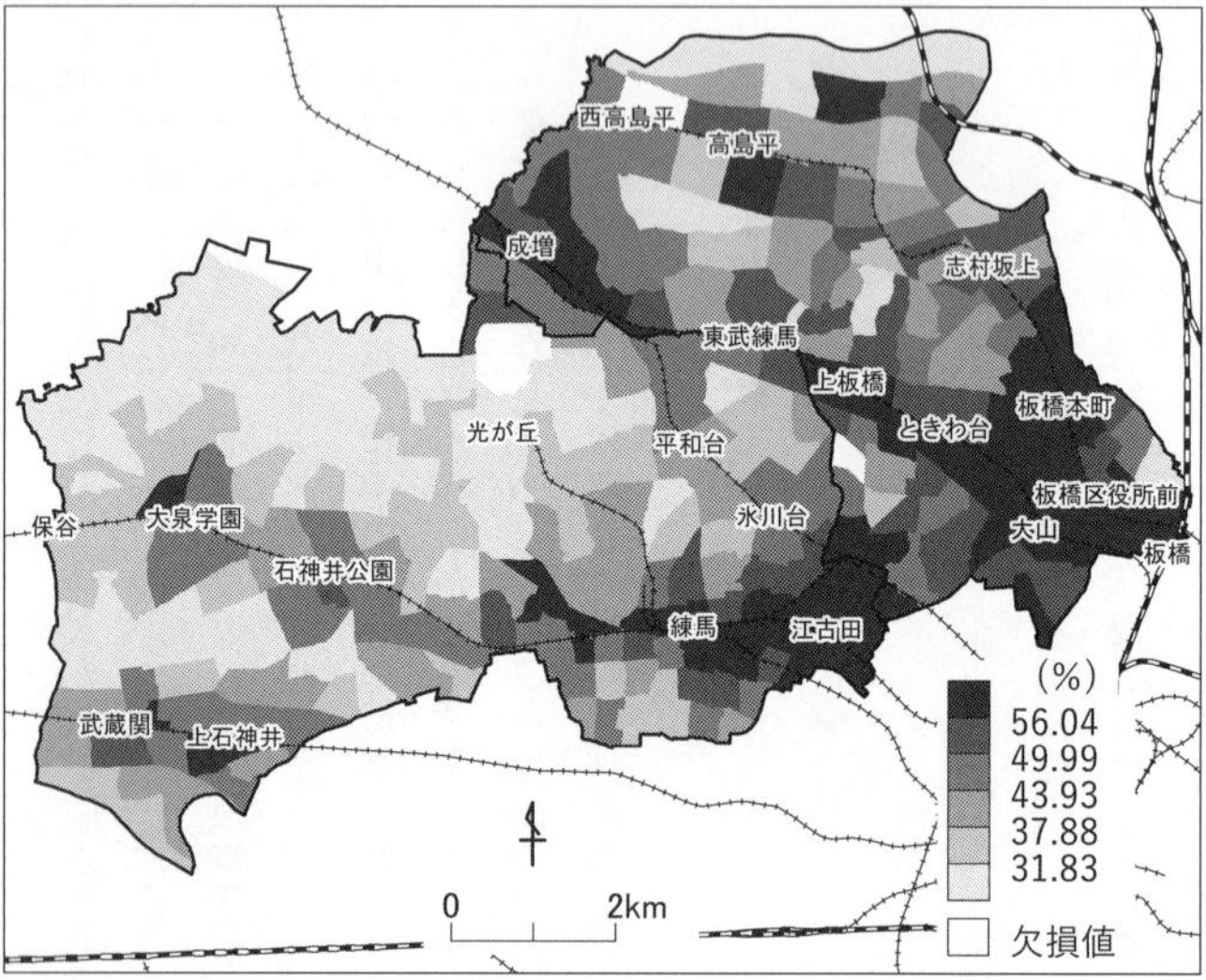


図表4・8・3　板橋区・練馬区の単独世帯比率

独世帯比率はあまり高いとはいえない。これは次にみるように、練馬区に若いファミリーの住む住宅地としての性格が強いことによるものである。

### (4) 一五歳未満人口比率

図表4・8・4は、一五歳未満人口比率を示したものである。板橋区では、高島平団地に近い川沿いの板橋区新河《しんが》岸《し》や同徳丸《とくまる》などに一五歳未満人口比率の高い地域が点在しているが、広がりには欠ける。これに対して練馬区には、一五歳未満人口比率の高い地域が、光が丘周辺から西へ広く分布している。つまり、子育て中の家族が多いという

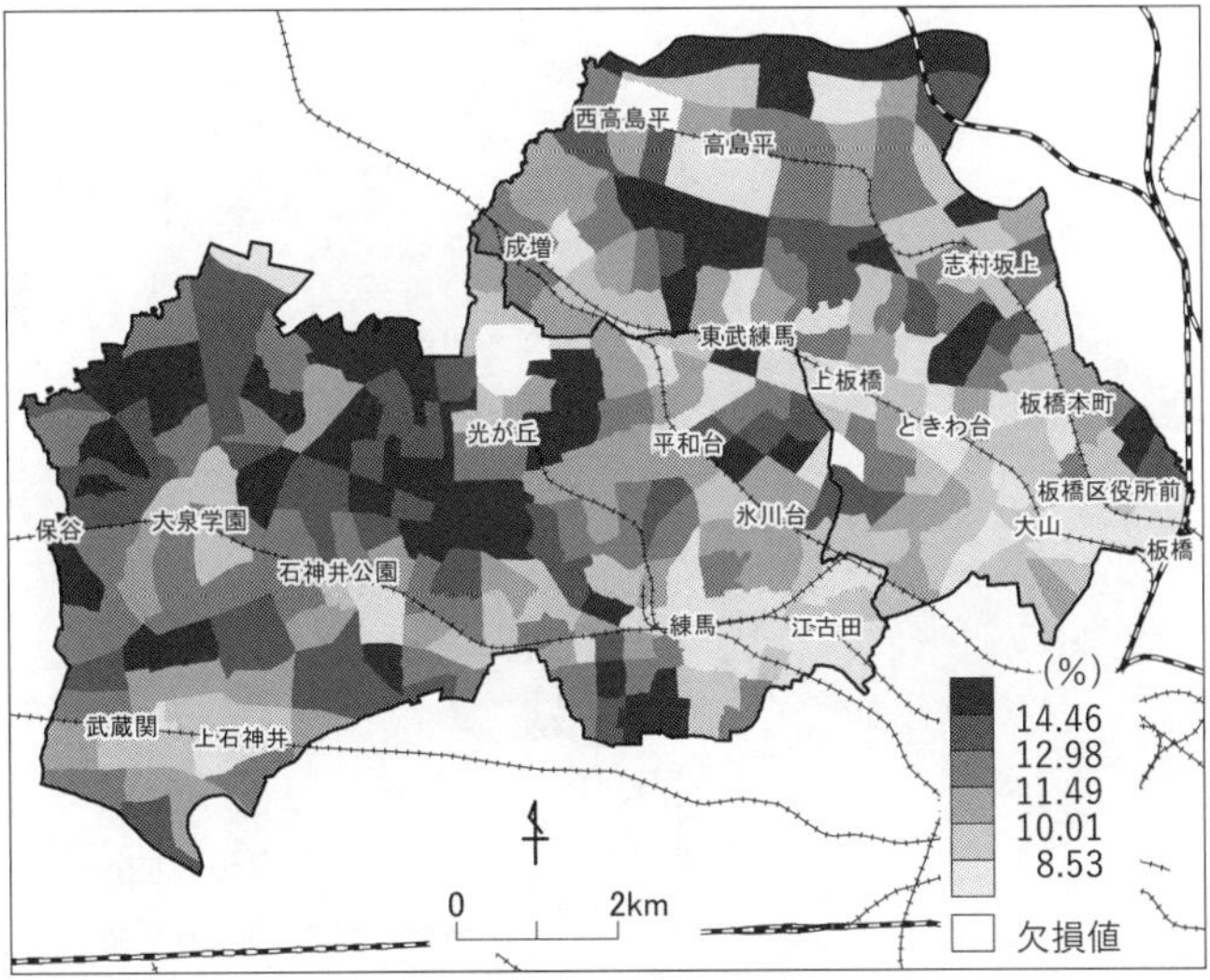


**図表4・8・4　板橋区・練馬区の15歳未満人口比率**

ことである。他の指標をみると、これらの地域には、一戸建て比率が高く、女性の労働力率が低いという傾向もある。つまり一戸建ての多い住宅地で、母親が専業主婦として子育てをしているのである。先にみたように、単独世帯比率が低いのもこれらの地域の特徴だった。練馬区も都心に近い東側の交通便利な場所には単独世帯が多く、子どもは少ないのだが、東側の駅から少し離れたやや交通の不便な地域は、人口再生産が盛んな場所となっているようである。

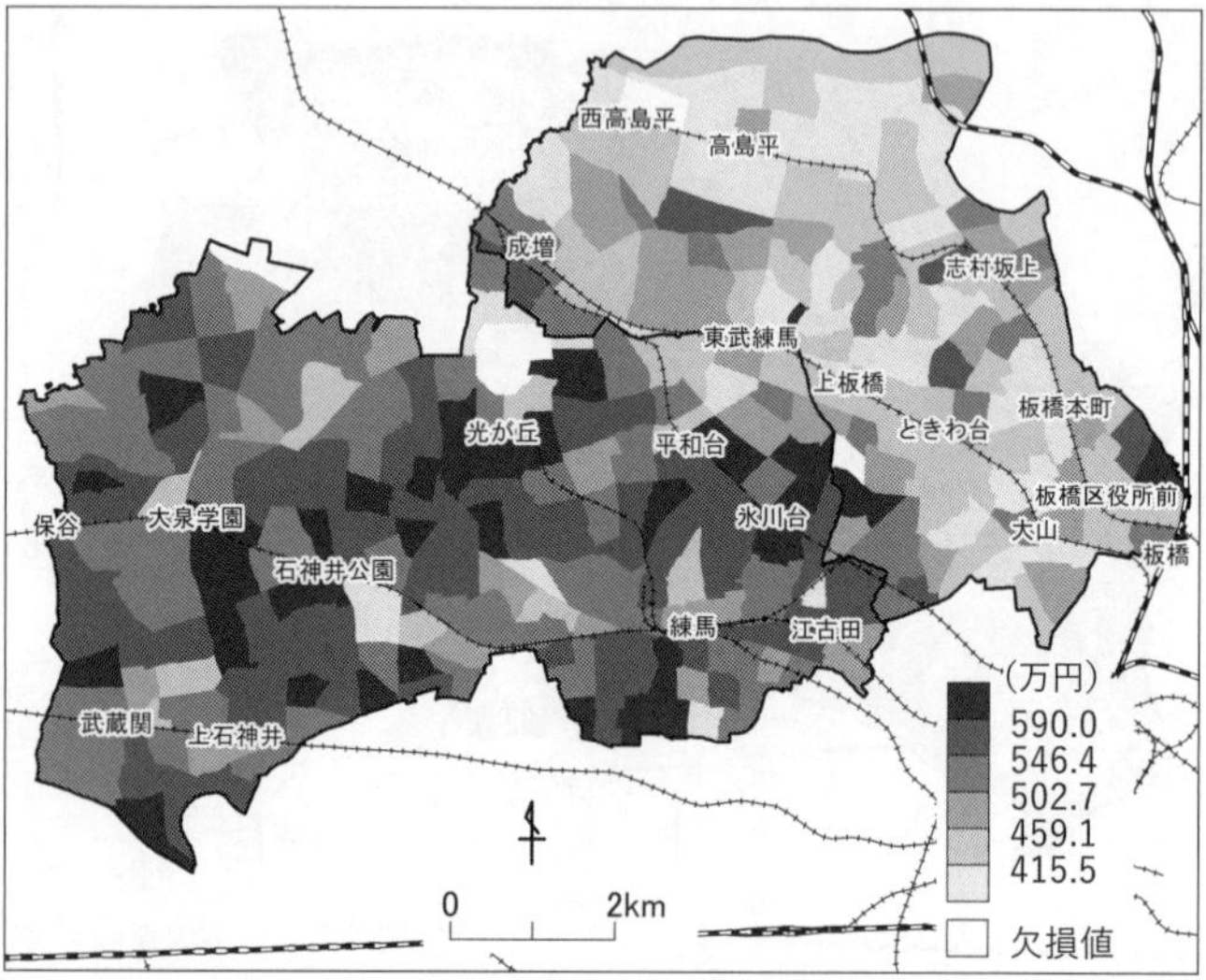


図表4・8・5　板橋区・練馬区の平均世帯年収推定値

## （5）平均世帯年収推定値

図表４・８・５は、平均世帯年収推定値を示したものである。まず目をひくのは、板橋区と練馬区がくっきり色分けされてしまったことである。練馬区は東武東上線の東武練馬駅周辺など一部を除けば、推定値の高い地域が多い。これに対して板橋区には、都心に近い一部の地域を除いて、推定値の高い地域がない。原因の一部は、人口構成の違いだろう。練馬区に比べると、板橋区は単独世帯比率が高く、六五歳以上人口比率が高いから、必然的に世帯年収は低くならざるをえないのであり、このことから直ちに、両区の間に

生活の豊かさに明らかに差があるとは断言できない。

しかしさまざまな指標で両区を比較すると、板橋区に比べて練馬区の方が、専門職・管理職比率、ＩＴＥＲＦ比率（情報技術・エネルギー・研究開発・金融関係で働く人の比率、第4章－4参照）が高いなど、職業構成が明らかに異なるから、やはり違いはあるのだろう。

もともと兄弟のような関係にある両区だが、下町に中心を置き、工業の町として発展してきた歴史をもつ板橋区と、山の手台地の上に位置し、最初は農業地域、のちに住宅地になるという、世田谷区や杉並区と同じような経過をたどった練馬区は、最初から性格を異にしていたといわざるをえない。かつて今和次郎は、隅田川が下町と山の手を隔てる国境になっていると指摘した。それと同じ意味で、山の手台地の東北端の崖も、ひとつの国境なのである。

実は私は、大学院在学中から四〇歳代半ばまで、約二〇年間にわたって板橋区に住んでいた。住んでいたのは山の手台地から急坂を降りた場所で、都心に出るときは、低地を都営三田線の駅まで歩くか、坂を上って東武東上線の駅まで歩くかしていた。どちらの駅の周辺にも、庶民的な商店街や大衆酒場があり、よく似てはいた。しかし東武東上線の駅の周辺には、古くからありそうな呉服屋や和菓子屋、そしてイタリアンや日本料理の店もあって、たとえば高円寺駅前の商店街に似たところがあった。それはまさに、下町と山の手の両方の特徴を兼ね備えた「国境の町」だった。

現在、私が住んでいるのは、板橋区と練馬区がともに徒歩圏内にある池袋である。池袋は、「国境の町」の特徴をもつ繁華街といっていいだろう。副都心とはいえ、日本橋から渋谷・新宿まで数珠つなぎに連なる繁華街・オフィス街とは一線を画しており、板橋区と練馬区を経由して埼玉へ向かう路線のターミナルがある。下町の商店街である赤羽や十条にも近く、少し離れたところには都電荒川線が通っていて、荒川区三ノ輪・南千住などにも直結する。文化の雑種性をもっとも感じることのできる繁華街だろう。

板橋区と池袋に住んだ時期を合計すると、もう三〇年近くにもなる。下町と山の手の文化をともに感じることのできる「国境の町」は、なんとも快適である。

### 板橋区・練馬区のまとめ

- 板橋区は山の手と下町の境界にあり、下町を中心に工業の町として発展、練馬区は全域が山の手台地に位置し、農業を中心に発展してきた
- 板橋区は単独世帯や六五歳以上の人口が多いため所得が低い傾向にあり、練馬区は子育て世帯が多く、所得も全体に高い傾向がある

## 4・9　荒川区・足立区

足立区は東京23区の最北端に位置し、荒川区はその南側の、隅田川を隔てたところにある。荒川区は面積が一〇・一六平方キロメートルと、台東区に次いで狭いが、人口は二一万人を超える人口密集地域で、人口密度は豊島区、中野区に次いで高い。足立区は面積が五三・二五平方キロメートルと広大で、大田区、世田谷区に次いで広い。人口は約六九万人である。いずれも一九三二年に成立した東京三五区のひとつで、荒川区は旧北豊島郡の南千住町、三河島町《みかわしままち》などの四町、足立区は南足立郡の千住町、西新井町《にしあらいまち》などの一〇町村が統合されて成立した。

千住という地名は荒川区と足立区に共通で、荒川区には荒川区南千住と南千住駅が、足立区には足立区千住、同千住河原町《かわらちょう》、同千住仲町《なかちょう》など、そして北千住駅がある。これは、日光街道の最初の宿場町である千住宿が隅田川の両岸にまたがっていたからである。足立区南部には広大な荒川があって、足立区を大きく分断しているようにみえるが、現在の荒川は水害を防ぐため近代に入ってから開削されたもので、旧千住町、旧西新井町などは、もともと現在の荒川の両岸にまたがっていた。現在の荒川の流れをみると、足立小台《おだい》駅あたりを東西に流れたあと、いったん少し北に迂回してから南へ流れを変えている。明治期の地図と見くらべると、これは千住宿のあった場所に形成されていた市街地を避けて北へ迂回してから、東京拘置所（当時は小菅刑務所）と市街地の間を南へ抜けるようにしたものとわかる。

荒川区の人口は、一九三〇年時点ですでに二八万人を超えており、一九四〇年には三二万六二一〇人にも達していた。急速に工業化が進み、労働者の流入が続いて、工業・商業・住宅が混在する地域となったからである。しかし空襲によって区内の建物の七九％までが焼失し、一九四五年一一月に行なわれた人口調査では、八万四〇一〇人にまで激減した。その後人口は回復するが、戦前のピークには及ばず、一九六〇年の二八万五四八〇人を境に、以後は減少が続いている。都市社会学では都心周辺の商工住混合地域のことをインナーシティと呼ぶが、その典型であり、しかも人口減少や高齢化が進行する、衰退するインナーシティの典型ということができる。

足立区の人口は、一九三〇年時点では一二万七五〇七人と少なく、その後は増加するものの、一九四〇年時点でも二三万二四六人と荒川区には遠く及ばなかった。しかし空襲の被害が小さかったことから、一九四五年の人口も、東京都区部全体の人口が一九四〇年の四割近くにまで減少するなかで、一七万二四三七人と減少幅が比較的小さく、以後は急増を続けた。南部の隅田川沿岸は戦前期から工業化が進んでいたが、戦後は荒川以北で農地の宅地への転用が進んだほか、工場の進出も相次ぎ、また多数の都営住宅が建設されたことなどが、急激な人口の増加をもたらしたのである。こうして足立区は工場労働者の多い地域となったが、近年は製造業の衰退から変化が生じている。工場の跡地でマンション建設が行なわれるようになったこと、もともと都心と直結する交通機関があったこと、近年になってつくばエクスプレス（二〇〇五年開業）、日暮里・舎人《とねり》ライナー（二〇〇八年開業）が開通したことなどから、都心で働く新中間階級の流入がみられるようになったのである。

　地形からみると、足立区は舎人公園内の築山を除けば、全域が標高〇－三メートル程度の低地である。荒川区もほとんどが低地だが、荒川区西日暮里の山手線の内側だけが例外で、二〇メートルほどの標高がある。ここは上野公園から北へ一キロ少し離れた場所で、山の手台地の東端が、すぐ西側にある藍染川（現在は暗渠化され、通称「へび道」という谷根千の散歩道になっている）に沿ってできた谷が迫っているために細い尾根となっている。いちばん細い場所はわずか三〇メートルほどしかない。ここを十数メートルも開削して道灌山《どうかんやま》通りが通り、北側には開成中学校・高等学校がある。この東側の急斜面に作られた西日暮里駅は、西

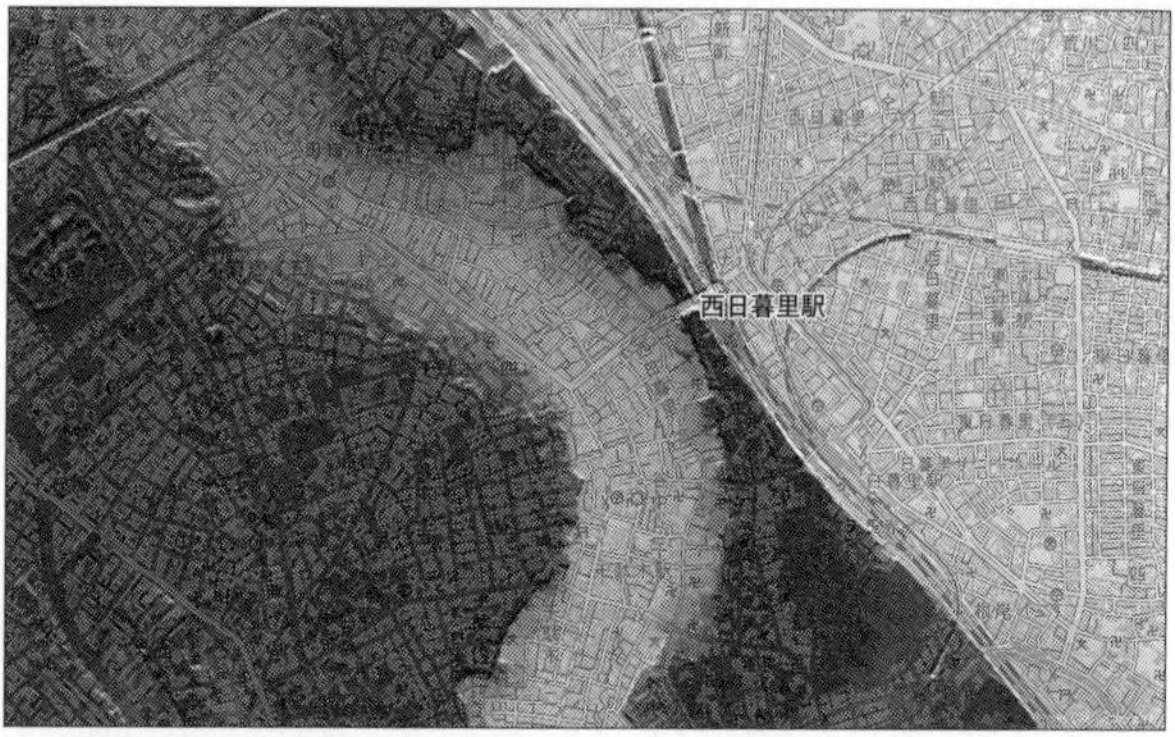


西日暮里駅周辺の地形（カシミール 3D により作成）

山の手台地がもっとも細くなった場所にある西日暮里公園

側は小高い丘になっているのに、東側は低地にかかるガードとなっており、ガード下には飲食店が連なる。東京23区内でも、もっとも劇的な地形がみられる場所のひとつだろう。

なお以下の社会地図では、足立区宮城《みやぎ》二丁目と同鹿浜《しかはま》二丁目が、荒川の河川敷と水面を含む長大な地域として描かれているが、これは使用した地図ファイルの仕様によるものである。

## (1) 専門職・管理職比率

図表4・9・1は、専門的・管理的職業従事者比率を示したものである。比率が高い地域は、まず西日暮里から町屋《まちや》、北千住、綾瀬を結ぶ地下鉄千代田線と、日暮里から三河島、南千住を経て北千住に至るJR常磐線の沿線である。この両路線は乗り入れを行なっていて、北千住の先は同じ線路を走っている。これらの地域は、平均世帯年収推定値の高い地域でもある。都心で働く新中間階級が、駅の近くに住んでいるのだろう。これらのなかには、大きな紡績工場の跡地に高層マンションが建てられた荒川区南千住四丁目（三〇・〇%）と八丁目（二五・〇%）、やはり工場の跡地に中高層マンションが建設された足立区千住　曙　町《あけぼのちょう》（三一・一%）なども含まれる。

そのほか、比率の高い地域が点在しているが、これらのなかにも大規模工場の跡地に中高

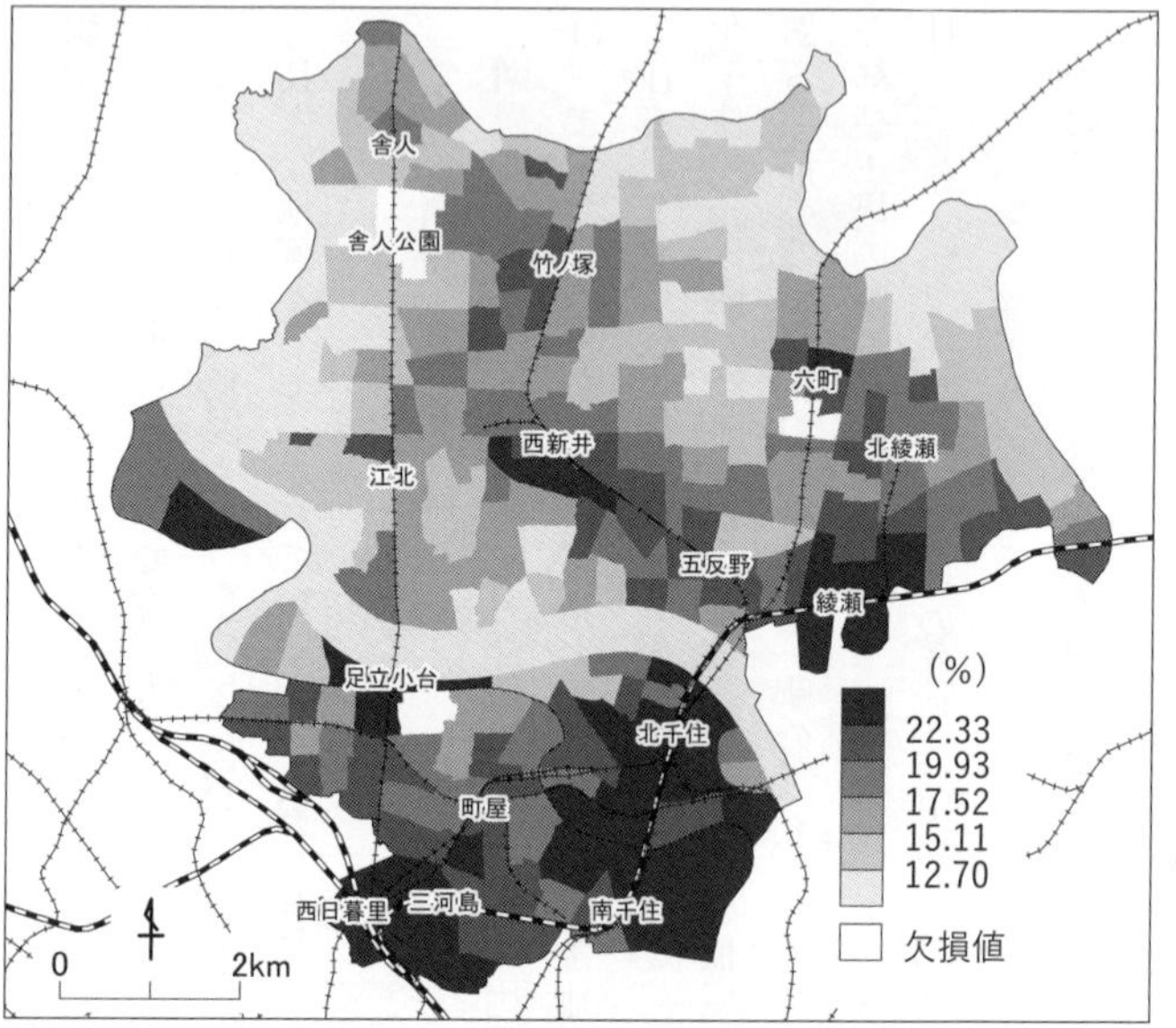


図表4・9・1　荒川区・足立区の専門職・管理職比率

層マンションが建設された場所がある。東伸《とうしん》製鋼東京製鋼所の跡地にハートアイランド新田《しんでん》が建設された足立区新田三丁目（二六・三％）、日清紡績化成の工場跡地に西新井ヌーヴェルが建設された同西新井栄町《さかえちょう》一丁目（二六・七％）などである。つくばエクスプレス六町《ろくちょう》駅のある足立区六町四丁目（二七・六％）には、とくに大規模なマンションがあるわけではないが、過去の地図と照らし合わせると、倉庫や農地だった場所に中小のマンションが多数建設されており、ここに多くの専門

足立区の西新井ヌーヴェルにある商業施設　コロナ禍前は自転車置き場が満杯になった

職・管理職が移り住んだものと思われる。

### (2) マニュアル職比率

図表４・９・２はマニュアル職比率を示したものである。しかし、この地図をみる前にいま一度、図表３・１で東京23区全体の傾向を確認しておこう。ここから明らかなように、足立区は23区のなかでもっともマニュアル職比率が高い区である。マニュアル職比率が高い地域は、葛飾区、そして江戸川区、荒川区、板橋区のそれぞれ北部、大田区の南部などに広がっているが、足立区での広がりはとくに顕著だといえる。

図表４・９・２で確認すると、とくに北端の足立区入谷と同花畑《はなはた》には、五〇％を超える地域がある。この二つの町にマニュアル職の多い理

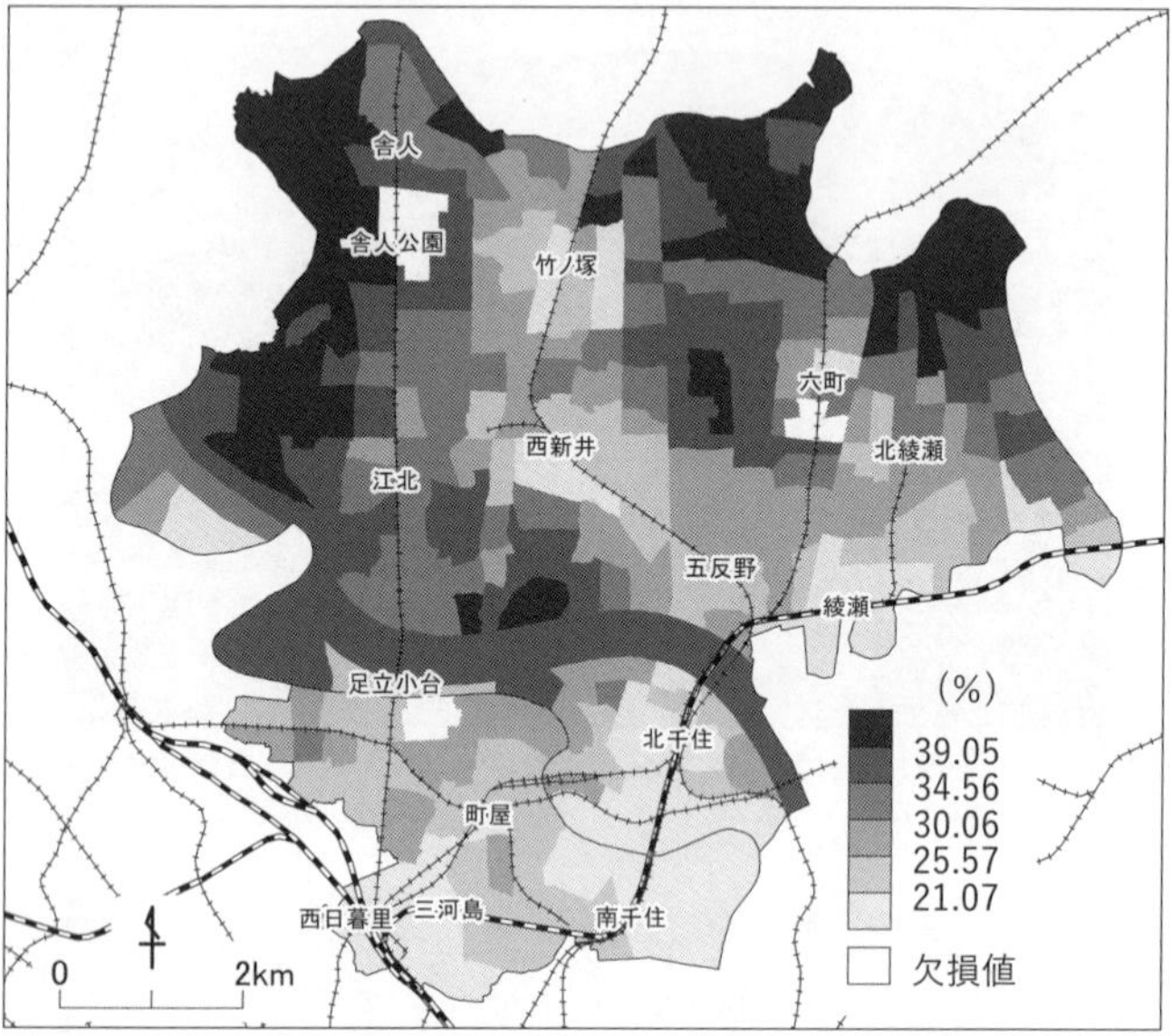


図表4・9・2　**荒川区・足立区のマニュアル職比率**

由は異なっている。前者は零細な工場、リサイクル施設、産業廃棄物処理場などが密集する地域であるのに対して、後者は都営住宅が立地している地域である。比率の高い他の地域も、だいたいこのいずれかのパターンに分類できそうだ。

　荒川区と足立区だけで作成したこの地図では、荒川区のマニュアル職比率は低いようにもみえるのだが、図表3・1でみればわかるように、かなり比率の高い地域である。とくに比率が高いのは、荒川区町屋、同西尾久《にしおぐ》などで、やは

リサイクル業者・産廃処理業者が集まる足立区入谷

り多くの町工場がある地域、あるいは都営住宅のある地域である。

### (3) 自宅従業者比率

図表4・9・3は有業者のうち、自宅で従業している人の比率である。比率が高い地域には二種類があるようだ。第一は、先に取り上げたマニュアル職比率の高い地域のうち、都営住宅が立地しているわけではない地域。第二は、主要駅の周辺で商業が集積している地域、具体的には北千住、南千住、町屋、日暮里駅などの駅周辺である。前者には鉄道の駅から遠い地域が多いようだ。つまり、町工場型と個人商店型だろう。完全な例外は足立区東伊興《いこう》四丁目である。自宅従業者比率は二五・三%と極端に高いのだが、実は一三の寺院が

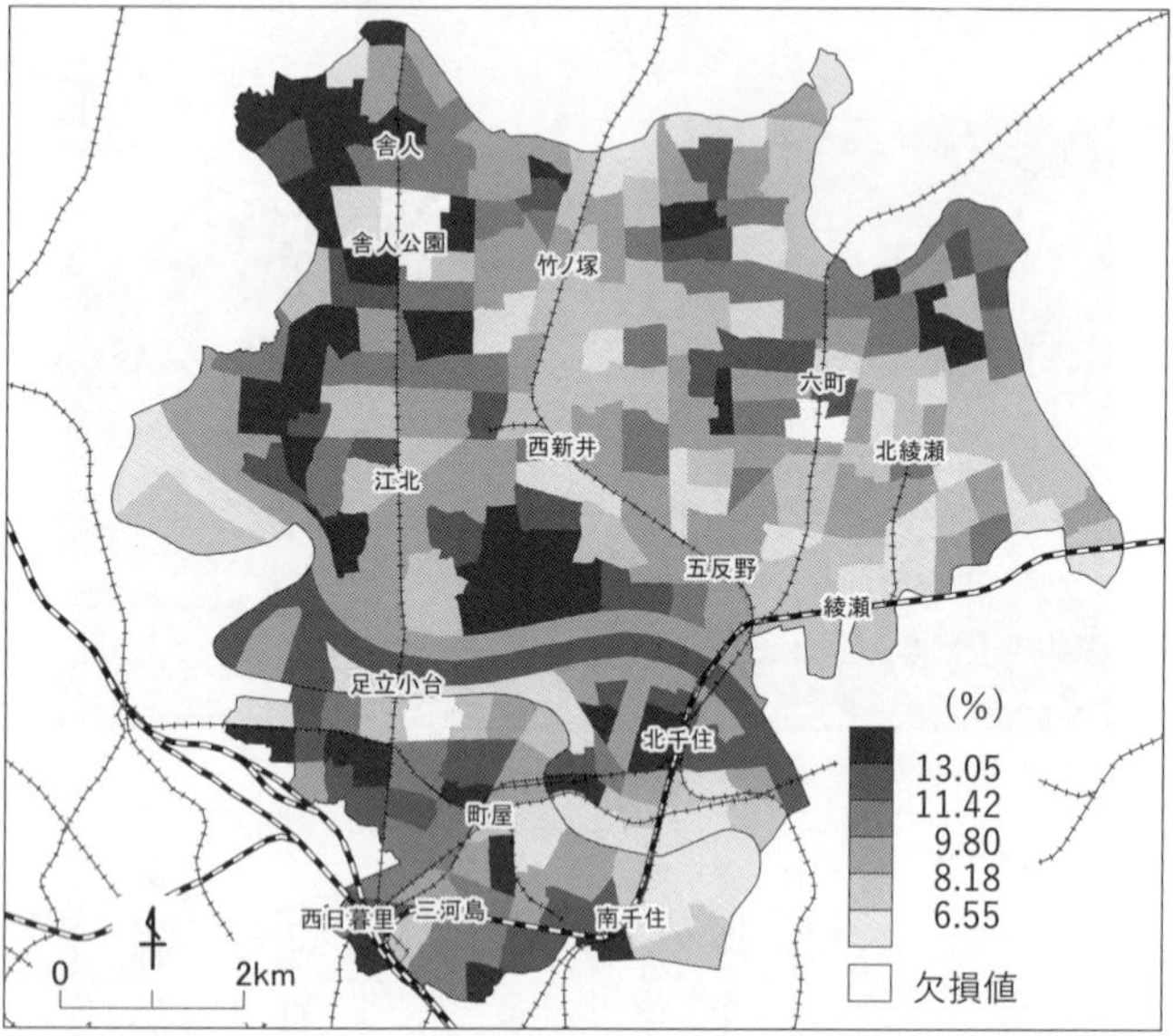


図表4・9・3　荒川区・足立区の自宅従業者比率

集中する寺町。足立区観光交流協会のホームページによると、関東大震災のあと、この地に移転してきた寺院群とのことである。

**（4）一五歳未満人口比率**

図表4・9・4は一五歳未満人口比率である。興味深いことに、比率の高い地域には、性格の異なる二種類があるらしい。図表4・9・1、図表4・9・2と見くらべると気がつくのだが、ひとつは荒川区南千住、足立区千住曙町、同新田、同西新井栄町など、工場跡地などに中高層マンションが建

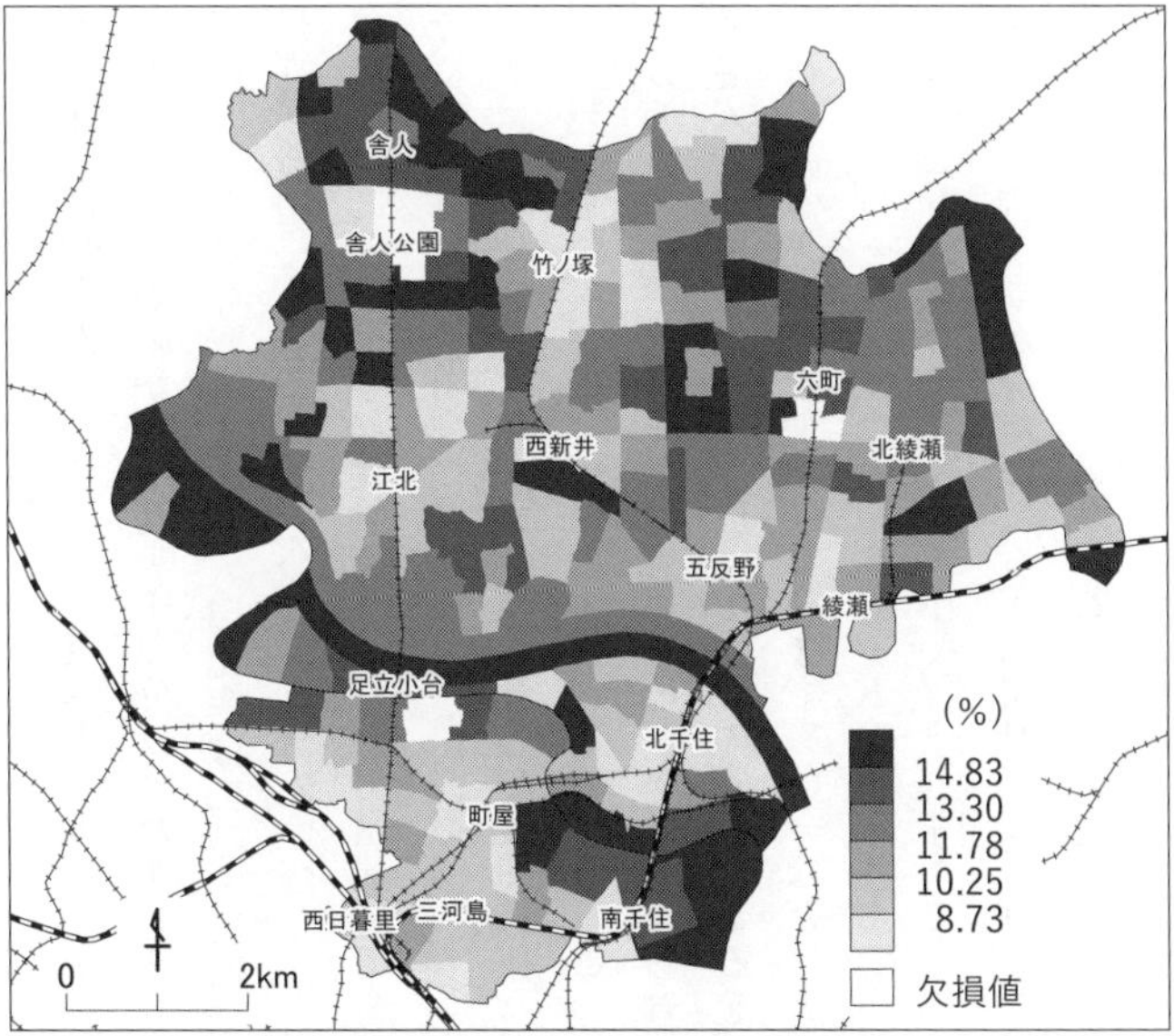


図表4・9・4　荒川区・足立区の15歳未満人口比率

設された、専門職・管理職比率が高い地域である。もうひとつは、足立区舎人およびその周辺、そして東武伊勢崎線とつくばエクスプレス線にはさまれた地域など、比較的交通が不便でマニュアル職比率が高い地域である。これらの地域では、交通の便利な場所の中高層住宅に子育て世代の新中間階級、比較的交通の不便な場所に同じく子育て世代の労働者階級が住むという形で、人口再生産が行なわれているようだ。

　地下鉄千代田線の綾瀬駅から北へ一駅分だけ支線が出ており、終点に北綾瀬駅がある。ここから東へ少し歩いてから南に下ったところに、足立区東和《とうわ》三丁目がある。北綾瀬駅からは徒歩一二分ほどだが、JR常磐線の亀有駅から歩いても一七分ほどである。ここの一五歳未満人口比率は二〇・二%で、荒川区南千住八丁目（二三・七%）や足立区新田三丁目（二一・八%）などに次いで、荒川区と足立区の全町丁目のなかで五番目に高い。二〇〇七年に建設された、一五階建てで全五五五戸のマンション、トーキョーガーデンスイートの所在地である。

実はこの地域は、私が大学に入学して最初に住んだ江東区の門前仲町から、一年半ほどで引っ越して住んだアパートのすぐ近くである。この地を選んだのは、ひとえに家賃が安かったからだった。文科系の研究者をめざす学生なら普通のことだが、貧乏なくせに本だけはたくさんもっていたので、広くて家賃の安いところを探した結果、自然に足立区に落ち着いた。とはいえ、地下鉄を使えば都心まで二〇分ほど。大学へ行くにも便利だった。駅との間の道の両側には一戸建てや木造アパートが建ち並んでいたが、畑も点在していた。

木造モルタルで、家賃は二万八〇〇〇円。二階の角部屋だったから、そのアパートではいちばん家賃が高かったのだろう。間取りは一DKで、板間のダイニングに本棚を並べた。同じ間取りのところに何組かの若い夫婦が住んでいたが、家族三、四人で住んでいる世帯もあった。階下の部屋は、夫婦と子ども二人の四人家族。ゴミの捨て方を教えてもらいに行ったら、ダイニングに子ども用の二段ベッドがおいてあるのがみえた。母親は、よく近所中に聞こえるような大声で子どもを怒鳴りつける。それでも子どもたちは、しょげることなく走り回っていた。貧乏学生の私より家賃の安いところに、家族で住んでいる人がいるということに、若干の後ろめたさを感じないではなかった。

当時は畑がたくさん残っていて、緑が多かった。近くには小さな商店街があり、物価も安く、住みやすい場所だと思った。駅からは遠かったが、少し足を伸ばせば「こち亀」で知られる葛飾区亀有の商店街があり、たいがいのものは手に入った。住み始めてまもなく近所にコンビニエンスストアができ、ますます便利になった。五年後に家の事情で板橋区に引っ越すまで、何の不自由もなく生活できた。山の手に比べれば家賃が二万円も安かったから、その分、たくさん本が買えた。貧乏学生の割には、何年もすれば絶版になるような学術書をいろいろ買うことができて、これはいまでも私の財産になっている。いろいろな思い出があるので、何年かに一度は出かけて行って、住んでいたあたりを散歩する。

畑はマンションに変わり緑は失われたが、家賃や物価が安くて住みやすいということ自体は、おそらくいまも基本的には変わらない。しかし、変化もある。マンションの増加はずいぶん前から始まっていたが、次第にやや値段の高い中間層向けの大規模マンションが増え、ジェントリフィケーションが進んだことである。図表1・1からわかるように、東京23区では一九八〇年から二〇一五年の間に新中間階級比率が上昇し、地図は全体に色が濃くなったが、足立区の新中間階級比率も一二・四%から一九・七%へと上昇し、地図の色分けではいちばん下のカテゴリーから、下から三番目のカテゴリーへと移動している。

最近、散歩に行ってみて、以前はなかったスーパーをみつけた。のぞいてみると、全体に値段は安かったが、肉売り場に黒毛和牛があったり、酒売り場に二〇〇〇円台のワインやクラフトビールがいろいろあったりで、中間層の多様なニーズにも応えているようだった。同じことは、西新井ヌーヴェルにもあてはまる。マンションに併設されたアリオ西新井という商業施設には広い自転車置き場があり、周辺の所得水準の低い地域から、多くの住民が自転車で買い物にくる。足立区は土地が平坦なので、自転車があれば遠くからでも買い物に来やすいのである。

ジェントリフィケーションとはいっても、決して富裕層というわけではない中間層の流入だから、旧住民とのギャップは大きくはない。都心や山の手の一部にみられるように、新しいマンションが周辺住民を排除するゲーテッド・コミュニティになったり、商店街が富裕層向けの店ばかりになって旧住民が困ることもない。図表4・0・1に示したように、足立区のジニ係数は〇・三一〇と、東京23区で最低である。全体としては足立区の所得水準は、依然として低下を続けているが、他方では好ましい変化も起こっているといっていいだろう。

**荒川区・足立区のまとめ**

- 荒川区は一部に台地があるものの大部分が低地で、人口減少・高齢化が進行する商工住混合地域である
- 足立区は工場労働者の多い地域だったが、都心で働く新中間階級の流入が進んでいる
- 中間層の流入が多いため、新旧住民の格差は比較的小さい

## 4・10　葛飾区・江戸川区

葛飾区と江戸川区は、東京23区の東端に位置し、川を隔てて千葉県に接している。いずれも一九三二年に、それぞれ南葛飾郡の七つの町村が東京市に編入されて、東京三五区のひとつとなった。人口は葛飾区が四六・四六万人、江戸川区が七〇・〇万人だが、いずれも増加

傾向にあり、二〇一〇年からの一〇年間で、それぞれ七・六％、七・四％と、大幅に増加している。

地図でみるとこの二つの区は、江戸川区の西端で荒川の西側に位置する江戸川区平井と同小松川を別とすれば、西の荒川、東の江戸川と旧江戸川、北の大場川に囲まれた中州か島のような姿をしている。葛飾区は北を常磐線、南を総武《そうぶ》線が通り、その間を京成線が縦横に走っていて、北端部の水元公園付近を除けば鉄道の便はよい。これに対して江戸川区は、北に総武線、中央部に都営地下鉄新宿線、その南に地下鉄東西線、さらに南の埋め立て地には京葉線が、それぞれ東西に通っていて、東西方向の交通の便はよいが、南北方向の移動にはバスを使うしかない。

一九三〇年時点の人口は、現在の葛飾区にあたる地域が八万四四五六人、江戸川区にあたる地域が九万六九七一人で、どちらも一〇万人を切っていた。しかし東京市編入後は人口が増加し、一九四〇年時点では、それぞれ一五万三〇四一人、一七万七三〇四人だった。そして一九四五年一一月に行なわれた人口調査によると、人口はそれぞれ一七万一五五七人、一四万六四九七人で、葛飾区は他の区が大幅に人口を減らしたなかで唯一、人口が増加していた。戦災をほとんど受けなかったからである。これに対して江戸川区は、荒川の西側の江戸

江戸川区の0メートル地帯

川区平井と同小松川が、ほぼ全面的に焼き払われている。戦後は人口が急増し、一九六五年にどちらも四〇万人を突破したあと、面積がやや狭い葛飾区の人口は停滞に転じるが、江戸川区は増加し続けて、二〇〇〇年に六〇万人を突破した。

地形の上では、葛西臨海公園の築山を除けば全体が低地で、とくに江戸川区西部には海水面より低い〇メートル地帯が広がっており、場所によっては標高がマイナス二メートルを下回っている。戦前期はどちらも農地が多く、足立区とともに東の農業地帯を形成しており、とくに江戸川区の南部には広大な畑地が広がっていたが、戦後は市街化が進んだ。しかし江戸川区では、現在も農業がある程度まで盛んで、名産の小松菜のほか、花卉《かき》栽培などが行なわれている。

### （1）一五歳未満人口比率

江戸川区は一五歳未満人口比率が一三・三%で、東京23区でもっとも高い。葛飾区も一一・八%と練馬区や足立区とほぼ同じで、かなり高い方だといえる。図表4・10・1は、一五歳未満人口比率をみたものである。比率が高い地域は、江戸川区の中部から南部にかけて広がっている。このうち南の湾岸部は、国家公務員宿舎西葛西住宅のある江戸川区臨海町一丁目（二一・五%）、都営住宅とともに民間の中高層マンションが建ち並ぶ同西葛西二丁目（一九・三%）など、大規模集合住宅の所在地が目立つが、中部の都営地下鉄新宿線沿線は必ずしもそういうわけではなく、駅から比較的遠い場所の、中層マンションと一戸建てが混在する住宅地などが含まれている。葛飾区では、北端の葛飾区水元《みずもと》、同東水元、同南水元などに比率の高い地域がある。これらは江戸川区の中部とともに、次にみるようにマニュアル職比率の高い地域でもあり、足立区と同様に、労働者階級の人口再生産地域となっているものと思われる。ただし、都営住宅、都市公団住宅とともに民間の中高層マンションが建ち並ぶ南水元三丁目（二〇・八%）は、専門職・管理職比率も二二・四%と高く、江戸川区南部とよく似ている。

## （2）マニュアル職比率

図表4・10・2は、マニュアル職比率をみたものである。比率が高い地域は一部に集中す

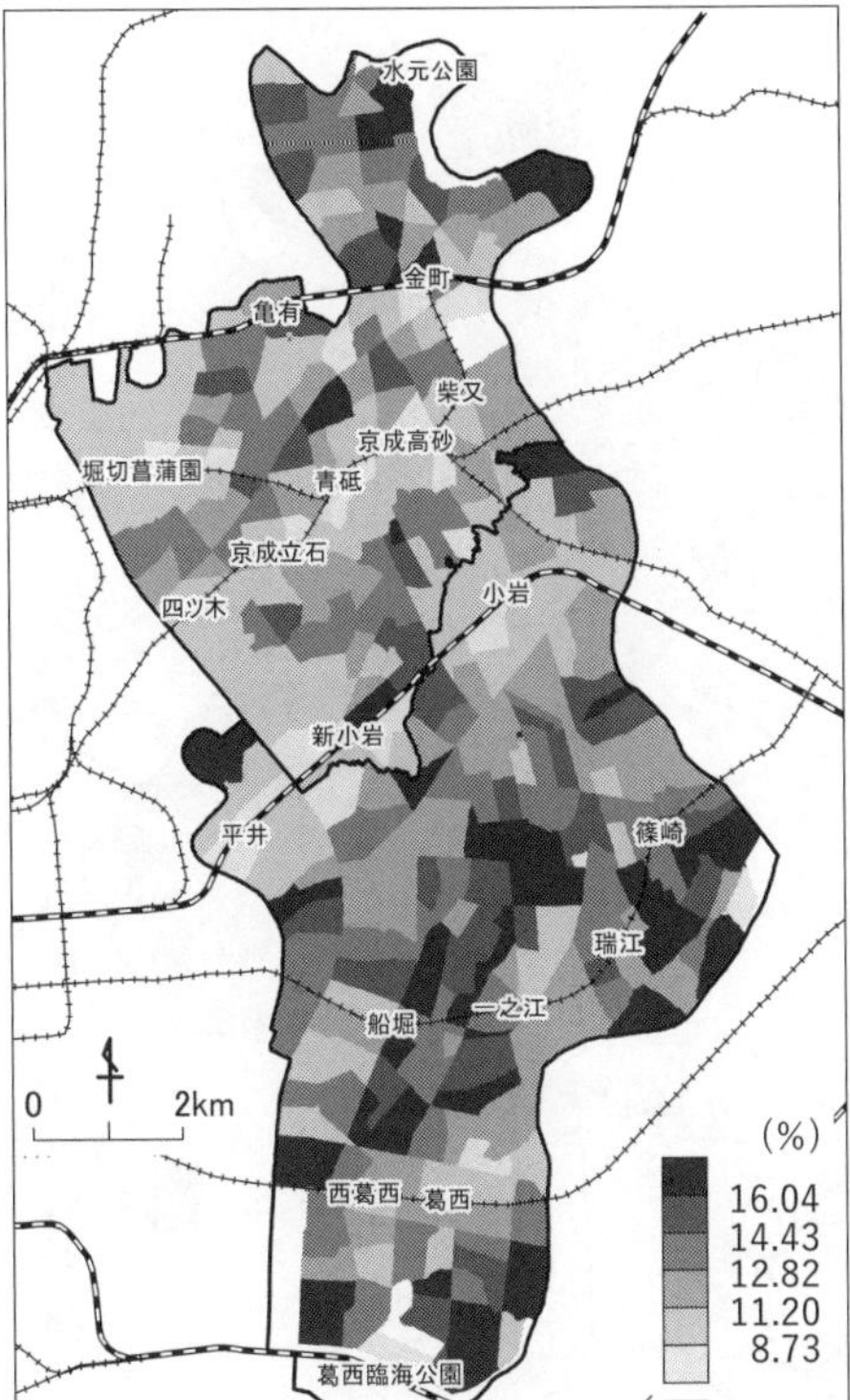


図表4・10・1　**葛飾区・江戸川区の15歳未満人口比率**

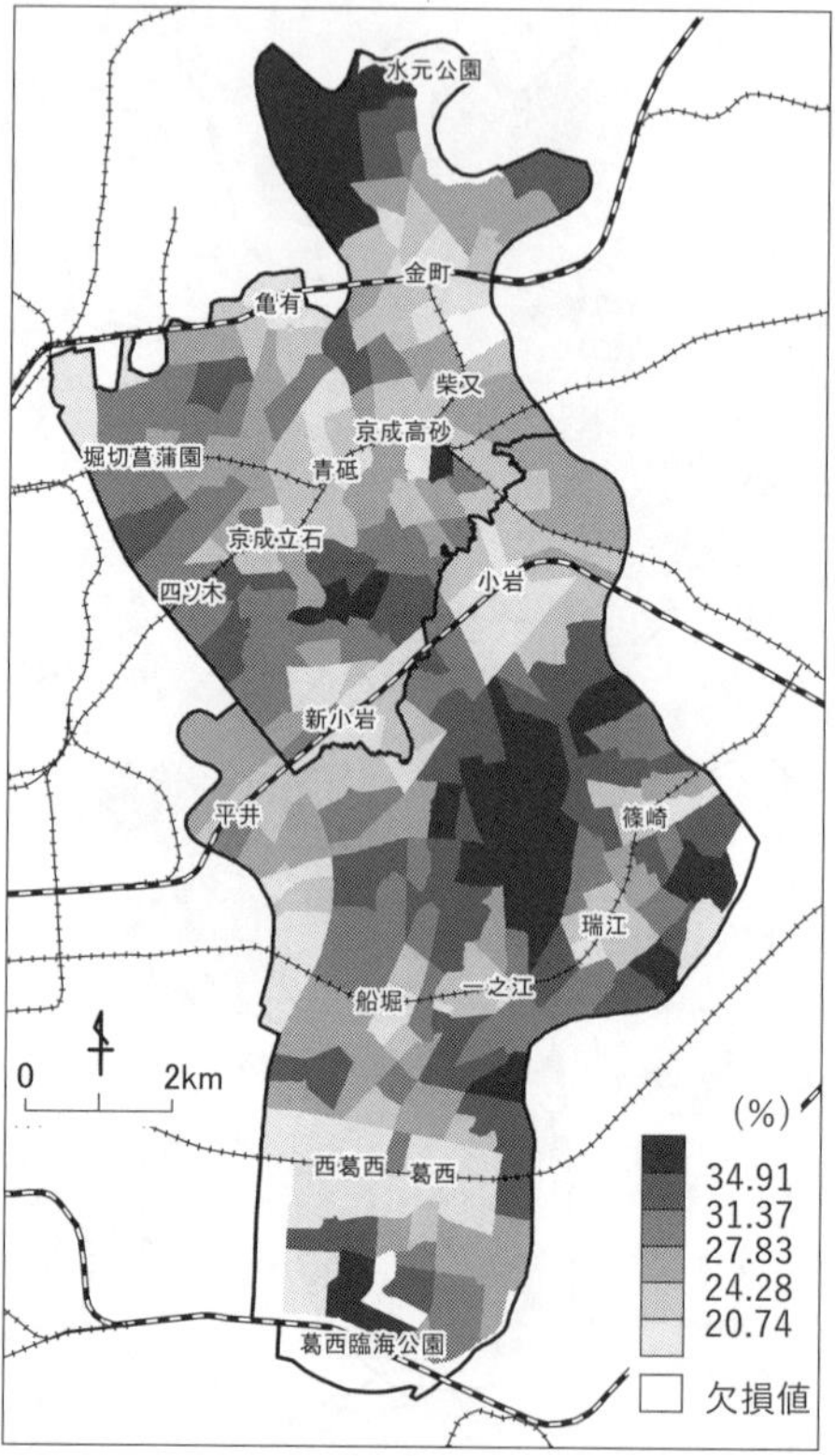


**図表4・10・2　葛飾区・江戸川区のマニュアル職比率**

る傾向がみられる。それは、葛飾区の北端部と、江戸川区中部の総武線と都営新宿線にはさまれた地域である。どちらも比較的、交通の不便な地域であり、場所によっては工場が点在する住工混在地域となっている。

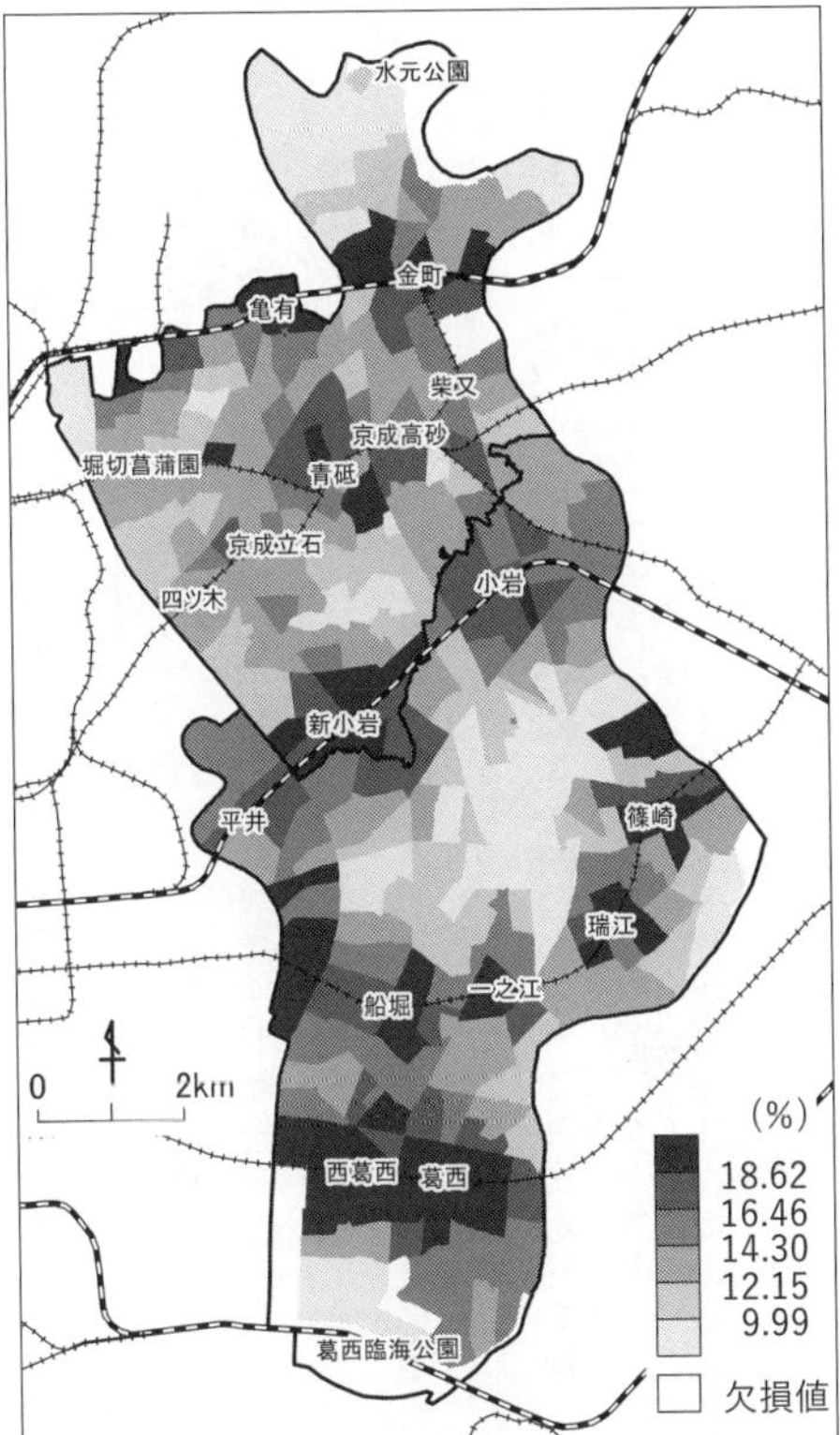


図表4・10・3　葛飾区・江戸川区のITERF比率

## (3) ITERF比率

図表4・10・3は、図表4・4・3と同様に、ITERF比率、つまり情報技術（IT）、

エネルギー（E）、研究開発（R）、金融（F）の各産業で働く人々の比率を示したものである。当然ながら、図表4・10・2のマニュアル職比率とはポジとネガの関係にあるが、とりわけマニュアル職比率の高かった、江戸川区中部の総武線と都営新宿線にはさまれた地域、駅との関係でいえば、総武線の小岩《こいわ》駅と、都営地下鉄新宿線の一之江《いちのえ》駅・瑞江《みずえ》駅の間に現われた、比率が低いことを示す大きな空白地域の存在が印象的である。これに対して比率の高い地域は、必ずしも面的に広がっているわけではなく、常磐線の亀有駅と金町《かなまち》駅の周辺、京成線の青砥《あおと》駅周辺、総武線の新小岩駅周辺、そして都営地下鉄新宿線の各駅など、都心に直結する路線の駅周辺に連なっていることがわかる。これに対して地下鉄東西線沿線だけは、比率の高い地域が面的な広がりをみせている。交通アクセスのいい駅周辺と、とくに都心へのアクセスがいい東西線沿線に、ITERF従事者が住んでいることを示すものである。

### (4) 雇用者比率

図表4・10・4は雇用者比率を示したものである。今回のデータでは、就業者が雇用者、自営業者、家族従業者の三分類となっているので、一〇〇%からこの比率を引いたものが、家族を含む自営業者の比率になっていると考えていい。印象的なのは、南部の地下鉄東西線

葛西駅と西葛西駅の周辺に、比率が九二％から九五％前後と非常に高い地域が面的に広がっていることである。ここはもともと農地が中心の人口の少ない地域で、高度成長期以降に宅地化が進み被雇用者が流入してきたため、ごく少数しか自営業者がいない地域が形成された

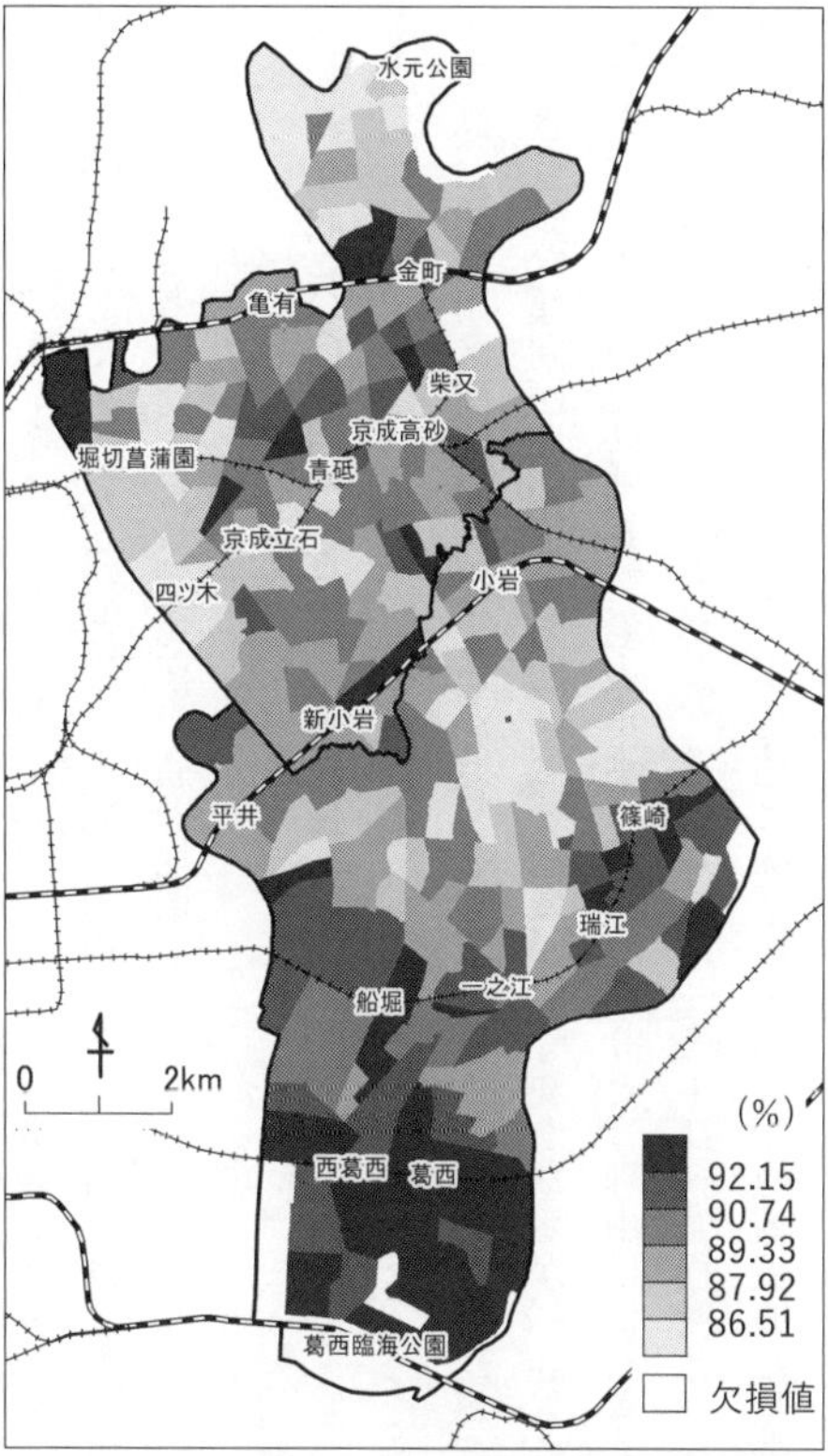


図表4・10・4　**葛飾区・江戸川区の雇用者比率**

ものだろう。これに対して比率が低いのは、マニュアル職比率が高かった葛飾区北部と江戸川区中部、そして京成立石《たていし》駅と四ツ木《よつぎ》駅の周辺である。前者は、町工場が多いことによるものだろう。後者はサービス職比率の高い地域である。

### (5) 年収二〇〇万円未満世帯比率推定値

図表4・10・5は、年収二〇〇万円未満世帯比率の推定値を示したものである。雇用者比率の高い江戸川区南部で、推定値が低くなっていることは明らかだが、それ以上には分布にはっきりした傾向がない。例外的に低い地域がいくつかあるが、詳しくみると東京拘置所があったり、大規模な特別養護老人ホームがあったりと、理由ははっきりしている。青砥駅周辺はやや低くなっているようだが、それ以外は一三−二一%程度という、高くも低くもないといった地域が広がっている。平均値と標準偏差によって機械的に色分けしているので、地域による違いが大きいかのようにもみえてしまうのだが、実際にはそれほど大きな差があるわけではない。比率が二〇%を超える地域を詳しくみても、都営住宅がある場合もあればない場合もあり、理由ははっきりしない。

ここでいま一度、図表4・0・1をみてみよう。葛飾区と江戸川区の年収一〇〇〇万円以上世帯比率は七・一%と七・九%で、東京23区のなかでは最低レベルである。これに対して年収二〇〇万円未満世帯比率は一八・五%と一六・八%で、高いとはいえるが最高レベルというわけではない。そしてジニ係数は〇・三一六と〇・三一一で、足立区の〇・三一〇に次

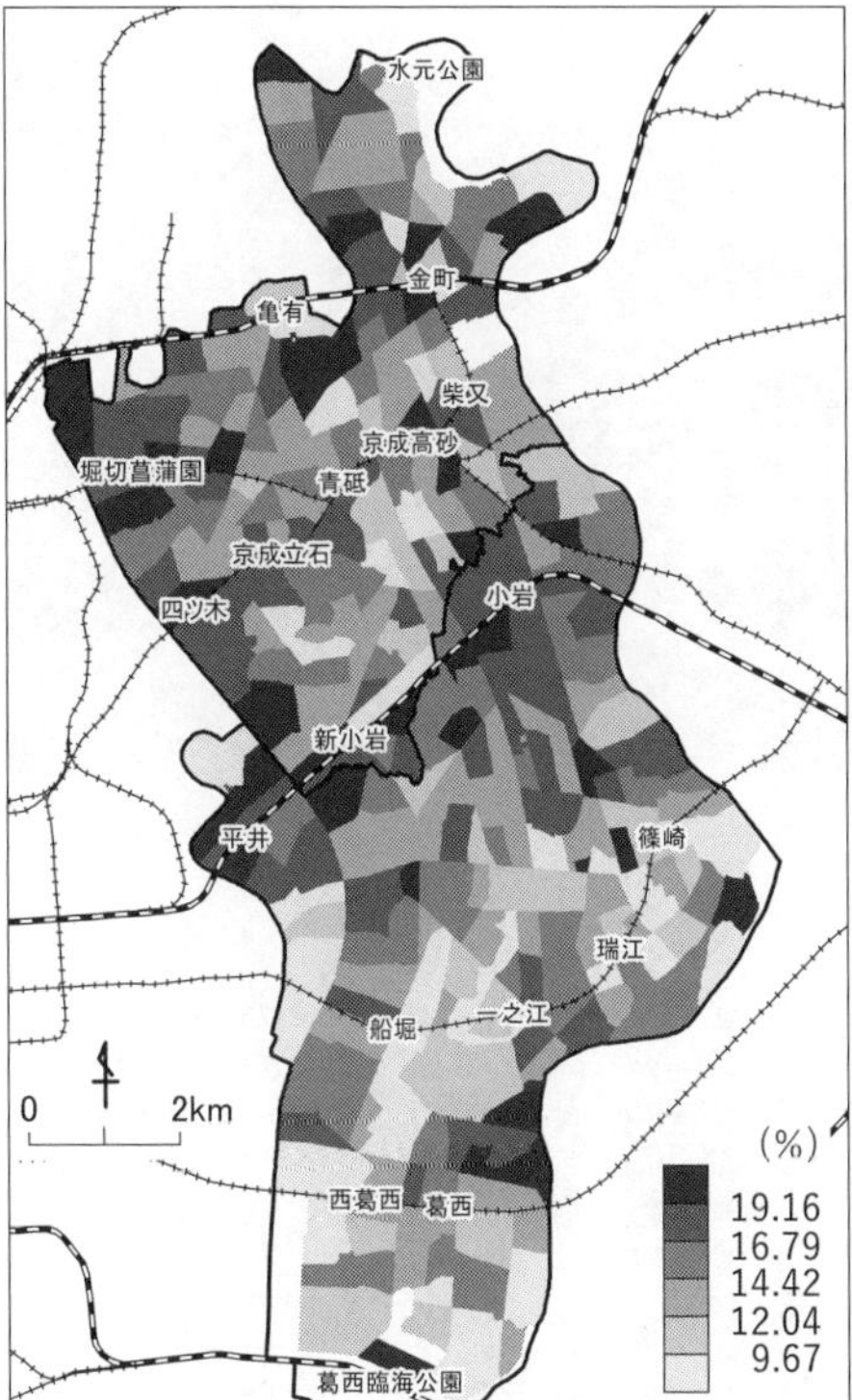


**図表4・10・5　葛飾区・江戸川区の年収200万円未満世帯比率推定値**

都営新宿線船堀駅周辺の住宅地

いで二番目と三番目に低い。この二つの区は、所得水準は低いものの、格差が全体に小さいのである。被雇用者比率の高い南部の所得水準はやや高いものの、他は大差がなく、低所得世帯の比率にもあまり違いがない。とくに都営新宿線の船堀《ふなぼり》駅周辺は、年収二〇〇万円未満世帯比率推定値と年収一〇〇〇万円以上世帯比率推定値がいずれも低く、このどちらにも属さない中所得世帯の比率が八二－八四％程度と推定される地域が広がっている。実際、都営新宿線の船堀駅の側にあるタワーホール船堀の、標高一〇三メートルの展望台から周囲を見下ろすと、面積といい外観といい、同じような住宅が一面に広がっているのがわかる。

葛飾区と江戸川区は、都心からやや離れる上に、湾岸などに広大な空き地があったわけでもないから、江東区のように高所得者向けのタワーマンションが林立することもなかった。流入者には都心のＩＴＥＲＦ関係企業に勤める被雇用者がかなり多いとはいえ、子育て世代が中心で、所得水準はさほどではない。こうしたことから、新旧住民が混住しながらも、あまり格差が大きくない地域となったものと思われる。

**葛飾区・江戸川区のまとめ**

- 23区の東端に位置し、川を隔てて千葉県に隣接する全体が低地のエリアである
- 高所得者は都心に直結する路線駅周辺や、交通・都心へのアクセスがいい東西線沿線に集中している
- 所得水準は低いものの、全体に格差は小さい

# 終章

# 交雑する都市へ

## 「下町」「山の手」の二項対立を乗り越える

## 1　階級都市としての東京

序章で述べたことを繰り返そう。私たちが生きる現代の日本は、まぎれもなく階級社会である。そして階級は、地域と結びついている。豊かな階級が多く住む地域と、貧しい階級が多く住む地域がある。このように人々は、所属する階級によって分け隔てられるとともに、それぞれが別々の地域に棲み分けることにより、空間的にも分け隔てられている。このような都市のありかたを、「階級都市」と呼ぶことができる。東京はまぎれもなく、巨大な階級都市である。そして東京がもつ階級都市という性格は、いくつかの深刻な問題をはらんでいる。

もっとも、都市が性格の異なる多様な地域から成り立っているということ自体は、むしろ好ましいことである。大都市の魅力の源泉のひとつは、それが多様な要素を包含し、これらが空間的に配置されることによって、あたかも異なる風土や文化をもつ、複数の都市の集合体のように立ち現われることである。

都心に近い下町には、浅草、上野、深川があり、それぞれに個性をもちながらも、今日の下町イメージの中心となっている。同じく都心に近い山の手には、池袋、新宿、渋谷という三つの副都心があり、それぞれに強烈な個性をもって、ここをターミナルとする鉄道沿線住民の消費生活の拠点となっている。

外周部へ目を向けよう。かつて住商工混在地区だった東側の新しい下町には、柴又帝釈天《たいしゃくてん》、西新井大師、回向院《えこういん》、飛鳥山などの名所、小岩、錦糸町、亀有、北千住、赤羽、十条などの商業集積地が点在し、さらに多くの住民にとって徒歩圏内の、多数の庶民的な商店街がある。これに対して西側の新しい山の手には、成熟した住宅地が面的に広がり、交通の要所となる場所には、自由が丘、三軒茶屋、下北沢、二子玉川《ふたこたまがわ》、阿佐ヶ谷、高円寺など、情報や文化を発信する機能を備えた、それぞれに個性的な商業の集積地がある。

このように個性的な都市の集合体である東京は、誰もが自分の好みに合う町をみつけることができ、自分のテイストに合った消費活動を行なうことのできる場である。それだけではなく、ときにはふだん行かない場所へ出かけていって、異文化を体験することもできる。まるで日帰りできる範囲に多種多様なテーマパークが集まっているような都市、それが東京である。

しかし問題は、こうした多様で個性的な地域の間に、文化やテイストの違いだけではすまされない、格差と序列が存在することである。しかもこの格差は、いくつかの変化の兆しはみられるものの、全体としては拡大傾向にある。東京は、多様性と階級性が糾《あざな》える縄のごとく絡み合った都市なのである。

地域間の経済格差は、地域イメージの高低、居住地としての地域の評価の高低に結びつきがちである。このとき、格差は再生産される。なぜなら、住んでいる場所が人々の社会的地位や経済状態の指標とみなされるようになるからである。

序章で紹介した、ブルデューのいう社会空間を思い出していただきたい。人々は自分のもつ資本の性質と量によって、社会空間のなかに位置づけられている。しかし同様に、東京を構成するそれぞれの地域も、その社会的・経済的特質によって、社会空間のなかに位置づけられるだろう。都心のタワーマンションや歴史ある住宅地、名の知られた山の手の丘の上の住宅地などは、頂点に近いそれぞれの座標に位置づけられる。これに対して住工混在地域としての歴史をもち、所得水準の低い下町のはずれの地域は、底辺に近い場所のそれぞれの座標に位置づけられる。こうして人々と地域が社会空間に位置づけられたとき、ある人の住む地域は、その人の社会空間における位置を表示するものとなる。もちろん、たまたま生まれた場所だったり、通勤の都合などの事情から、高所得者が下町に住んでいたり、低所得者が山の手に住んでいるなど、自分の社会空間上の位置とは異なる地域に住んでいる人もいる。しかし、居住地以外の詳しい情報が得られない場合には、居住地が大きな意味をもつ。だから、ブルデューの紹介者であるフランス文学者の石井洋二郎がいうように、「『どちらにお住まいですか』という問いは、地理的空間における居住地を尋ねる問いであると同時に、社会空間における相手の『住所』を尋ねる問いでもある」（『差異と欲望』）。

人々はしばしば、自らの社会的地位を誇示するために、高級とされる趣味を進んで身につけようとしたり、高価な商品を買ったりする。同様に人々は、自らの社会的地位にふさわしいとされる地域に住もうとする。所得や地位が上がるにしたがって、自分の社会空間上の新しい位置に合致する地域に転居したりもする。このことが、地域の格差を再生産し、固定化させる。それだけではない。このような居住分化の構造は、人々から居住の自由を奪う。どの場所に住むかの選択に対して社会的圧力が加わり、自由な選択が妨げられるからである。

## 2　階級都市の弊害

さらに階級都市には、さまざまな弊害がある。とくに重要なのは、第一に教育格差を生み出して階級所属を固定化すること、第二に階級対立と地域間対立を結びつけ、対立を激化させることである。

経済地理学者のデヴィッド・ハーヴェイは、次のように指摘する。それぞれの地域には特色ある環境があり、これが人々の価値観や期待、消費習慣、情報や教育へのアクセスなどを規定する。このため居住する地域によって、人々の技能や学歴が決定される。労働者階級の多い地域では、労働者階級のままでいることへ導くような価値観が強い。これに対してホワイトカラーの多い郊外では、人々は競争的個人主義と所有個人主義のイデオロギーに染まっている。このため、ブルーカラーの多い地域ではブルーカラーの労働力が再生産され、ホワイトカラーの多い地域ではホワイトカラーの労働力が再生産されるようになる（ハーヴェイ『都市の資本論』『都市と社会的不平等』）。

わかりやすくいえば、ブルーカラー労働者の多い地域では、子どもたちが進学へと導かれにくく、自分もブルーカラー労働者になっていくのに対して、ホワイトカラーの多い地域では、子どもたちは進学へと導かれやすく、自分もホワイトカラーになっていく、ということである。この問題については近年、日本の若手研究者によって注目すべき研究が行なわれるようになっている。

日本の中等教育の最大の特徴は、高校が学力レベルによって序列化されていることである。このことが教育格差を拡大させる原因になっているという指摘は、以前からあった。成績のよい生徒が集まる進学校では、進学向けのカリキュラムが組まれ、生徒が進学するのは当然と考える教師たちによって、進学向けの教育が行なわれる。生徒たちの多くも進学は当然のことと考えていて、そうでなかった生徒たちも自然に、進学へと導かれていく。これに対して成績のよくない生徒たちが集まる高校では、生徒が進学しないことを前提としたカリキュラムが組まれており、教師も生徒は進学しないものと考えている。生徒たちの多くも進学を期待しておらず、進路について考えていなかった生徒たちも自然に、進学しないことを当然と考えるようになる。ところが前者の進学校には、親が大卒の新中間階級である生徒が多く、後者の非進学校には、親が非大卒の労働者階級である生徒が多い。こうして序列化された高校教育の構造が、出身階級による進学機会の格差を拡大・固定化してしまうのである。

しかし教育社会学者の松岡亮二は、最新のデータを用いた研究によって、同じような現象が小学校や中学校でも起こっていることを明らかにした。もちろん高校と違って小学校や中学校では、公式のカリキュラムそのものが学校によって異なるなどということはない。しかし「隠れたカリキュラム」には違いがある。松岡によると「隠れたカリキュラム」とは、公式のカリキュラムには書かれていないが、「児童生徒が無意識のうちに内在化していく明示されていない規範・価値・期待など」のことである。

松岡によると、国際学力調査の対象となった一四八校の小学校から国立または私立と思われる三校を除いて、児童の親の属性をみると、母親の大学・短大卒比率の平均は五二％だったが、小学校間で〇％から九二％までの差があった。同じく一四七校の中学校について生徒の親の属性（ただし生徒の回答なので、親の学歴を知らないケースが含まれる）をみると、母親の大学・短大卒比率の平均は三七％だったが、中学校間で一二％から九二％までの差があった。同様に子どもに大学への進学を期待する親の比率をみると、小学校では三三％から一〇〇％、中学校では二二％から一〇〇％までの差があった。そして大学・短大卒の親の比率が高い学校ほど、児童・生徒の学習時間が長く、成績はよく、通塾率が高く、また大学への進学を期待する親の比率が高かった（『教育格差』）。

これは何を意味するか。それは、親の大学・短大卒比率が違えば、「隠れたカリキュラム」が違うということである。しかし小中学校の大多数を占める公立学校は、学区制を基本としているから、親の大学・短大卒比率は、その地域の教育水準、そして所得水準を反映している。つまり「隠れたカリキュラム」は、地域の教育水準・所得水準によって違う。大卒者が多く豊かな地域の学校では、勉強することはあたりまえであり、その学校で「ふつう」とされる学力が高く、大学へ進学することも、またそのために塾へ行くことも「ふつう」のことである。大卒者が少なく豊かではない地域の学校は、そうではない。このことが子どもたちに大きく影響し、その成績や進路に影響するのは当然だろう。

　労働者階級の子どもたちでも、大卒で新中間階級の親をもつ子どもたちがある程度以上の比率を占める学校で学べば、大学に進学して親とは異なる階級に所属するようになることを視野に入れやすくなるだろう。しかし現実は、そうではない。つまり階級都市は、その地域に住む子どもたちを、その地域で多数派を占める階級へと導き、所属階級が世代を超えて継承される傾向を生み出す。こうして階級は固定化するのである。

　さらに階級都市においては、階級間の対立が地域間の対立として立ち現われる。図表5・1は、図表2・5でも用いた二〇一六年首都圏調査のデータを用いて、住んでいる地域の平均世帯年収推定値と、格差と格差に関わる政策についての考え方の関係をみたものである。平均世帯年収推定値は、左右対称の分布になるように四段階に分けた。

　結果はかなりはっきりしており、五〇〇万円未満と五〇〇－五五〇万円の地域の間の差は小さいのだが、五五〇万円以上、そして六八〇万円以上の地域では、回答の傾向がかなり変

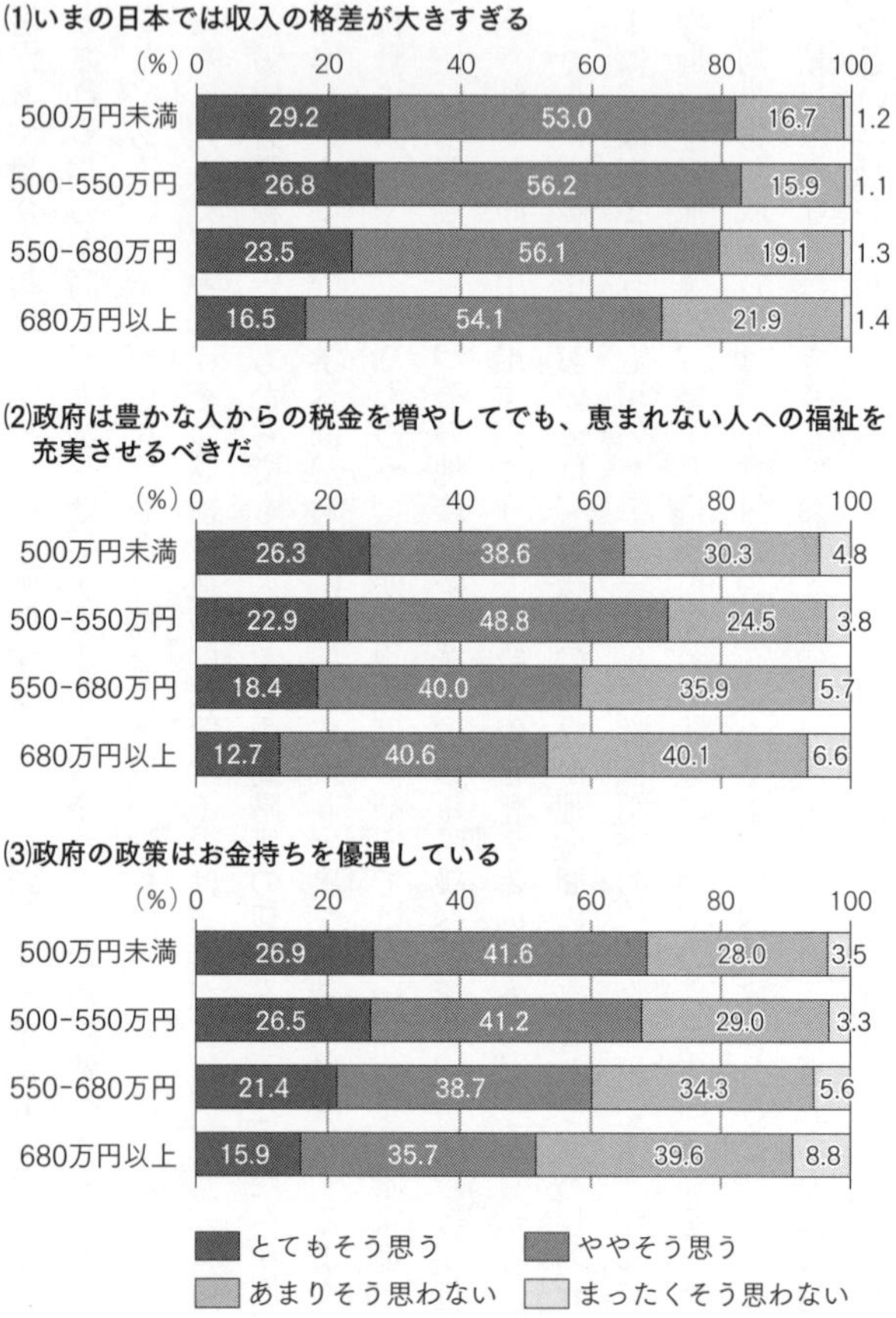


図表5・1 **住んでいる地域の平均世帯年収推定値と格差に対する意識**

わってくる。平均世帯年収推定値の低い地域には、いまの日本では収入の格差が大きすぎると感じる人が多く、豊かな人からより多くの税金をとって福祉に充てるべきだ、つまり所得再分配が必要だと考える傾向、そして現在の政府の政策はお金持ちを優遇していると考える傾向が強い。これに対して平均世帯年収推定値の高い地域には、収入の格差が大きすぎると考える人が少なく、所得再分配は必要ないと考える人が多く、また現在の政府の政策がお金持ちを優遇しているとは考えない人が多い。こうした傾向は、とくに六八〇万円以上の地域に住む人で顕著である。

これはもちろん、所得水準の低い地域に住んでいる低所得の人々は格差を問題だと考える傾向が強く、逆に所得水準の高い地域に住んでいる高所得の人々は格差を容認する傾向があることのあらわれなのだが、それだけではない。詳しく集計してみると、本人の所得水準とは独立に、住んでいる地域の所得水準が影響しているらしいのである。

図表5・2は、住んでいる地域の平均世帯年収推定値と、現在の日本の格差に対する評価の関係を、世帯年収別にみたものである。世帯年収が多い人々では、住む地域の豊かさの程度にかかわらず、格差が深刻だと考える人の比率が低い。これに対して世帯年収の少ない人々は、格差が深刻だと考える人の比率が高く、しかも世帯年収の低い地域に住む人ほど、

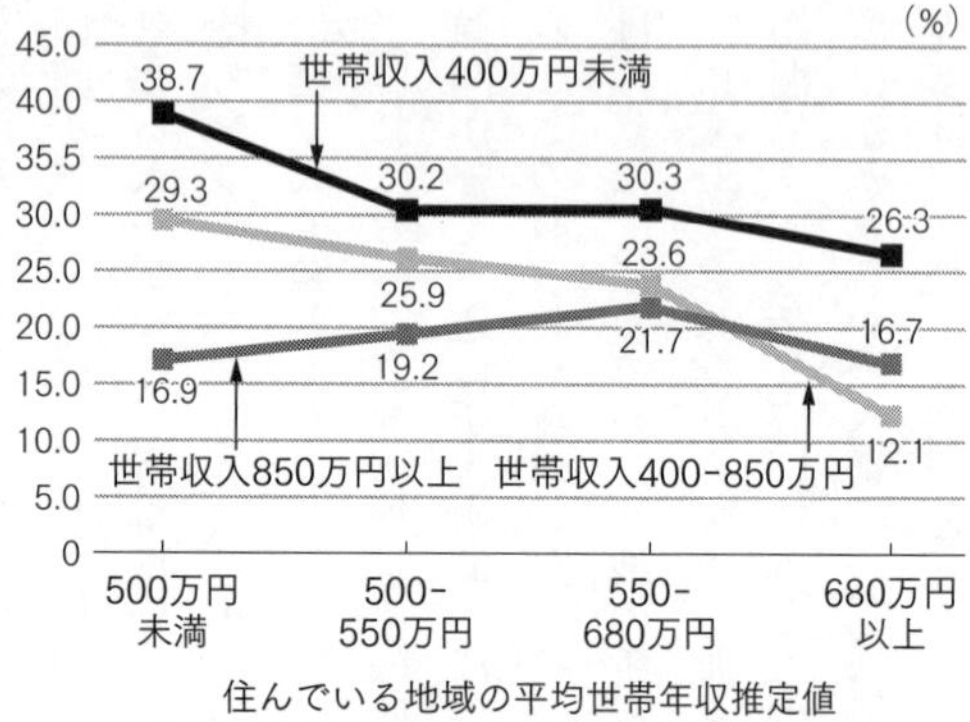


**図表5・2　住んでいる地域の平均世帯年収推定値と格差に対する評価**

注）「いまの日本では収入の格差が大きすぎる」に対して「とてもそう思う」と回答した人の比率
出典）2016年首都圏調査データより算出

この傾向が強い。そして世帯年収が中程度の人々は、格差が深刻だと考える人の比率は中程度なのだが、この比率は世帯年収が低い地域に住む人では高く、世帯年収の高い地域に住む人々で低い。その差は非常に大きく、平均世帯年収推定値五〇〇万円未満の地域では二九・三％に達するのに対して、六八〇万円以上の地域に住む人ではわずか一二・一％で、世帯年収の高い人々をも下回る。

　これは何を意味するのか。世帯年収の少ない人々や中間的な人々は、住む地域によって格差に対する意識が変わる。世帯年収の低い地域に住む人々は、貧しい人々の立場に立ち、格差を深刻に受けとめる。ところが世帯年収の高い地域に住む人々は、なぜか豊かな人々の側に立ち、格差を深刻には受けとめない。この傾向は、とくに世帯年収が中間的な人々で強い。

もともと豊かな人々と貧しい人々の間には、格差をめぐる政治的対立がある。階級都市における棲み分けの構造のもとでは、この対立が地域間対立として立ち現われることになる。ところがここに、住んでいる地域の独自の効果が加わる。住む地域が貧しいことは、人々を貧しい人々への共感へと向かわせる。これに対して豊かな地域に住むことは、人々を豊かな人々の側に立つように仕向ける。だとすれば地域間対立は、それぞれの地域に住む人々の所属階級の違いから生まれる対立以上に、激しいものとなる可能性がある。

## 3　新型コロナ下の下町と山の手

それでは二〇一九年から始まった新型コロナウイルス感染症の蔓延は、東京23区の格差にどのような影響を与えただろうか。最新の調査結果から、その一端を探ってみることにしよう。

私を中心とする研究グループは、二〇二一年の一月から二月にかけて、東京圏、名古屋圏、京阪神圏の三大都市圏を対象とするインターネット調査を実施した。この調査は、二〇二一年暮れに実施予定の本調査の前の予備調査という位置づけのため、調査対象者の数はあまり多くないのだが、それでも全体で五九七〇人、東京23区に限っても七一六人の有効回答を得ることができた。

　調査では、二〇二〇年中の個人収入と世帯収入を尋ねたあと、世帯収入について、二〇一九年に比べて増減があったかどうか、あった場合にはどれだけの増減があったかを尋ねた。ここから、二〇二〇年の地域別の世帯年収、そして二〇一九年の世帯年収を知ることができる。図表5・3は、その結果を示したものである。都心は回答者の数が少なく、比較が難しいこと、またインターネット調査の性質上、高齢の低所得者はあまり把握できていないことを前提に、

**図表5・3　コロナ禍前後での収入の変化**

| | 2019年 | 2020年 | 変化率 |
|---|---|---|---|
| 下町 | 794.5 | 746.8 | －6.0% |
| 山の手 | 816.5 | 788.8 | －3.4% |
| 都心 | 1065.8 | 1021.5 | －4.2% |

出典）2021年3大都市圏調査（予備調査）データより算出

傾向を確認しよう。

　東京23区全体では、二〇一九年が八二四・六万円、二〇二〇年が七八九・〇万円、金額では三五・六万円、率にして四・三%の減少となっている。下町、山の手、都心を区別すると、いずれのエリアでも世帯年収は減少しているが、減少幅は下町で六・〇%と大きく、山の手では三・四%、都心では四・二%と小さい。とくに下町に多いと考えられる高齢の貧困層が

把握できていないためか、三つのエリアの年収の格差はあまり大きくない。しかし下町と山の手の間の格差は、二〇一九年の二二万円から、二〇二〇年には四二万円へと拡大している。

詳しいことは、より規模の大きい本調査を待たなければならないが、新型コロナウイルス感染症の蔓延は、都心や山の手よりも下町に大きな打撃を与えたようにみえる。

## 4　階級闘争の場としての都市空間

これまでのいくつかの章で、東京23区の空間構造に生じている変化について論じてきた。重要な変化は、主に都心とその周辺、そして下町の一部で起こっている。それが、ジェントリフィケーションである。

都心では古くから製造業や商業を営んでいた旧中間階級が姿を消し、これにかわって高所得の新中間階級が流入してきた。都心の周辺では、旧中間階級に加えて零細資本家階級も減少し、やはり新中間階級に主役の座を譲るようになった。さらに東部の下町では、湾岸の埋め立て地や廃業した工場跡地などにマンションが建設され、ここに新中間階級が流入した。

基本的にはこの過程は、平和的に進行したといっていいだろう。ジェントリフィケーションは、欧米ではしばしば問題になってきたことだが、貧困層の生活基盤を破壊することによって、あるいは地価や家賃の引き上げによって、貧困層が都心から追い出されるといった、事実上の強制力をともなう形で進行することがある。しかし日本の場合、都心に住んでいた零細資本家階級や旧中間階級が、地価の高騰によって有利な条件で郊外に転居したり、あるいは高齢期を迎えて自然に都心の主役の役割を明け渡すなどの形で、さらには住宅がなかった場所にマンションが建設されるという形で、ジェントリフィケーションがとくに大きな問題もなく進行したといっていいだろう。たしかに「地上げ」をめぐるトラブルなども起こってはいたが、これが主流だったとはいいがたい。いわば「無血革命」としてのジェントリフィケーションだった。

しかし、これから生じるジェントリフィケーションが、平和裏に進行するという保証はない。都心やその周辺の、古い一戸建て住宅や賃貸アパート、そして公営住宅などには、現在でも多くの労働者階級、そしてかつて労働者階級だった高齢者が住んでいる。これまでのジェントリフィケーションでは、都心やその周辺に住む旧中間階級や零細資本家は、自分の持ち家に住み続けることができたし、あるいは高騰した地価を背景に、有利な条件で移住することも可能だった。しかし被雇用者であり、まとまった家産を持たない労働者階級には、そのような道がない。

第3章でも触れた、新国立競技場の建設にともなって取り壊された都営霞ヶ丘アパートのケースは、今後起こるであろうことを予想させるものがある。国立競技場を運営する日本スポーツ振興センターが、霞ヶ丘アパートを新国立競技場の敷地に決定したのは、二〇一二年七月一三日のことだった。住民への事前の説明は、一切行なわれていない。八月二六日になって東京都の主催で説明会が開かれたが、住民は強く反対した。住民で組織する町会は、のちに移転賛成に転じたが、一部の住民は住み続けることを望んで転居を拒んだ。しかし東京都は住民をよそに解体工事を開始し、最後まで転居を拒んだ住民に対しては明け渡しを求めて提訴、最終的には一世帯に対して強制執行が行なわれた。[*6] 住民は近隣などの都営アパートに転居したが、その際に渡されたのは引っ越し費用の一七万円だけだったという。ある雑誌の記者は一〇人の元住民に取材をしたが、「東京五輪が待ち遠しい」と答えた人は、一人もいなかった。[*7]

今後も、平和的であるか否かは別として、ジェントリフィケーションは続くだろう。そのとき東京には、何が起こるだろうか。図表5・2で示した事実は、次のような未来を暗示する。

都心には、新中間階級、とくに新中間階級上層の流入が続く。依然として残る零細資本家階級と旧中間階級は、高齢期を迎えて引退する。労働者階級は、工場の廃業、住宅の老朽化、身近な商店街の消失による生活困難、高齢化、そして今後あるかもしれない半強制的な立退きなどによって、次第に姿を消していく。もともと都心の人口は少ないので、新中間階級が主流の位置を確保するのに、それほど時間はかからない。こうして都心の住民の中心は、ますます高所得の資本家階級と新中間階級に純化していく。これらの人々は、格差を問題とは考えず、格差拡大を容認し、所得再分配には反対する。

下町でも、新中間階級の流入が本格化するだろう。しかし江東区の湾岸のタワーマンションなどを別とすれば、新中間階級といっても、都心に住む人々に比べれば所得のあまり高くない人々である。もともと人口が膨大だから、新中間階級が多数を占めるには至らない。こうして下町は、労働者階級と新中間階級が混住する地域となる。家賃や物価の安い、暮らしやすい地域であり続ける一方で、新しい住民たちのニーズに応える店やサービスも増えるだろう。そして住民たちは、労働者階級であれ新中間階級であれ、格差を深刻な問題だととらえ、所得再分配に賛成する。

こうして地域間対立と階級対立とが重なり合った、都心対下町の闘争が始まる。私にはこれが、かなり現実的な未来であるように思われる。その一端は、住民の格差に対する認識を下町・山の手・都心で比較した、図表2・5にみることができるが、この傾向がますます強まる可能性があるということである。

## 5　階級都市から「非・階級都市」そして「交雑都市」へ

それでは、山の手はどうなるだろう。山の手はかなり高齢化が進んでいる。また資本家階級の都心への集中、新中間階級の上層の都心への流出にともなって、都心との格差は拡大し、地盤沈下が進んでいる。もともと内部に下町的な要素をもつ地域が多いこともあり、渋谷区や目黒区、そして一部の高級住宅地は別として、下町的な性格を強めていくのではないだろうか。

下町で労働者階級と新中間階級の混住化が進み、山の手が下町化するとしたら、それは下町と山の手のハイブリッド化が進むということである。本書でもときおり論じてきたことだが、多様な要素を共存させた雑種的な文化は、山の手のなかの下町的な地域、そして下町と山の手の境界部で育ってきた。そして今後は、下町に新中間階級の新住民が流入することによって、下町にも雑種的な文化が育っていくだろう。下町と山の手の違いがなくなるとは思えないが、ある程度までのハイブリッド化が進み、下町を山の手の下に位置づける反・下町イデオロギーは、説得力を失うだろう。こうして人々は、自分の経済力と好みに応じて、住む場所を自由に選び取るようになる。下町と山の手のどこに住んでいても、下町的な要素と山の手的な要素は感じることができるのだが、その比重の異なる多様な地域から、人は自分の居場所を選び取るのである。階級の固定化傾向にも、変化が起こるかもしれない。下町の小学校や中学校では、大卒で新中間階級の親をもつ子どもたちが増え、労働者階級の子どもたちの進学のチャンスが広がっていく可能性があるからである。

しかし都心では、子どもたちの多くが私立の中学校や高校に通い、大学を出て親たちと同じ道を歩み、階級の固定化が進むかもしれない。そして特権階級に純化した都心の住宅地は、周辺の施設も特権階級向けのものに限定されるようになって、巨大な事実上のゲーテッド・コミュニティとなる可能性がある。そしてこのゲーテッド・コミュニティは、格差拡大を歓迎し、所得再分配に反対する、新自由主義の担い手である富裕層の要塞となる。

都心を特権階級の専有物にさせてはならない。だから、都心に住む所得水準の低い人々の居住を守ることは、特権階級以外の人々全体の利害にもかなう。こうした人々が住み続けることのできる場所なら、他の人々も住み続けることができるはずである。だから、貧しい住民を排除して都心をさらに特権的な空間へと改造する性質のジェントリフィケーションは、阻止する必要がある。

私はもう四〇年近くにもわたって、格差と階級についての研究を続けてきた。このため、しばしば共産主義者だと誤解される。定義にもよるが共産主義とは、私有財産制を廃止して階級のない社会＝無階級社会をめざし、最終的には国家すら廃止しようとする思想と運動である。しかし私は、階級をなくすことは不可能だし、そもそも望ましくないと考える。

近代産業では、各人が専門分化して、さまざまな職種を担うことは当然であり、人々が分業して別々の職業に就くことは避けられない。管理的な業務や専門性の高い業務に、集中的に従事する人々は必要だから、新中間階級的な労働と労働者階級的な労働の違いを、完全になくすことはできないだろう。また多くの人々にとって、自分の仕事場や店をもったり、さらには会社を経営することは人生の重要な目標であり、夢である。こうした人々がやりがいを感じながら働くことは社会全体にプラスになるから、資本家階級あるいは旧中間階級としての労働を、否定すべきではない。

問題は、階級間に大きな格差があること、そして階級間に障壁があって、所属階級が出身階級によって決まってしまう傾向があることである。階級間の格差が縮小し、また出身階級にかかわらず自分の所属階級を選択できる余地が広がれば、階級というものの意味は、いまよりずっと小さなものとなるだろう。こうした社会は、もちろん無階級社会とはいえない。しかし階級間の格差が大きく、階級と階級の間に障壁がある「階級社会」に対して、「非・階級社会」と呼ぶことはできるだろう。

ただし格差が縮小しただけで、すべて問題が解決するというわけではない。かりに経済指標の上で格差が縮小しても、マジョリティとマイノリティ、新中間階級と労働者階級などが、異なる地域に棲み分けしている社会は、望ましい社会とはいえない。このような社会では、民族や階級の間の対立はなくならず、機会の平等は保障されず、社会は分断されたままとなる。

しかし格差が縮小して非・階級社会になれば、都市のありかたに変化の可能性が生まれる。都市を構成するそれぞれの地域には、歴史や風土に根ざし、長年にわたって形成されてきた個性があり、違いがある。だから望ましいのは、自分のライフスタイルに照らして利便性が高く、また好みに合う地域を選んで住むことである。ただ現状では、地価やマンション価格、家賃の違いがあるので、自由に選ぶことは難しい。しかし非・階級社会が実現すれば、自由度は大きくなる。そこに多様な人々を呼び入れるための住宅政策が加われば、さらに可能性は広がる。都市を構成するそれぞれの地域は、それぞれの個性を維持しながらも住民構成が多様になり、異なる階級が混住する地域となる。これは「階級都市」に対して、「非・階級都市」と呼ぶことができるだろう。

当面の住宅政策に関していえば、有効な方法は公共の集合住宅を増設することである。すでに私たちは、渋谷区の広尾や笹塚などで、都営住宅の存在が古くからの商店街を維持し、都営住宅以外に住む人々の生活をも守る役割を果たしていることをみた。低所得者が便利に生活できる場所ならば、特権階級以外のすべての人が、便利に暮らせるはずである。残念ながら東京都は、もう二〇年以上も都営住宅を新設していない。都営住宅は低所得世帯の数に比べて明らかに不足しており、新規の入居者募集の際には数十倍、ときには一〇〇倍を超える入居希望者が殺到することが常態化している。格差が他の都市以上に拡大している今日、東京都は住宅政策を根本的に見直すべきだろう。

ただし現状の都営住宅のように、他の住宅との区別が明確で、ある種のバリアーをともなう形の混住化は、差別や敵対を生む可能性がある。だから一律に所得制限をかけるのではなく、所得に応じた応能負担にしたり、家賃は同じでも低所得者には家賃補助を行なうなどして、ひとつの公共住宅の内部での混住化を進めればよい。この家賃補助は、現行の生活保護における住宅扶助を大幅に拡充する形で、広く行なわれる必要がある。十分な補助が行なわれるならば、低所得者にも地域の選択を含む居住の自由が保障されるようになるだろう。

非・階級都市は、「交雑都市」と言い換えることもできる。ウェンディ・サルキシアンらは、住民構成が多様になることをソーシャル・ミックスと呼び、その利点を次のように列挙している。ソーシャル・ミックスは、異なる階級の人々の接触を促進することによって、健康や教育の水準を引き上げる。人種間・階級間の敵意をやわらげて相互理解を促す。さらに異文化の接触によって文化の交雑（cross-fertilization：もとは生物学用語で、異なる種の生物間で交配が行なわれて雑種が形成されること）が起こり、文化が発展する。そして、異なる種類の人々との交流が地域での生活の一部となり、都市は民主的な集会所となる（サルキシアン「都市計画におけるソーシャル・ミックスの理念」、サルキシアン、フォーシス、ハイネ「居住におけるソーシャル・ミックス　論争は続く」）。

インナーシティや下町に高学歴の新中間階級が流れ込み、しかもタワーマンションのようなゲットーに立てこもることなく定住すれば、地域の性格は変わるだろう。すでに門前仲町など下町のいくつかの地域にその兆しはあるが、そこにはおそらく、山の手のなかの下町である三軒茶屋や下北沢、高円寺などと比べられるような、それぞれに魅力的な街が形成されるだろう。それは東京が、巨大な格差をかかえ、階級の棲み分けが進み、それぞれの地域が格差にもとづいて序列化される階級都市から、格差が小さく、それぞれの地域が序列化されることのない個性を発揮し、異文化どうしの接触によって多様な新しい文化が生み出される「交雑都市」へと転換する一歩となるだろう。

＊6「霞ヶ丘アパートを考える会」ＨＰ（http://kasumigaoka2020.blogspot.com）。
＊7「DIGITAL FRIDAY」、二〇二〇年一月六日（https://friday.kodansha.co.jp/article/88220）。

# 主要参考文献

秋本治『東京深川三代目』集英社、一九九一年
秋本治『両さんと歩く下町』集英社、二〇〇四年
浅川達人「東京二三区の空間構造とその変動」、橋本健二・浅川達人編『格差社会と都市空間 東京圏の社会地図1990－2010』鹿島出版会、二〇二〇年
朝日新聞社会部『東京地名考（上・下）』朝日新聞社、一九八六年
安住敦『自選自解 安住敦句集』白凰社、一九七九年
飯沢匡「下町 対 山の手」『朝日新聞』一九六五年二月七日
石井洋二郎『差異と欲望』藤原書店、一九九三年
磯田光一『思想としての東京』国文社、一九七八年
稲葉佳子「阿部様の造った学者町：西片町」、山口廣編『郊外住宅地の系譜』鹿島出版会、一九八七年
井伏鱒二『荻窪風土記』新潮社、一九八二年
岩淵潤子・ハイライフ研究所山の手文化研究会編『東京山の手大研究』都市出版、一九九八年
岩間信之・田中耕市・佐々木緑・駒木伸比古「東京都心部再開発エリアにおける高齢者世帯の孤立と

食の砂漠」国土地理協会助成担当編『学術研究助成報告集』二〇一四年
大岡昇平「三十一年目の東京」、『日本随筆紀行7　東京（下）　明日へはしる都市の貌』作品社、一九八六年
小木新造・陣内秀信・竹内誠・芳賀徹・前田愛・宮田登・吉原健一郎編『江戸東京学事典』三省堂、一九八七年
長部日出雄「成城の端っこに住む気分」、『東京セレクション「花の巻」』住まいの図書館出版局、一九八八年
川本三郎『東京の空の下、今日も町歩き』講談社、二〇〇三年
川本三郎『東京暮らし』潮出版社、二〇〇八年
キーン、ドナルド『ドナルド・キーンの東京下町日記』東京新聞、二〇一九年
國木田獨歩「武蔵野」『現代日本文学大系11』筑摩書房、一九七〇年（原著一八九八年）
経済安定本部『太平洋戦争による我国の被害総合報告書』（中村隆英・宮崎正康編『史料・太平洋戦争被害調査報告』所収）
小林信彦『日本の喜劇人』新潮社、一九八二年
小林信彦『私説東京放浪記』筑摩書房、一九九二年
小林信彦『時代観察者の冒険』新潮社、一九八七年
小林信彦『イーストサイド・ワルツ』毎日新聞社、一九九四年
小林信彦『花と爆弾』文藝春秋、二〇〇四年

小林信彦『〈後期高齢者〉の生活と意見』文藝春秋社、二〇〇八年
今和次郎『考現学（今和次郎集第一巻）』、ドメス出版、一九九七年（原著一九二五年）
今和次郎『新版大東京案内』批評社、一九八六年（原著一九二九年）
今和次郎「早稲田村繁盛記」、『日本随筆紀行7　東京（下）　明日へはしる都市の貌』作品社、一九八六年
酒井憲一「成城・玉川学園住宅地」、山田廣編『郊外住宅地の系譜』鹿島出版会、一九八七年
佐藤香「戦後社会にみる戦争の影響」橋本健二編著『家族と格差の戦後史』青弓社、二〇一〇年
佐藤忠男『増補版日本映画史Ⅰ』岩波書店、二〇〇六年
獅子文六『山の手の子　町ッ子』木鶏社、一九九六年
司馬遼太郎「本所深川散歩」『街道をゆく36　本所深川散歩、神田界隈』朝日新聞社、二〇〇九年（原著一九九五年）
柴田晃芳「政治的紛争過程におけるマス・メディアの機能（2・完）―『東京ゴミ戦争』を事例に―」北大法学論集、五二巻二号、二〇〇一年
陣内秀信『東京』文藝春秋、一九九二年
墨田区地域活動推進課「すみだ地域学情報Ｗｅ！」第49号、二〇一九年
墨田区地域活動推進課「すみだ地域学情報Ｗｅ！」第50号、二〇一九年
世田谷区経済産業部都市農業課『せたがや農業通信・令和3年度』二〇二一年
高木恒一「東京圏の人口動態」倉沢進・浅川達人編『新編　東京圏の社会地図１９７５－90』東京大

主要参考文献

学出版会、二〇〇四年
高見順『如何なる星の下に』新潮社、一九四〇年（復刻版、日本近代文学館、一九七八年）
高見順『わが胸の底のここには』（『高見順全集　第三巻』）勁草書房、一九七〇年（原著一九五八年）
武田尚子「東京圏における格差拡大と貧困地域の形成過程」橋本健二・浅川達人編著『格差社会と都市空間　東京圏の社会地図1990－2010』鹿島出版会、二〇二〇年。
立松和平「恵比寿 ビールの霊験」『東京セレクション「水の巻」』住まいの図書館出版局、一九八八年
立山徳子「家族から見た東京圏」倉沢進・浅川達人編『新編 東京圏の社会地図1975－90』東京大学出版会、二〇〇四年
田中啓爾・桝田一二「地理的地域」『日本地理大系第三巻　大東京編』改造社、一九三〇年
田中傑『帝都復興と生活空間』東京大学出版会、二〇〇六年
東京新聞編集局『東京歌物語』東京新聞出版部、二〇〇九年
東京都江東区編『江東の昭和史』東京都江東区、一九九一年
東京都都市整備局都市づくり政策部土地利用計画課「東京の土地利用」二〇一八年
東京百年史編集委員会編『東京百年史（全六巻）』ぎょうせい、一九七二－七九年
東京府編『東京府史　行政篇第4巻』一九三六年
徳永直『太陽のない町』『現代日本文学大系59』筑摩書房、一九七三年（原著一九二九年）
冨田均『東京坂道散歩』東京新聞出版局、二〇〇六年

永井荷風「深川の唄」『荷風全集第六巻』岩波書店、一九九二年（原著一九〇八年）
永井荷風「狐」『荷風全集第六巻』岩波書店、一九九二年（原著一九〇九年）
永井荷風「九月」『荷風全集第七巻』岩波書店、一九九二年（原著一九一〇年）
永井荷風「つゆのあとさき」『荷風全集第十六巻』岩波書店、一九九四年（原著一九三一年）
永井荷風『断腸亭日乗』『荷風全集第二十二巻』岩波書店、一九九三年
中村恵美・浅見泰司「経済的アクセス困難性からみた大都市中心部におけるフードデザート問題の実態把握と規定要因」『日本建築学会計画系論文集』第84巻、第756号、二〇一九年
練馬区史編さん協議会『練馬区史 現勢編』東京都練馬区、一九八一年
野田宇太郎『東京文学散歩　下町篇（上）』文一総合出版、一九七八年
ハーヴェイ、デヴィッド、水岡不二雄監訳『都市の資本論』青木書店、一九九一年（原著一九八五年）
ハーヴェイ、ダヴィド、竹内啓一・松本正美訳『都市と社会的不平等』日本ブリタニカ、一九八〇年（原著一九七三年）
橋本健二・浅川達人編著『格差社会と都市空間 東京圏の社会地図1990-2010』鹿島出版会、二〇二〇年
橋本健二・初田香成編著『盛り場はヤミ市から生まれた・増補版』青弓社、二〇一六年
長谷川時雨・岡田八千代「下町の女と山の手の女」『婦人画報』一九一〇年一月一〇日号
長谷川徳之輔『東京の宅地形成史』住まいの図書館出版局、一九八八年

林芙美子「落合町山川記」、武藤康史編『林芙美子随筆集』岩波書店、二〇〇三年（原著一九三三年）
平出鏗二郎『東京風俗志 上の巻』筑摩書房、二〇〇〇年（原著一八九九年）
文京区都市計画部計画調整課『文京区都市マスタープラン』二〇一一年
増田悦佐『東京「進化」論』朝日新聞出版、二〇〇九年
松岡亮二『教育格差』筑摩書房、二〇一九年
松原岩五郎『最暗黒の東京』岩波書店、一九八八年（原著一八九三年）
宮部みゆき『本所深川ふしぎ草紙』新人物往来社、一九九一年
森まゆみ「谷根千ブームと下町神話」『東京人』一九八八年一二月号
横山源之助『日本の下層社会』岩波書店、一九四九年（原著一八九八年）
吉村昭『東京の下町』文藝春秋、一九八五年
「江戸のなごりを訪ねる…東京懐古散歩　古き時代が残る町　東京の下町を歩く」『女性セブン』一九七六年八月一一日号
「角川日本地名大辞典」編纂委員会編『角川日本地名大辞典13東京都』、角川書店、一九七八年
『コンサイス東京都35區區分地圖帖』日本地圖株式會社、一九四六年（復刻版一九八五年）
「塵芥掃溜場から観た新東京」『婦人公論』、一九二六年一月
Bourdieu, P., *The Social Space and the Genesis of Groups*, *Theory and Society*, vol.14, no.6, p.p.723-

744, 1985.
Sarkissian, W., The Idea of Social Mix in Town Planning: An Historical Review, *Urban Studies*, vol.13, 231-246, 1976.
Sarkissian, W., Forsyth, A. & Heine, W., Residential 'Social Mix': The Debate Continues, *Australian Planner*, March, 5-16, 1990.

「『人事興信録』データベース」（https://jahis.law.nagoya-u.ac.jp/who/search）
「霞ヶ丘アパートを考える会」（http://kasumigaoka2020.blogspot.com）
「DIGITAL FRIDAY」、二〇二〇年一月六日（https://friday.kodansha.co.jp/article/88220）

ラクレとは…la clef=フランス語で「鍵」の意味です。
情報が氾濫するいま、時代を読み解き指針を示す
「知識の鍵」を提供します。

**中公新書ラクレ**
**741**

# 東京《とうきょう》23区《く》
# ×
# 格差《かくさ》と階級《かいきゅう》

2021年 9 月10日初版
2021年12月10日 5 版

著者……橋本健二《はしもとけんじ》

発行者……松田陽三
発行所……中央公論新社
〒100-8152 東京都千代田区大手町 1-7-1
電話……販売 03-5299-1730　編集 03-5299-1870
URL http://www.chuko.co.jp/

本文印刷……三晃印刷
カバー印刷……大熊整美堂
製本……小泉製本


Published by CHUOKORON-SHINSHA, INC.
Printed in Japan ISBN978-4-12-150741-9 C1236

# 中公新書ラクレ　好評既刊

L542
## 23区格差
池田利道 著

一人勝ちとも揶揄される東京都。そのパワーの源は「格差」にあった！　少子化せず、区によっては高齢化も進まない理由とは何か。子育てしやすい区、暮らしやすい区、安心・安全な区、学歴・年収・職業の高い区はどこか。そして山の手ブランドに迫りつつある危機とは？　23区がうねり、力強く成長を続ける、その理由を東京23区研究所所長がデータで解析。成長のヒントはここに隠れている！　区別通信簿付き。

L659
## 東京懐かし写真帖
秋山武雄 著
読売新聞都内版編集室 編

十五歳でカメラを手にしてから、七十年近く、家業の洋食店の仕込みが始まる前の早朝、自転車で都内あちこちに出かけ撮りためたネガは数万枚にのぼる。下町の街角や庶民の日常を切りとった写真は、図らずも戦後復興、東京の変貌の記録となった。選び抜いた写真と江戸っ子の洒脱な語りで、懐かしいあの時代にタイムスリップ。「平成」が幕を下ろし、二度目の東京五輪を迎えた令和の時代、ノスタルジーに浸ることのできる、格好の一冊。

L698
## 東京レトロ写真帖
秋山武雄 著
読売新聞都内版編集室 編

15歳でカメラを手にしてから約70年。浅草橋の洋食屋「一新亭」を営むかたわら、趣味で撮りためた風景写真は、東京の貴重な記録となった。下町の風物詩や、よく知られた街の昔の姿、今は見ることがなくなった街の風景……。150枚以上の写真と逸話から、懐かしい景色が甦る。2011年12月から続く、読売新聞都民版の人気連載「秋山武雄の懐かし写真館」から72編を選んだ、中公新書ラクレ『東京懐かし写真帖』の続編。